W0172679

Rolf Giesen

DIE GROSSEN FILM-KOMIKER

Von 1945 bis heute

Originalausgabe

WILHELM HEYNE VERLAG
MÜNCHEN

HEYNE FILMBIBLIOTHEK
Nr. 32/193

Herausgeber: Bernhard Matt
Redaktion: Rolf Thissen

BILDNACHWEIS

Archiv des Autors 58, 119, 120, 179, 189, 195, 199, 203, 213, 214, 217, 218, 241, 243, 247, 249, 253, 254; Archiv Deutsche Kinemathek, Berlin 97; Archiv Robert Fischer 8, 17, 19, 23, 27, 29, 31, 37, 40, 41, 45, 47, 60, 65, 75, 86, 91, 95, 99, 101, 105, 117, 123, 125, 127, 131, 135, 136, 139, 143, 155, 157, 161, 163, 167, 171, 175, 187, 191, 201, 205, 207, 209, 221, 223, 235; Lothar Just 51, 53, 55, 63, 67, 69, 71, 79, 81, 83, 89, 109, 111, 113, 115, 141, 148, 151, 152, 173, 183, 185, 193, 225, 227, 228, 229, 233, 237

Copyright © 1993 by Wilhelm Heyne Verlag GmbH & Co. KG, München
Printed in Germany 1993
Umschlagfoto: Bildarchiv Engelmeier (4), München;
Kinoarchiv Engelmeier (2), Hamburg
Rückseitenfoto: Bildarchiv Engelmeier, München
Umschlaggestaltung: Atelier Ingrid Schütz, München
Herstellung: H + G Lidl, München
Satz: Fotosatz Völkl, Puchheim
Druck und Verarbeitung: Ebner Ulm

ISBN 3-453-07316-9

Inhalt

»Das Komische löst eine unhemmbare Lust aus, wie sie sonst
nur durch sinnliche Genüsse erzeugt zu werden pflegt,
die zur Erhaltung des Lebens oder der Gattung dienen.«

R. W. MARTENS

»Es ist wahrscheinlich richtig zu sagen, das Kind lache
aus reiner Lust unter verschiedenen Umständen, die wir als
›komisch‹ empfinden und nicht zu motivieren verstehen,
während die Motive des Kindes klare und angebbare sind.
Wenn z. B. jemand auf der Straße ausgleitet und hinfällt, so lachen
wir, weil dieser Eindruck – unbekannt warum – komisch ist.
Das Kind lacht im gleichen Falle aus Überlegenheitsgefühl oder aus
Schadenfreude: Du bist gefallen, und ich nicht. Gewisse Lustmotive
des Kindes scheinen uns Erwachsenen verlorenzugehen,
dafür verspüren wir unter den gleichen Bedingungen das
›komische‹ Gefühl als Ersatz für das Verlorene.«

SIGMUND FREUD

Vorbemerkung

Für die überwiegende Mehrzahl
der *LACHBOMBEN,*
welche uns im ersten Band
(Heyne Filmbibliothek Nr. 161)
beschäftigten,
von Chaplin über Langdon,
Keaton und Lloyd
bis zu Laurel und Hardy,
ja, selbst W. C. Fields,
hat die Leinwandkarriere
im Stummfilm begonnen.
(Ausnahmen machten da nur
Abbott und Costello
sowie die Marx Brothers.)

Die Komödianten,
die wir im vorliegenden
zweiten Teil der *LACHBOMBEN*
vorstellen wollen,
haben die Ära des stummen Films
nur noch als Zuschauer erlebt.
Sie kommen, partiell,
vom Rundfunk, vom Fernsehen.
Ihre größten Triumphe
feierten sie während und vor allem
nach dem Zweiten Weltkrieg.

Weit zurück geht es nur noch einmal
im Epilog,
wenn wir den deutschsprachigen Film
Revue passieren lassen
und die bange Frage nach dem Lachen
im deutschen Kino stellen ...

Leslie Townes Hope, genannt Bob, als BLEICHGESICHT JUNIOR *mit Jane Russell*

Komödianten-Kinder

Bleichgesicht Junior: Bob Hope

Im Mai 1978, aus Anlaß seines 75. Geburtstags, gab man Bob Hope zu Ehren in Washington einen zweitägigen Empfang. Er begann mit einem Mittagessen im Kreise der Kongreßabgeordnetenfrauen. Am späten Nachmittag ging es ins Weiße Haus, wo Jimmy und Rosalyn Carter, Tochter Amy sowie 500 handverlesene Gäste – vom Vizepräsidenten nebst Gattin über Gerald und Betty Ford und die Nelson Rockefellers bis abwärts zu Rechtsaußen Barry Goldwater – sehnsüchtig auf den Starkomiker warteten. Carter lobte Hopes Patriotismus, seinen »heilsamen Sinn für Humor«, sein Engagement für die GIs von Korea bis Vietnam. Die Nacht verbrachte Hope mit Elizabeth Taylor und zahlreichen Kollegen aus dem Showbusineß in der Taverne eines entfernten Verwandten. Am Abend des zweiten Tages versammelten sich 250 Stars im *Kennedy Centre Theatre* zu einer vom Fernsehen übertragenen Drei-Stunden-Gala, unter ihnen Lucille Ball, Sammy Davis jr., Angie Dickinson, Telly Savalas, Dorothy Lamour, Danny Thomas, Farrah Fawcett-Majors und natürlich wieder Elizabeth Taylor. Höhepunkt aber war am Morgen eine Feierstunde im Repräsentantenhaus. Abgeordneter Paul Findley aus Illinois bezeichnete Hope als den »größten Humoristen des Jahrhunderts« und dankte im Namen des amerikanischen Volkes für seine immerwährende Bereitschaft, seinem Lande zu dienen und sich nie dem guten Zweck zu verweigern:

»Er ist ein großer Arzt. Er hat den Schmerz gelindert von Inflation und Steuer, was kein Mitglied dieses Hohen Hauses je zuwege gebracht hat.«

Er erinnerte an Kriegszeiten:

»Weihnachten fern der Heimat, ob in der Kälte Deutschlands oder Jahre danach in der Schwüle Vietnams, war für Millionen amerikanischer Männer und Frauen dennoch froh und denkwürdig, weil Bob Hope da war ...«

Der Abgeordnete Guyer aus Ohio sekundierte:

»Während wir die Kerzen an unseren Weihnachtsbäumen anzündeten, war Bob auf der anderen Seite des Erdballs und entzündete die Herzen und Gemüter von Tausenden verängstigter, einsamer, unter Heimweh leidender Soldaten, die sich oft fragten, ob jemand an sie denke. Wenn andere über Amerika herzogen, ließ Hope sich nicht beirren.«

Vorsitzender Thomas P. O'Neill jr. beendete den Vormittag mit den Worten, Hope sei ein feiner Amerikaner, ein großer Amerikaner, Amerikaner durch und durch – worauf die Abgeordneten sich erhoben, »Happy Birthday« sangen und applaudierten.

Politisch hat Bob stets Flagge gezeigt. Auf die Frage eines Journalisten, ob er, was Vietnam anbetreffe, ein Rechter sei, antwortete Hope: »Ich bin kein Rechter. Ich bin Mittelamerika. Für mich gilt: Wenn man selbst genug zu essen hat, der Nachbar mit seinen acht Kindern aber hungert, muß man ihm unter die Arme greifen; andernfalls wird er einen Weg finden, dich zu unterminieren. Das ist der Grund, warum Amerika Vietnam hilft.«

Doch für einen Witz war Bob auch Vietnam nicht zu schade: »Seine (Nixons) Vorstellung von der Neuordnung Vietnams ist, es von Howard Hughes kaufen und nach Las Vegas bringen zu lassen.« Nixon konterte, als einer seiner engsten politischen Ratgeber habe Hope ihm den Tip gegeben, sich 1960 im Präsidentschaftswahlkampf auf eine Fernsehdebatte mit Kennedy einzulassen, die ihn, wie Experten meinen, damals um das Amt gebracht habe. Bob und Dick waren schon zwei Kameraden. Nixon in einer Laudatio:

»Amerika verdankt Britannien ungeheuer viel ... unser Rechtssystem ... unsere Sprache ... und viele unserer politischen Institutionen ... aber besonderen Dank schulden wir England für Bob Hope.

Nicht nur, weil er ein großer Humorist ist, der Millionen Mitbürgern und zahllosen anderen Millionen auf der ganzen Welt Freude gebracht hat ... sondern auch, weil er ein feiner Mensch ist, der sich nie einer guten Sache versagt hat, überall in Amerika und auf dem ganzen Erdenrund. Wir sind stolz, daß er amerikanischer Staatsbürger ist ... und ich bin stolz, ihn meinen Freund nennen zu dürfen.«

Geboren wurde der nach einem Fußballspieler Leslie getaufte fünfte von sieben Söhnen des Steinmetzes William Henry (Harry) Hope und seiner Frau Avis, geb. Townes, am 29. Mai 1903 in Eltham, einem Vorort von London (eine kleine Schwester, Emily, starb an Diphtherie). Als Leslie Townes Hope zwei war, übersiedelte die Familie nach Bristol – und 1907 packte Vater Harry die Koffer, um seinen Brüdern nach Amerika zu folgen, denn in England schienen die Tage der Steinmetze gezählt. Bruder Fred und Bruder Frank hatten sich in Cleveland (Ohio) niedergelassen, und Harry versprach, seine Familie alsbald nachzuholen. Avis und die Kinder kamen im März 1908 in New York an, und das erste, was sie von Cleveland sahen, war eine Kirche, an deren Bau Vater mitgewirkt hatte, die Newkland Avenue Presbyterian. Leslie später: »Bei unserer Ankunft waren wir noch Episkopalen. Dann sahen wir die Kirche. Sie gefiel uns so gut, daß wir konvertierten und Presbyterianer wurden.« Das Leben der Immigranten war alles andere als leicht, und für solide Steinmetze gab es auch hier wenig zu tun. Vater Hope, der konservativ-viktorianisch geprägt war und keine Lust hatte, auf Maurer umzusatteln, um einen Beruf, der sehr viel Kunstfertigkeit erforderte, gegen einen Massenjob einzutauschen, genehmigte sich immer häufiger einen über den Durst: »Die Vereinigten Staaten sind etwas für Frauen und Hunde – für Pferde und Männer stellen sie allerdings nur ein armseliges Pflaster dar.«

1967, auf einer *Boys Club*-Benefiz-Veranstaltung, monologisierte Bob Hope über seine »mißratene« Jugend und soll bei dieser Gelegenheit der Wahrheit streckenweise sehr nahe gekommen sein:

»Ich stamme aus einer ziemlich rauhen Umgebung. Man zeigte mit dem Finger auf uns jugendliche Delinquenten, nur konnte sich unsere Nachbarschaft leider keinen Soziologen leisten. Es ist vermutlich kein Geheimnis, daß ich in Cleveland ein Strafregister habe. Sie nahmen mich hopp, weil ich angeblich ein Fahrrad geklaut hatte. Das ist eine Lüge. Vielmehr verhielt es sich so, daß ich gerade einen Hügel hinunterspaziert kam, als dieses verdammte Ding plötzlich und unerwartet unter mein Gesäß rollte und mit mir geradewegs in die Arme eines Polizisten radelte ... Glücklicherweise kannte er mich und meine Brüder ... und verhaftete mich aus diesem Grund.

Ich bettelte um Gnade, aber der Richter war ein häßlicher, rachsüchtiger, grausamer Mann. Er übergab mich meinen Eltern.

Dann war für mich der Augenblick gekommen, eine Entscheidung zu treffen, wie es die meisten Kinder irgendwann tun müssen. Sollte ich mir einen Job suchen und mein Brot auf ehrliche Art und Weise verdienen – oder den Rest meines Lebens mit Stehlen verbringen? Ich entschied mich gegen die Arbeit und für das Showgeschäft ... und habe es nie bereut.«

Ordinäre Arbeit schmeckte Les nicht. Viel lieber sang er (die Stimme hatte er von seiner Mutter geerbt), spielte Pool-Billard und stand auch mal im Boxring. Nahm Tanzstunden bei einem schwarzen Entertainer namens King Rastus Brown und später bei Johnny Root. Versuchte sich selbst als Tanzlehrer. Überredete seine Freundin Mildred Rosequist, gemeinsam mit ihm in einer Tanznummer aufzutreten. Und steppte – zuerst mit Lloyd »Lefty« Durbin, dann mit George Byrne aus Columbus – in eine Profikarriere. Zusammen mit Byrne begann er komische Passagen in die Nummer einzubauen. Auf den Plakaten wurden sie als *Dancemedians* angekündigt, und eine Zeitung beschrieb sie 1927 als »vielseitige Tänzer mit Humor in jedem Schritt«. Im selben Jahr waren sie eine Zeitlang mit SIDEWALKS OF NEW YORK auf Tournee, doch war der ihnen zugewiesene Part zu klein, um zu bestehen. Hope merkte, daß er in eine Sackgasse geraten war, und beschloß, solo weiterzumachen.

Das war leichter gesagt als getan. Glücklos zog er in Chicago von Tür zu Tür – bis ihm sein alter Kumpel Charlie Cooley über den Weg lief, dem er sein Leid klagte und der ihn bei dem Agenten Charles Hogan von *National Playhouses, Inc.* einführte. Hogan brachte ihn versuchsweise als Conférencier im *Stratford* unter, einem umgebauten Filmtheater, das verzweifelt auf der Suche nach einem geeigneten Ersatz für Vorgänger Ted Emery war. Hope kam beim Publikum auf Anhieb an. Er nannte sich jetzt Bob, weil das jovialer klang als Les. Und aus vier Wochen wurden sechs Monate. Seine Witze entnahm er einer jährlich von James Madison herausgegebenen Broschüre namens *Budget,* die zum Preis von einem Dollar eine Vielzahl von Jokes und Sketchen offerierte. Oder der Zeitschrift *College Humor.* Oder er fragte Kollegen. Sich eigene Schreiber zu leisten – daran war damals noch nicht zu denken. Hope hatte das Publikum derart gut im Griff, daß er auch auf kompliziertere Witze nicht verzichten mußte: »Wenn ich einen subtilen Witz gebracht hatte, wartete ich so lange, bis sie ihn kapiert hatten. Im *Stratford* lernte ich, Mut zum Warten zu haben. Ich stand da und wartete, länger als jeder andere Komiker. So bekamen sie gleich mit, wer hier das Sagen hatte.« Danach war er mit einer gutaussehenden Partnerin, Louise Troxell, auf Achse: »Alles, was sie tun mußte, war auf die Bühne kommen, ein hübsches Gesicht machen, während ich eine Geschichte erzählte, und Stichworte geben.«

Bob: Was hast du denn da in der Tasche?
Louise: Mostrich.
Bob: Wofür denn das?
Louise: Weil man nie wissen kann, ob man einen *Ham* (Schinken, auch Schmierenkomödiant) trifft.

Es war Al Boasberg, ein Comedyschreiber, den er in den Büros des Unterhaltungsmagnaten B. F. Keith kennengelernt hatte, der ihm 1930 Probeaufnahmen beim Film verschaffte.

Bob Hope und Louise logierten nach einem Engagement in San Francisco gerade im *Hollywood Hotel,* als Bill Perlberg anrief:
»Mein Freund Al Boasberg meint, Sie seien es wert, daß man es mit Ihnen mal beim Film probiert. Er sagt, Sie hätten Stil.«

Hope, bemüht, cool zu wirken:
»Da war er wohl wieder mal besoffen.«

Perlberg:
»Würden Sie einen Test machen?«

Hope:
»Glaub schon, daß sich das unterbringen ließe, bevor wir nach San Diego abdampfen.«

Perlberg:
»Dann kommen Sie Donnerstag nach Culver City ins *Pathé-*Studio.«

Hope:
»Was muß ich tun? Ich meine, gibt es ein Skript?«

Perlberg:
»Bringen Sie einfach Ihre reguläre Nummer. Wie ich höre, haben Sie Ihre Partnerin dabei.«

Hope:
»Wie viele Zuschauer?«

Perlberg:
»Keine Zuschauer.«

Donnerstag morgen nahmen Bob und Louise ein Taxi nach Culver City und machten ihr Ding. Wenigstens die Belegschaft im Studio schien amüsiert. Hope hinterließ seine Rufnummer in San Diego, aber wartete dort vergeblich auf einen Rückruf. So läutete er auf dem Rückweg selbst bei Perlberg an:

»Wie war der Test?«

Perlberg:

»?«

Hope:

»Also – wann sehe ich ihn?«

Perlberg:

»Wollen Sie wirklich?«

Hope:

»Sicher.«

Perlberg:

»*Pathé* wird es Ihnen vorführen.«

Hope:

»Okay – aber wie denken *Sie* darüber?«

Perlberg:

»Gehen Sie und sehen Sie selbst.«

Als das Licht im Vorführraum wieder anging, wollte Hope nichts wie raus, hatte er doch da auf der Leinwand einen Kerl gesehen, den er nicht kannte und auch nicht kennenlernen wollte. Die Probeaufnahmen waren ein Totalflop. Bob redete sich ein, er sei halt zu gut für Hollywood.

Auch seine zweite Begegnung mit dem Film stand unter keinem günstigen Stern. In großen Kinos war es damals üblich, Filmvorführungen in ein Rahmen-Liveprogramm zu integrieren, und irgendeine Agentur kam auf die Schnapsidee, im Anschluß an ALL QUIET ON THE WESTERN FRONT, Lewis Milestones Antikriegsfilm nach dem Roman von Erich Maria Remarque, Komiker Hope auftreten zu lassen: »Ich hätte wissen müssen, daß so was nicht funktioniert. Das Publikum war noch ganz benommen. Einen Film wie diesen mit Varieté-Darbietungen zu koppeln war ein Unding.«

Ansonsten hielt sich Hope ganz gut über Wasser, was die Bühne anging, besser jedenfalls als mancher andere. Er war in ANTICS OF 1930 zu sehen, dann in der Revue BALLYHOO OF 1932, schließlich als Partner von Fay Templeton, Ray Middleton, Tamara, George Murphy, Fred MacMurray und Imogene Coca in der Musikkomödie ROBERTA. In dieser Zeit starb seine Mutter, krebskrank mit zuletzt 75 Pfund, und er heiratete die Sängerin Dolores Reade. In ZIEGFELD FOLLIES OF 1936 sah man ihn mit Fanny Brice sowie Gertrude Niesen, Eve Arden und Josephine Baker, und in RED,

HOT AND BLUE! mit Ethel Merman und Jimmy Durante (überschattet vom Tod des Vaters).

Während er auf der Bühne stand, absolvierte er aus finanziellen Erwägungen auch ein paar Kurzfilmauftritte in New York, die jedoch nicht weiter auffielen: *Educational Pictures* produzierten mit ihm in den *Astoria Studios* unter der Regie von Al Christie GOING SPANISH mit Leah Ray als Partnerin. Nachdem er die 20 Minuten fertigen Films gesehen hatte, vertraute sich Bob dem Reporter Walter Winchell an, der nichts Eiligeres zu tun hatte, als Hopes Kommentar publik zu machen: »Wenn sie John Dillinger, Staatsfeind Nummer eins, schnappen, werden sie ihn wahrscheinlich dazu verurteilen, sich diesen Film zweimal anzusehen.« *Educational*-Chef Jack Skirball lief puterrot an, als er das vernahm (»Wir haben schon genug Schwierigkeiten, diesen Burschen zu verkaufen, auch ohne daß er den Film niedermacht«), und ließ eine Option auf weitere fünf Hope-Streifen fallen. Dafür meldete sich das *Warner Bros.*-Studio in Brooklyn mit einer Serie von sechs *Vitaphone*-Kurzkomödien, die zwischen 1934 und 1936 entstanden: PAREE, PAREE unter der Regie von Ray Mack, THE OLD GRAY MAYOR, WATCH THE BIRDIE, DOUBLE EXPOSURE, CALLING ALL TARS und SHOP TALK mit dem ehemaligen Laurel-und-Hardy-Spielleiter Lloyd French. Das war jedoch kein Zuckerschlecken, eher eine Schinderei, denn Studiochef Sam Sax ließ die Filmchen in nur jeweils drei Tagen unter härtesten Bedingungen herunterkurbeln.

Richtig und endgültig zum Film stieß Bob aber erst, als Regisseur Mitchell Leisen und Produzent Harlan Thompson anläßlich *Paramounts* THE BIG BROADCAST OF 1938 nach einem Ersatz für Jack Benny suchten und ihn, eingedenk alter Broadway-Zeiten, nach Kalifornien holten. BIG BROADCAST war, was man im Branchenjargon *Clambake* nannte, ein bunter Strandkorb voll mit vielen, vielen *Paramount*-Stars, dazumal bereits mehrfach aufgewärmt (die ersten drei BROADCASTS datieren von 1932, 1936 und 1937). Es ging um die Wettfahrt zweier Ozeanriesen, der *S. S. Gigantic* und der *S. S. Colossal*. Kapitän der *Gigantic* ist W. C. Fields, und Bob Hope, als Radioconférencier an Bord des Schiffs, hat neben drei fehlgeschlagenen Ehen auch ein gefälliges Duett mit Shirley Ross, THANKS FOR THE MEMORY, das von Leuten, auf die es ankam, positiv notiert wurde – von Walter Winchell, Nick Kenny, Ed Sullivan, den Klatschbasen Hedda Hopper und Louella Parsons und insbesondere Damon Runyon – und seitdem zum Hope-Repertoire gehört.

Daß Hope in diesem Film einen Radioansager spielte, kam nicht von ungefähr, denn schon in New York hatte er im Rundfunk großen Erfolg gehabt und war ein gerngesehener Gast in Rudy Vallees FLEISCHMANN HOUR (so benannt nach dem Sponsor). Und in *Bromo-Seltzers* INTIMATE REVUES hatte er mit Partnerin Honey Chile (Patricia) Wilder brilliert.

Hope: Weißt du, Honey Chile, ich frag mich, wo es doch so viele Komiker im Rundfunk gibt, wie du ausgerechnet auf mich als Partner gekommen bist.

Honey: Weil – ich hatte zu Hause einen Streit mit meinen Alten und wollte etwas tun, um Schande über sie zu bringen ...

Hope: Soso, da hast du dir möglicherweise genau den Richtigen ausgesucht ...

Honey: Wissen Sie, Mr. Hope, ich hab zwei Brüder und bin sicher, daß sie im Radio sehr erfolgreich sein könnten ...

Hope: Was können sie?

Honey: Dasselbe wie Sie – verrückt sein.

Hope: Aha ... wie heißen sie?

Honey: Der ältere heißt Ed.

Hope: Und der jüngere ... was für einen Namen hat der?

Honey: Ed ...

Hope: Zwei Jungs in einer Familie, die Ed heißen?

Honey: Ja, Vater hat immer gesagt, daß zwei Eds in der Familie besser wären als einer.

Hope: Das hat dein Vater gesagt? Warum tritt er nicht im Radio auf?

Bei einer Kritikerabstimmung in *Radio Daily* rangierte Hope 1939 auf Platz vier der beliebtesten Rundfunkkomiker, gleich nach Jack Benny, Fred Allen und Bauchredner Edgar Bergen; ein Jahr später war er die Zugnummer. Blick zurück im Scherz: »Das erste Programm, das ich machte, war so schlecht, daß ich von meinem Sponsor einen Umschlag kriegte. Aber es war kein Brief drin. Nur eine Handvoll geraufter Haare.« Dabei mußte Bob sein Licht gewißlich nicht unter den Scheffel stellen. Seine langjährige Radioshow für *Pepsodent*-Zahnpasta war ein Knüller von Anfang an. Auszug aus einer Sendung vom 12. März 1940:

»Guten Tag, Ladies und Gentlemen. Hier ist Bob Hope, der

THE BIG BROADCAST OF 1938

Ihnen rät, *Pepsodent* zu benutzen, solange Ihre Zähne noch in
den Windeln sind, damit aus Ihnen keine ›goldenen Jungs‹
werden. Ich bin heute abend etwas müde. Ich baue nämlich ein
neues Haus im Norden Hollywoods und darf Ihnen verraten,
daß das echte Plackerei ist. (...)
Aber das Ambiente würde Ihnen gefallen. Ein ausgesprochen
schönes Badezimmer ... Wenn Sie kaltes Wasser wollen, müssen Sie nur graben ... Für Warmwasser graben Sie halt etwas
tiefer! Letztens, als ich den Wasserhahn aufdrehte, kam Ätz-

17

mittel raus. Das Haus hat drei Gästezimmer ... den grünen, den blauen und den Jaderaum (*Jade* kann im Englischen auch Frauenzimmer heißen). Im Grunde ist es nur ein Zimmer. Für die beiden ersten benutzen wir nur ein anderes Licht und für das dritte Weihrauch. (...)

Das Haus hätte schon längst fertig sein sollen ... Aber mein Architekt spinnt. Jedesmal, wenn er in die Blaupausen guckt, kommen ein paar Zimmer mehr dazu. Und wenn Sie in den ersten Stock wollen, stoßen Sie sich den Kopf ... Er nennt das ›stairway to the stars‹ (Treppenhaus zu den Sternen)! Trotzdem ist es immer noch ein Vorzeigeobjekt ... Welches andere Haus hat schon einen Neonzaun? Ich hab eine dieser neuen Regierungsanleihen auf mein Haus und muß Ihnen sagen, daß die Regierung ihre Investitionen wirklich schützt. Letztens, als es hier draußen regnete, rief mich Minister Morgenthau aus Washington an und bat mich, die Fenster zu schließen!«

Ein anderes Beispiel mit seinem regelmäßigen Partner Jerry Colonna:

Das Telefon klingelt. Hope nimmt den Hörer ab:

Jerry: Hope hallo. Colonna hier ist.
Bob: Colonna, warum sprichst du rückwärts?
Jerry: Hab den Nickel verkehrt rum eingeworfen.
Bob: Aber das macht doch nichts, Colonna.
Jerry: Okay.
(Man hört ein Tier schnaufen.)
Bob: Was ist das, Colonna?
Jerry: Ich zieh den Büffel am Schwanz raus.
Bob: Das kann doch nicht wahr sein.
Jerry: Ich stell keine Fragen, ich will nur meinen Spaß.

Nur einmal mochten die Hörer nicht mitspielen, als Hope mitten in der Show Santa Claus (Colonna) umbrachte. Daraufhin gingen derart viele Säcke mit wütenden Telegrammen und Briefen besorgter Eltern ein, daß *Pepsodent* schon befürchtete, die Show absetzen zu müssen.

Auch im Film ging es inzwischen aufwärts. Nach ein paar belanglosen B-Streifen (COLLEGE SWING; GIVE ME A SAILOR; THANKS FOR THE MEMORY; NEVER SAY DIE; SOME LIKE IT HOT) kam 1939 sein erster Hit unter dem sternenumkränzten *Paramount*-Berg mit THE CAT AND THE CANARY (ERBSCHAFT UM MITTERNACHT) nach einem Bühnenstück von John Willard, das schon zweimal, 1927 und 1930, verfilmt worden war, allerdings »seriös«. Auf die Frage, ob er Angst vor großen leeren Häusern habe, antwortet Hope, den es im Film in ein vermeintliches Spukhaus verschlagen hat, mit gewohnter Schlagfertigkeit: »Nein, ich hab im Vaudeville gearbeitet.« Wände weichen, Schlüssel fallen, verborgene Gongs hallen, das Licht flackert – und Paulette Goddard will von Bob wissen, ob er an Reinkarnation glaubt: »Wissen Sie, daß Tote immer wieder zurückkehren …« – »Meinen Sie wie die Republikaner?« Nebenbei vermittelte Paulette, im Privatleben damals Mrs. Charles Spencer Chaplin, eine lang ersehnte Begegnung mit ihrem berühmten Gatten, den Bob von Kindesbeinen an verehrt hatte: »Er war mein Idol. Ich hab keinen Film mit ihm versäumt.

Bob lernt, wie man Filme macht: THE ROAD TO MOROCCO

Es machte großen Eindruck auf mich, wie so ein einzelner kleiner Kerl mit komischem Schnurrbart, Melone, ausgebeulten Hosen und Stöckchen so viel Heiterkeit auslösen konnte.« Mit zehn hatte er im Luna Park in Cleveland einen Imitatoren-Wettbewerb als bester Chaplin gewonnen. Später hatte er anderthalb Stunden in New York vor einem Restaurant gewartet, nur um einen flüchtigen Blick von Chaplin zu erhaschen, der nach Aussage eines Freundes drinnen soupierte. Und jetzt klopfte ihm Chaplin, der Muster von THE CAT AND THE CANARY besichtigt hatte, anerkennend auf die Schulter: »Sie sind der beste Comedy-Timer, den ich je gesehen habe.«

Des großen Erfolges wegen drehten Hope und Goddard im Jahr darauf eine Fortsetzung unter dem Titel THE GHOST BREAKERS; wie der vorangegangene Streifen hatte auch dieser schon zwei Verfilmungen hinter sich, eine von 1914 mit H. B. Warner und eine weitere von 1922 mit Wallace Reid. Doch das war noch gar nichts gegen THE ROAD TO SINGAPORE, der im November 1939 begonnen worden war und gleich ein gutes Dutzend ausgelassener Epigonen auf den Weg schickte. Tropenfilme waren bei *Paramount* gerade groß in Mode, seit Emigrant Curt Siodmak das Manuskript zu HER JUNGLE LOVE (1938) verfaßt hatte, das von zwei gestrandeten Fliegern (Ray Milland und Lynne Overman) handelte, die auf einer Insel den anspruchsvollen Reizen der Miss New Orleans von 1931 erliegen: Leta Dorothy Kaumeyer, bekannter als Dorothy Lamour. Den Film THE ROAD TO MANDALY (erst später wurde aus Mandaly dann Singapore, um Verwechslungen mit dem Al-Jolson-Hit MANDALY zu vermeiden), nach dem mittelmäßigen Stoff BEACH OF DREAMS von Frank Butler und Don Hartman adaptiert, wollte Produktionschef William LeBaron ursprünglich mit Fred MacMurray und Jack Oakie, dann mit Bing Crosby, George Burns und Gracie Allen besetzen – bevor er auf das unschlagbare Trio Crosby – Hope – Lamour kam. Altmeister Bing (Harry Lillis) Crosby (1904–1977), der mit Hope schon 1932 gemeinsam auf einer Bühne gestanden und mit ihm 1938 den Kurzfilm DON'T HOOK NOW gedreht hatte, war »begeistert von der Idee, wieder mit Bob und Dottie zu arbeiten, weil mir das wie eine unschlagbare Verbindung vorkam: Ort der Handlung weit draußen in fernem Land – Eingeborene – Musik – Dottie in einem Sarong – Bob als Clown – und ich als Troubadour.«

Regie führte Victor Schertzinger. Crosby erinnerte sich an Victor als einen netten Burschen, der ein paar gute Filme gemacht, aber mit dieser Art Lustspiel wenig Erfahrung hatte: »Er war ein ganz guter Musiker, und obwohl ihm Schnulzen nicht lagen, gab ihm *Paramount* den ROAD-Film wegen seines musikalischen Backgrounds. Er war ein ruhiger Mensch, der seine Filme eher gemächlich inszenierte. Es gab für ihn ein rauhes Erwachen. Die ersten Tage, während Hope und ich durch die Szene tobten, unseren Dialog nach Lust und Laune improvisierten und alle Regeln des Filmemachens außer Kraft setzten, blätterte Schertzinger verwirrt im Manuskript, auf der Suche nach der richtigen Seite. Da er sie nicht fand, versuchte er uns zu bremsen: ›Vielleicht sollten wir es lieber so machen, wie es geschrieben steht, meine Herren.‹ Doch dann bemerkte er, wie sich die Crew über unsere Mätzchen schieflachte. Und war schlau genug einzusehen, daß es unter Umständen ganz gut war, uns gewähren zu lassen angesichts der Stimmung, die wir selbst unter einer so hartgesottenen Crew verbreiteten. Schwierigkeiten machten uns jetzt nur noch die Autoren, die nicht mochten, wie wir mit ihrer Prosa umsprangen. Es half gar nichts, daß wir uns am Riemen rissen, wenn sie ins Atelier kamen. Als Hope Hartman anpflaumte, wenn er irgendwas wiedererkenne, was von ihm sei, sei das wie ein Glückstreffer in einer Lotterie, verließ Don beleidigt das Atelier, um sich im Produktionsbüro zu beschweren. Natürlich waren wir sehr neugierig darauf, was die Studiospitze von unseren Kapriolen hielt. Also schlichen Hope und ich, als die Elf-Uhr-Muster liefen, heimlich in den Vorführraum. Die Tür war angelehnt, alle Verantwortlichen waren drinnen versammelt und lachten sich kringelig. Sie wieherten sogar, als Hope auf der Leinwand unterbrach und, völlig unorthodox, das Publikum direkt ansprach. Kein Zweifel, wir kamen an.«

Auch Dorothy Lamour war anfangs etwas irritiert: »Aber nach ein paar Tagen war mir klar, daß es lachhaft und Zeitverschwendung wäre, weiter nach Drehbuch zu arbeiten. So überflog ich jeweils nur flüchtig, was am nächsten Drehtag dran war. Was ich wirklich benötigte, war viel Schlaf, um fit zu sein für das, was uns am Tag erwartete.« Ansonsten sei es von der ersten Minute an ein reines Vergnügen gewesen: »Wir waren alle enthusiastisch – obwohl wir uns nicht hatten träumen lassen, daß dieser Film der Ursprung einer so erfolgreichen Serie sein würde.«

Der Reigen der Fortsetzungen begann mit einem Manuskript von

Sy Bartlett, FIND COLONEL FAWCETT, das in der vorliegenden Form jedoch abgelehnt worden war, weil es zu sehr an STANLEY & LIVINGSTONE erinnerte. Gemeinsam mit Butler machte Hartman daraus THE ROAD TO ZANZIBAR: »Nehmen Sie einen ausgelutschten Kaugummi und schnippen Sie ihn auf eine Landkarte. Wo auch immer er klebenbleibt, können Sie einen ROAD-Film spielen lassen, solange es dort Scherzkekse gibt, die Fremde in den Kochtopf stecken und verspeisen. Hauptsache, sie sind genügend furchteinflößend, dann wird es garantiert ein guter Film. Eine Mischung aus gefährlichen und humorvollen Situationen – das ist das ganze Geheimnis.«

In THE ROAD TO MOROCCO kriegte Hope drehbuchgemäß einen Schmatz von einem Kamel – doch dann passierte etwas ganz Unvorhergesehenes: »Ich weiß nicht, ob Sie jemals von einem Kamel geküßt worden sind, aber ich kann Ihnen versichern, daß es nicht so ist wie bei Raquel Welch. Dieses Kamel hatte mich offensichtlich im Radio gehört, denn nachdem es mich abgeleckt hatte, spuckte es mir plötzlich ins Gesicht.« Glücklicherweise hatte Regisseur David Butler, der seine Feuertaufe bei Mack Sennett empfangen hatte, die Angewohnheit, die Kamera weiterlaufen zu lassen, gleich was passierte, und so ist diese eindrucksvolle Szene der Nachwelt erhalten geblieben. Einen weiteren Lacher kriegte das Kamel, als es mit Hilfe der Trickabteilung den unvergeßlichen Augenblick kommentierte: »Das hier ist der verrückteste Film, bei dem ich mitgemacht habe.«

Unter den zahllosen Zuschauern, die sich über ROAD TO MOROCCO kaputtgelacht haben, war auch ein siebenjähriges Kind: Woody Allen. Nachdem er diesen Film gesehen habe, sei ihm klar gewesen, was er mit seinem Leben anfangen sollte, gestand er später in einer 63minütigen Filmkompilation, die die *Film Society* des *Lincoln Center* in New York unter dem Titel MY FAVORITE COMEDIAN als Hope-Hommage in Auftrag gegeben hatte.

In ROAD TO UTOPIA, den die Autoren Melvin Frank und Norman Panama zur Zeit des Goldrausches in Alaska ansiedelten, hält Hope einen ausgewachsenen Bären für die in einen Pelz gehüllte Dorothy und macht ihm den Hof: »Ich werde Dinge für dich vollbringen – große Dinge –, wenn wir verheiratet sind.« Er greift die Tatze des Bären: »Liebes, du arbeitest zuviel.« Und schlägt vor: »Laß uns gehen und mit meinen Leuten leben.« Worauf der Bär brüllt. Hope ist einverstanden. »In Ordnung – mit *deinen* Leuten.«

22

Nachhaltiges Erlebnis für Woody Allen: Hope mit Partnerin in THE ROAD TO MOROCCO

Auch mit dem Grizzly gab es Ärger – wie Hope schmunzelnd vermerkt: »In einer Szene mußten Bing und ich uns unter einem Teppich verkriechen, während der Bär – losgekettet – hinter uns hertrottete. Man hatte uns geraten, wenn der Regisseur ›Cut!‹ rief, uns nur ja nicht zu bewegen, bis der Trainer den Bären wieder an der Kette und im Käfig hatte. Wie wichtig das war, wurde uns erst bewußt, als die Szene im Kasten war. Dazwischen spazierte der Bär auf den Klumpen – der aus Crosby und mir bestand – und brummte: Grrr … Glauben Sie mir, Crosby und ich hatten in diesem Augenblick ein Wäscheproblem! Erst als der Kerl ›Cut!‹ schrie und wir hörten, wie der Trainer sagte, er habe ihn wieder im Käfig, stand Crosby auf: ›Genug ist genug! Zur Hölle mit diesem

Ding!‹ – derweil eine Krankenschwester mich raustrug ...« (Dem Vernehmen nach riß der Bär seinem Dompteur am nächsten Tag einen Arm aus.)

Wann immer von ROAD TO UTOPIA die Rede ist, fehlt nicht der Hinweis auf eine Szene, in welcher Hope in einer heruntergekommenen Schenke ein Glas Limonade verlangt und, weil er gerade einen schweren Jungen mimt, knallhart den Wunsch »... in einem dreckigen Glas« hinzufügt.

Ausnahmsweise kriegt am Schluß des Films Hope – und nicht wie sonst Crosby – Lamour, da man Bing auf einer Eisscholle verloren glaubte. Und als das Paar 20 Jahre später Besuch von Crosby erhält, fährt die Kamera auf eine Fotografie des Sohnes der glücklichen Familie: Bing in kurzen Hosen! »Wie wir das damals durch die Zensur gekriegt haben, ist mir ein Rätsel«, grinst Bob.

»Sie waren wie zwei Kinder, die in ihrer Phantasiewelt leben«, beschreibt Mel Frank das Team Hope und Crosby. »Im Grunde waren sie antiautoritär. Sie benahmen sich, wie eine Menge von uns es gerne tun würden, die sich von alltäglichen Routinejobs ernähren: besuchten exotische Orte; waren mit bezaubernden Frauen zusammen; gaben schlimmen Zeitgenossen eins auf die Birne – beneidenswert sorglose Sachen, die in unserer Gesellschaft untersagt sind.«

Was das Geschäftliche anging, hatte Hope, sonst ganz Patriot, sich ganz und gar nicht patriotisch bei seinem Anwalt Martin Gang erkundigt, wie er am besten vermeiden könne, daß sein ganzer Reichtum zur Finanzierung von B-17-Bombern und Schlachtschiffen mißbraucht würde, und Gang hatte ihm geraten, seine eigene Produktionsgesellschaft aufzumachen und seine Filme fortan in Partnerschaft mit *Paramount* herzustellen. Verständlicherweise war das *Paramount*-Management von dem Gedanken einer Teilhaberschaft nicht gerade begeistert und suspendierte Hope sogar eine Weile vom Dienst. Doch dann ließ man ihm seinen Willen: Erste Gemeinschaftsproduktion der neuen *Hope Enterprise* mit *Paramount* war die Spionagekomödie MY FAVORITE BRUNETTE, die 1946 vor die Kameras ging, zum Andenken an einen früheren Filmerfolg von Bob, der MY FAVORITE BLONDE (1942) hieß. Mit von der Partie waren Peter Lorre und Lon Chaney jr. als Schurken, Bing Crosby (in einem 20-Sekunden-Gastauftritt zum Preise von $ 25.000) als Scharfrichter, der ganz enttäuscht ist, als Hope in letzter Minute doch nicht in die Gaskammer muß (Bob wütend: »Der läßt auch keine Rolle aus!«), und Dorothy Lamour: »Zwischen den Aufnahmen kaute Bob immer *Bubble gum*. Und an dem Tag, als wir diese Liebesszene hatten, in der ich ihn küssen mußte, steckte ich mir auch *Bubble gum* in den Mund. Dann, als die Aufnahme im Kasten war, blies ich eine große Blase und ließ sie genau vor seiner Nase platzen! Das Gesicht hätten Sie sehen müssen!«

Der nächste Film, ROAD TO RIO, gehörte Hope, Crosby (der wie Bob seine eigene Herstellerfirma, *Rainbow Productions,* gegründet hatte) und *Paramount* zu gleichen Teilen, was sich für die beiden Stars erst einmal in Gageneinbußen von je annähernd einer Million Dollar bemerkbar machte, doch dafür entschädigten sie Einspielergebnisse, die ihnen mehr als das Doppelte brachten. Während der Dreharbeiten schockten Hope und Crosby die *Paramount*-Spitze mit »Jux«-Szenen, die laut Crosby besonders dreckige Gemeinheiten enthielten: »Das brachte sie ganz aus dem Häuschen, und sie traktierten uns mit Memos, die wir natürlich ignorierten. Wir ließen sie in dem Glauben, daß wir auf diesen Szenen bestehen und um sie kämpfen würden! Schließlich fiel aber der Groschen, daß alles nur ein Gag war.«

Nach einem wohlverdienten Urlaub in Südamerika kehrte Bob mit Sonnenbrand und unverdient hohem Fieber zurück – und als die Dreharbeiten zu der Westernkomödie THE PALEFACE (SEIN ENGEL MIT DEN ZWEI PISTOLEN) unter der Leitung von RIO-Regisseur Norman Z. McLeod begannen, litt Hope immer noch unter den Nachwirkungen. Zwischendrin mußte er sich auch noch einen Weisheitszahn ziehen lassen – im Film spielte er einen Dentisten namens *(nomen est omen)* Painless Potter – und brachte sich mit Schießpulver eine Brandverletzung am rechten Arm bei. Für die Rolle der Calamity Jane war Ginger Rogers vorgesehen, doch machten ihre Gagenforderungen eine Umbesetzung notwendig. So wurde auch Jane Russell (Billy the Kids Freundin aus dem Howard-Hughes-Film THE OUTLAW) zu einem Besetzungsgespräch vorgeladen: »Ich war gar nicht richtig angezogen dafür. Ich hatte Jeans an und war strubbelig. Aber ich ging trotzdem hin – und als Bob reinkam, meinte er gleich: ›Ich glaub, das ist die Richtige. Dreh dich mal um. In Ordnung, ja!‹ Von diesem Augenblick an kamen wir prima miteinander aus; wir sind beide Zwilling und haben den gleichen Sinn für Humor.« Berühmt wurde auch Bobs Song BUTTONS AND BOWS, für den zwei ehemalige britische

Staatsbürger, Jay Livingston und Ray Evans, 1948 einen Oscar empfangen hatten. BUTTONS AND BOWS, in einer von Dinah Shore aufgenommenen Fassung, war monatelang auf den amerikanischen Hitlisten.

Anfang 1952 wurde unter der Regie von PALEFACE-Koautor Frank Tashlin (auf den an anderer Stelle noch einzugehen sein wird) die unvermeidliche Fortsetzung SON OF PALEFACE (BLEICHGESICHT JUNIOR) in Angriff genommen, wieder mit Jane Russell sowie mit Roy Rogers samt seinem Gaul Trigger.

Bob Hope spielt Junior, Potters Sohn, und bevor die Titel laufen, sehen wir ihn als frischgebackenen Harvard-Absolventen mit Diplom und einer gutaussehenden Dame – den Rücken zur Kamera –

Junior/Erzähler: Da stehen sie vor der Harvard-Universität – ein Knabe und ein Mägdelein. Der Knabe bin ich …

Penelope: Natürlich möchte deine kleine Penelope dich heiraten, mein Süßer. Aber vorher zieh in den Westen und hole dir dein Erbteil: die gewaltigen Schätze, die dein Vater dir vermacht hat.

Junior/Erzähler: Von dieser Seite erkennen mich sicher nur wenige – trotz meiner klassischen Kopfform. Mein Profil ist übrigens noch klassischer. Aber das nur am Rande. Also weiter im Text: Dieses Mädchen ist verrückt nach mir.

Penelope: Nein, nicht küssen bitte!

Junior/Erzähler: Stellen Sie sich das vor, so was sagt ein Mädchen zu mir. Hehehe. So ein Dummchen! Ich möchte sie so gerne küssen, weil sie genau die Lippen hat, die ich mag – eine oben und eine unten.

Penelope: Geh jetzt, Junior, hol dein Vermögen, und vergiß niemals: Ich liebe dich. *Ich liebe dich. Ich liebe dich.*

Junior/Erzähler: So, jetzt dreh ich mich gleich zu euch um, ihr Glücklichen. Haltet euch fest. Nicht ungeduldig werden und, bitte, keinen Beifall. Es soll ja erst losgehen.
(Dreht sich zur Kamera.)
Magna cum laude.
Magna cum laude – das ist lateinisch. Und wenn

ihr nach der Vorstellung nach Hause fahrt, dann behaltet mich lieb und träumt von mir zur Nacht. Nanu, was ist denn jetzt los?

Ganz unvermittelt ein Zwischenschnitt mit einem griesgrämig dreinblickenden Bing Crosby auf der Heimfahrt.

Ach, das ist ein alter Charakterdarsteller von der *Paramount,* mit dem ich früher zusammengearbeitet habe. Aber wie kommt der in diesen

Schicke Hosen: Hope mit Jane Russell in SON OF PALEFACE

27

	Film? Er spielt diesmal gar nicht mit. Ehrenwort!*
	Also bitte, fahren wir fort –
Penelope:	Ich werde auf dich warten.
Junior:	Hähä.
Penelope:	Und wenn dir auch mal schwere Gefahren drohen, Junior …
Junior:	Hm?
Penelope:	… bleib tapfer – bleib furchtlos. Du mußt immer daran denken: *Du bist Junior, der Sohn des Bleichgesichts!*

SON OF PALEFACE ist eine beispielhafte Beschreibung jenes erstaunlich dreisten Hopeschen Feiglings, der wider Willen zum unkonventionellen Helden wird. Motto: EIN SCHUSS UND 50 TOTE (so der deutsche Titel eines weiteren Hope-Westerns, der 1959 unter der Produktionsleitung von Bobs Bruder Jack entstand – ALIAS JESSE JAMES).

Unter dem Beil des Scharfrichters landet Hope in der Rolle eines venezianischen Angsthasen und Schneidergesellen namens Pippo Poppolino, der den Rock des legendären Casanova (Vincent Price) trägt, in der Mantel-und-Degen-Persiflage CASANOVA'S BIG NIGHT (DER SCHÜRZENJÄGER VON VENEDIG). »Das ist das Ende, das *Paramount* sich vorgestellt hat«, erläutert ein Sprecher aus dem Off. »Und nun der Schluß, den Bob ›Orson Welles‹ Hope geschrieben, inszeniert und produziert hat.« Es folgt eine furiose Sequenz, in der der Schneider der Axt entgeht und alle seine Widersacher aufspießt – worauf Hope abstimmen läßt, welcher Schluß dem Publikum besser gefalle: Die Zuschauer votieren für das *Paramount*-Ende.

Um sich nicht nur als Komiker, sondern auch als Darsteller von Rang zu qualifizieren, biß Hope sofort an, als ihm zwei seiner früheren Gag-Schreiber vom Rundfunk, Mel Shavelson und Jack

---

* Wie so oft ist das Original hier witziger als die deutsche Bearbeitung: What's this? This is an old character actor on the *Paramount* lot whom we try to keep working. He's supporting a large family, but I guarantee this fellow won't be in the picture tonight! – Was ist das? Das ist ein alter Charakterdarsteller aus dem *Paramount*-Studio; wir bemühen uns, ihm Arbeit zu verschaffen, denn er muß eine große Familie ernähren. Aber ich garantiere Ihnen, daß dieser Kerl heute abend nicht mitspielt!

EIN SCHUSS UND 50 TOTE: *Bob räumt im Westen auf*

Rose, die Hauptrolle in einer (streckenweise sehr geschönten) Filmbiographie des Entertainers Eddie Foy schmackhaft machten, der seinen Erfolg auf den amerikanischen Varietébühnen der Mitwirkung seiner sieben Kinder zu verdanken hatte: THE SEVEN LITTLE FOYS (KOMÖDIANTENKINDER).

Und eben dieses Rührstück war es, das Autor Ben Hecht und die Hersteller einer Kalten-Krieg-Filmsatire mit dem Arbeitstitel NOT FOR MONEY auf jenen »anderen« Hope aufmerksam werden ließ: In diesem entfernt an NINOTCHKA erinnernden, in Londons *Pinewood Studios* realisierten Projekt sprang Hope als Ersatz für Cary Grant ein und spielte an der Seite von Katharine Hepburn. Grant und Hepburn waren eine nahezu ideale Kombination in BRINGING UP BABY, HOLIDAY und THE PHILADELPHIA STORY gewesen. Hope und Hepburn in THE IRON PETTICOAT (DER EISERNE UNTERROCK), wie man den Streifen dann umtitelte, waren es nicht. An NINOTCHKA denke man am besten nicht – schrieb der Rezensent des *film-dienst* anläßlich der deutschen Erstaufführung im Rahmen der Berliner Filmfestspiele 1956: »Wie sehr hier ein an sich reizvoller Einfall vergröbert wurde, zeigt deutlich der modische Gegenstand, durch den der Wandel von der linientreuen Funktionärin zur liebenden Frau verdeutlicht wird: War es bei der Garbo ein verrücktes Modellhütchen, so ist es bei der Hepburn ein überdimensionales Abendkleid mit schwarzen Dessous und roten Strumpfbändern. Damit ist aber der Geist ins Exil geschickt, wurde die mögliche erleuchtete und befreiende Satire zur mittelmäßigen klamaukigen Hanswurstiade. Auch die reizvolle Aufgabe, mit feiner Ironie die Wesensunterschiede der Russen und der Amerikaner herauszuarbeiten, wurde vertan. Katharine Hepburn, die sonst so gute Darstellerin, poltert als russische Luftwaffenoffizierin, die in einem Anfall von Verärgerung die ›Heimat aller Werktätigen‹ verließ und in Berlin-Tempelhof notlanden mußte, in Kommißstiefeln und Whisky wie Wasser trinkend durch die Kulissen. Ihr wird der völlig abgespielte Grimassenschneider Bob Hope, hier US-Hauptmann, zwecks demokratischer Umerziehung beigegeben, wobei klar ist, daß das Ganze in Liebe endet. Bis zum glücklichen Ende im Westen gibt es jedoch allerlei Abenteuer zu bestehen, einschließlich Menschenraub und Verschleppung in den Osten. So ziemlich alles ist aber derart grob, blödelnd und krampfhaft, daß nur mit Mühe an irgendeine höhere Absicht geglaubt werden kann. Ohne eine solche muß aber die Themenwahl als verfehlt bezeichnet werden.«

Ben Hecht war so außer sich über die Art, wie Hopes Ghostwriter im nachhinein mit seinem Drehbuch umgegangen waren, um es auf die Linie ihres Chefs zu bringen, daß er für 275 Dollar eine ganzseitige Anzeige im *Hollywood Reporter* schaltete:

»Mein lieber Partner Bob Hope,
hiermit darf ich Dir mitteilen, daß ich meinen Namen als Autor zurückgezogen habe aus unserem verstümmelten Unternehmen THE IRON PETTICOAT.
Unglücklicherweise kann sich Deine andere Partnerin, Katharine Hepburn, ja nicht mit mir zusammen aus diesem danebengegangenen Film stehlen.

Obwohl ihre herrlich komische Darbietung sozusagen aus dem Film geblasen wurde, sind noch reichlich Hepburn-Szenen geblieben, die sie zum Freiwild für Scharfschützen machen.

Zuversichtlich versichern mir Haie in meiner Umgebung zwar, daß THE IRON PETTICOAT großartig bei Leuten ankommen wird, ›die nicht genug von Bob Hope kriegen können‹.

Aber wollen wir hoffen, daß dieses ohnmächtige Kontingent nicht beschränkt bleibt auf Dich selbst und Deinen euphorischen Agenten Louis Shurr.«

Wenigstens brachte THE IRON PETTICOAT Hope auf den Roten Platz, und zwar auf den echten, nicht irgendeine Filmkulisse. Zuerst war da nur die Idee, Außenaufnahmen in Rußland zu drehen,

Bob Hope im EISERNEN UNTERROCK *hinter dem Eisernen Vorhang*

dann faßte man eine Weltpremiere des EISERNEN UNTERROCKS in Moskau ins Auge – und als sich beides zerschlug, ließ Hope dennoch so lange nicht locker, bis man ihm, dem inzwischen erfolgreich ins Fernsehen gewechselten Alleinunterhalter, gestattete, in Moskau ein TV-Spiel für *NBC* zu drehen. Hope nützte die seltene Gelegenheit, mit offenem Visier durch die Russenmetropole zu streifen:

»Lassen Sie sich von niemandem erzählen, die Russen seien nicht leidenschaftlich. Am Parfümstand gab es immerhin so sexy klingende Düfte wie ›Kreml‹ und ›Unser Moskau‹. Es ist mir unbegreiflich, warum sie nicht auf Namen wie ›Mondenschein auf der Kolchose‹, ›Wolgaschiffer‹ und ›Essenz des Traktors‹ gekommen sind.«

Es sei sehr aufregend, begrüßte er ein sorgsam für die Kamera ausgewähltes Publikum,

»hier in Moskau zu sein mit euch Demokraten ... Ihr müßt Demokraten sein, andernfalls wärt ihr jetzt nicht hier ... Ich hoffe, ihr werdet euch heute abend kooperativ verhalten. In meinem Paß steht ›Komiker‹ – und ich habe es nicht gern, wenn Russen denken, daß ich lüge ...«

Sodann riß er ein paar Witze über den Sputnik:

»Die Russen sind überglücklich über ihren Sputnik. Es ist schon irgendwie verrückt, in einem Land zu sein, wo alle zweiundneunzig Minuten Nationalfeiertag ist ... Jeder, der keinen steifen Nacken hat, ist ein Verräter ...«

Seine sowjetischen Betreuer waren darüber gar nicht glücklich. Verrat sei ein schweres Vergehen in der UdSSR, klärte ihn ein Bevollmächtigter von *Sovexportfilm* auf. Selbstverständlich wolle er nicht unterstellen, daß Russen Verräter seien, beruhigte Hope seine Gesprächspartner: »Was wir vielmehr wollen, ist, in einer humorvollen Weise darzustellen, wie stolz die Menschen hier auf ihren Sputnik sind. Übertreibung ist eine der Grundvoraussetzungen der Komödie.« Schließlich seien Satelliten und Raketen in Rußland wie in Amerika Thema Nummer eins. Und warum sollte man die Russen anders behandeln als jedes andere Land auf der Welt? Zum Beweis für seine guten Absichten ließ er ein paar Jokes aus seiner letzten Fernsehsendung vom Stapel:

»Ich glaub, ihr habt die großen Neuigkeiten von Cape Canaveral gehört. Unsere Regierung hat soeben ein weiteres U-Boot raufgeschossen ... Wirklich, die Raketentests funktionieren prima. Sie verfehlen niemals ihr Ziel. Es ist kaum noch was heil auf den Bermudas. Unsere Wissenschaftler haben den Fehler entdeckt: Die Gummibänder reißen dauernd ...«

Die Sendung lief am 5. April 1958. Auch ein bekannter Kollege von Hope hatte damals in der UdSSR drehen wollen – aber John Wayne mit seinem von Howard Hughes finanzierten Monumentalschinken THE CONQUEROR (DER EROBERER) wollten die Russen partout nicht ins Land lassen. Als Wayne davon Wind bekam, daß man bei Bob eine Ausnahme gemacht hatte, war er ganz verdutzt: »Wenn man Sie hereingelassen hat, warum dann nicht auch mich?« – »Wir haben nie etwas über die Russen gesagt.« Worauf Duke Wayne grinste: »Das ist natürlich ein Unterschied. Ich habe.«

Mitunter leistete sich Hope sogar Witze gegen Rechte – etwa gegen Senator McCarthy, den er, wie sein Golfpartner Dwight D. Eisenhower, richtiggehend verachtete: Er habe aus zuverlässiger Quelle erfahren, daß McCarthy demnächst die Namen von zwei Millionen Kommunisten preisgeben werde – »er hat nämlich gerade ein Telefonbuch von Moskau in die Finger gekriegt ...«

Was sonst noch?

Zwei Söhne, zwei Töchter – Tony und Kelly, Linda und Nora.

Langjähriger Zeremonienmeister der Oscar-Verleihungen: »Als Sie heute abend hier eintrafen, ist Ihnen vielleicht auch jene ostentative Zurschaustellung von nationalem Chauvinismus aufgefallen. Alle englischen Stars fuhren im Rolls-Royce vor; die Deutschen im Mercedes; die Italiener in Ferraris – die Amerikaner in Toyotas.«

Selbst fünf (allerdings »nur« Spezial-)Oscars: 1940, 1944, 1952, 1959, 1965.

Als Truppenunterhalter gleich nach dem Zweiten Weltkrieg in Berlin: »Die Leute kennen mich hier. Wenn ich Berlins Straßen entlangschlendere, gibt es stets ein großes Hallo. Weiß jemand von euch, was *Schweinehund* heißt?«

Einer der reichsten Männer im Showgeschäft: Legte seine Gagen in Grundstücken, Ölquellen, Radiosendern, Rennpferden und Footballteams an. Fehlt auf so gut wie keiner Wohltätigkeitsveranstaltung. Marlon Brando sarkastisch: »Bob Hope würde selbst zur Eröffnung einer Telefonzelle in Anaheim kommen – vorausgesetzt, eine Kamera und drei Zuschauer sind zugegen.« – Bob Hope: »Solange es einem guten Zweck dient.«

Und noch ein paar Filme: immerhin ein ganzes Dutzend in den sechziger Jahren – doch die kann man getrost vergessen, selbst das siebte ROAD-MOVIE, das 1961 in den *Shepperton Studios* nahe London entstand (acht Jahre nach dem letzten, ROAD TO BALI). Trotz Gaststars wie Jerry Colonna, Zsa Zsa Gabor, Dean Martin, David Niven, Peter Sellers und Frank Sinatra war THE ROAD TO HONG KONG, wenigstens für die Kritiker, ein Weg zuviel. Dorothy Lamour war auf eine Nebenrolle reduziert worden: »Ich war sehr aufgebracht, die weibliche Hauptrolle zu verlieren, aber ich konnte nichts ändern – Bing wollte mich nicht ...« Bing wollte lieber jüngere (obwohl er selbst zehn Jahre älter war als Lamour), am liebsten Brigitte Bardot oder Gina Lollobrigida. Da beide Damen nicht verfügbar waren, entschieden sich die Hersteller für die damals wirklich sehr junge Joan Collins. Ansonsten verlief alles eher routinemäßig, wenig improvisiert – und Crosby trug unter seinem Film-Outfit seinen Golfdreß, damit er sofort nach Drehschluß seiner liebsten Freizeitbeschäftigung nachgehen konnte. In den siebziger Jahren wollte Mel Shavelson noch ein ROAD TO THE FOUNTAIN OF YOUTH draufsetzen (»Es sollte ein reiner Gimmickfilm werden – und der Joke war, daß der Jungbrunnen bei jedermann wirkte, nur nicht bei Bob und Bing«), doch kam das Projekt für Crosby zu spät. Bob Hope überlebte seinen Partner in kleinen Filmauftritten (THE MUPPET MOVIE und SPIES LIKE US).

Der Hofnarr: Danny Kaye

David Daniel Kaminsky kam an einem Samstag zur Welt, am gottgegebenen Sabbat, ein gutes Zeichen für eine gläubige jüdische Familie wie die Kaminskys: am 18. Januar 1913, das dritte Kind der Eheleute Jacob und Clara Kaminsky – das erste, das in Amerika geboren wurde, in *goldena medina,* im goldenen Land. Die Kaminskys waren Einwanderer aus der Ukraine; Jacob war Pferdehändler in Jekaterinoslaw gewesen, in Brooklyn wurde er Schneider. Danny rückblickend: »Ich denke, ich hab von meiner Herkunft aus Brooklyn profitiert. Das Milieu war sehr kosmopolitisch, es war ein Genuß. Da lernt man, jemanden nicht zu verachten, weil er Italiener, Jude, Ire oder sonstwas ist.« Es gab ihm, nicht zuletzt in seinen Darbietungen, einen internationalen Touch.

Daß ihr Junge ein großes Talent war, fiel Clara Kaminsky zum erstenmal auf, als sie dem Vierjährigen das erste Paar Schuhe kaufte. Begeistert von der Möglichkeit, im Schuhgeschäft öffentlich, vor »Publikum«, auftreten zu können, sprang David auf einen Stuhl und sang ein Lied, das er aufgeschnappt hatte: FIFTY FIFTY. David beschrieb sich selbst als »schüchternen, nervösen Jungen, einen von der Sorte, die immer hinter denen stehen, die Mädchen nachpfeifen«, aber vor einem Auditorium ...

»›Niemand – aber niemand unterhält sich besser, wenn die Leute über mich lachen, als ich selbst!‹ sagt Danny Kaye und weist damit die Quelle seiner Wirkung auf: die intime Verbundenheit mit dem Publikum« – schreibt Bernard Grun. »Die Kuppelung, die den Entertainer mit den Entertainten hier zusammenhält, ist die von Anfang an bestehende beiderseitige Hingezogenheit, die sich im Laufe eines Abends zu ekstatischer Schwärmerei steigert. ›Die Zuhörer sind für mich eine Masse geschmolzenen Goldes, der ich erst die richtige Form geben muß.‹ Er macht sie zu einem Teil seiner Darbietung, lacht mit ihnen und zeigt, wie sehr er sie ins Herz geschlossen hat. Sie danken es ihm mit ihrer flammenden Begeisterung und einer Anhänglichkeit, wie sie nur wenigen Spaßmachern zuteil wurde.«

Aber bis aus David Kaminsky Danny Kaye wurde, sollte noch einige Zeit vergehen. Ein tiefer Einschnitt im Leben der Familie Kaminsky war der Tod der Mutter. David war 13. Kurz nach seiner Bar-Mizwa riß er mit einem Freund, Louis Eisen, von zu Hause aus. Sie kamen bis nach Florida, verdienten acht Dollar – David sang, Louis begleitete ihn auf der Gitarre – und waren zwei Wochen später wieder daheim. Jacob Kaminsky zeigte sehr viel Verständnis: »Mein Sohn ist auf der Suche nach etwas, dem er sein Leben voll widmen kann. Ich kann ihm nicht sagen, was das ist, aber er würde nicht glücklich werden, wenn er es nicht selbst herausfindet. Vielleicht braucht er länger als andere, aber er wird es finden. Ich mache mir keine Sorgen um ihn.«

Nach ein paar Gelegenheitsjobs die erste richtige Stelle: in einer Versicherung – doppelt erfolglos. David rechnete falsch und vor allem zuungunsten der Versicherung. Aber dafür stand für ihn jetzt fest, daß sein Heil nicht in Zahlen lag, sondern in Songs. Er tat sich mit seinem alten Freund Louis Eisen zusammen: *Songs* und *Jokes* – Red und Blackie nannten sie sich. Rotschopf David war natürlich Red. Zuerst traten sie nur auf Partys auf, in Bootlegger-Kaschemmen und bei Vereinsveranstaltungen, dann zog es sie zum Borschtsch-Gürtel – so hießen die jüdisch bewirtschafteten Ferienhotels in den Catskill-Bergen im Staate New York unter Insidern.

Einige Zeit später stieg Louis aus, David blieb noch eine Weile als Hausnarr. Bis er zwei neue (Tanz-)Partner fand – Dave Harvey und Kathleen Young: *The Three Terpsichoreans*. Aus David war jetzt Danny geworden. Als er einmal auf der Bühne stolperte, auf die Nase fiel und seine Hose riß, gab es einen so großen Lacher, daß er den Ausrutscher ins Programm nahm. Erste Tourneen: Die Company, der sie angehörten, reiste nach Japan und China. Aber als er wieder zurück war, mußte er erst einmal Klinken putzen bei den Theateragenten. Nahm jeden Job an, nichts war ihm zu entwürdigend. Dann winkte eine Chance: Er durfte nach London, im eleganten *Dorchester*-Hotel in der Mitternachtsrevue auftreten. Es war der 28. September 1938 – der Vorabend des Münchener Abkommens. Er fiel durch und trat enttäuscht die Heimreise an. Erste Filme, Kurzfilme, unwichtig und vergessen: DIME A DANCE, dann drei Sachen für *Educational Pictures* – GETTING AN EYEFUL, CUPID TAKES A HOLIDAY, MONEY OR YOUR LIFE. Endlich lernte er bei Auditions für eine Off-Broadway-Show, die von Max Liebman produziert wurde, die weltkluge Sylvia Fine kennen, die Pianistin war und nebenbei auch etwas anspruchsvollere Lieder schrieb. Sylvia versorgte ihn mit einem Spezialrepertoire, und gemeinsam traten sie in einer *Summer-Show* in Camp Tamiment in Pennsylvania auf. Ein später mit Jerry Lewis und Dean Martin verbundener Agent, Abby Greshler, überredete Harry Kaufman, der das New Yorker Büro der berühmten *Shubert Brothers* leitete, sich Danny anzusehen. Kaufman mochte, was er sah, und buchte den jungen Mann für die STRAW HAT REVUE am Broadway. Das war September 1939. Etwas später heirateten Danny und Sylvia.

Im Nachtclub *La Martinique* begeisterte Danny Größen wie Ed Sullivan und den angesehenen Broadway-Regisseur Moss Hart, der ihn für eine Show mit Gertrude Lawrence verpflichtete: LADY IN THE DARK. Kurt Weill hatte die Musik geschrieben und Ira Gershwin die Texte, aber Dannys Hit TSCHAIKOWSKY stammte von Sylvia – in 38 Sekunden leierte er eine Litanei von 50 schwer auszusprechenden russischen Komponisten herunter: »Da ist Malitschewsky, Rubinstein, Arensky und Tschaikowsky, Sapelni-

David Daniel Kaminsky alias Danny Kaye in seinem großen Erfolg DAS DOPPELLEBEN DES HERRN MITTY

koff, Dimitriew, Tscherepnin, Krzyzanowsky, Godowsky, Artjibutschew, Moniuschko, Akimenko, Solowjew, Prokofjew, Tiomkin, Koroztschenko, da ist Glinka, Winkler, Bortnjiansky, Rebikoff, Ilyjinsky und Medtner, Balakirew, Zlotarew und Klenowsky, und Schostakowitsch, Borodin, Gliere und Novakowsky, dann Liadow und Karganow, Markjewitsch, Pantschenko und Dragomyzschski, Schtjerbatschew, Skrjiabin, Vassilenko, Strawinsky, Rimski-Korsakow, Mussorgsky und Gretschaninow und Glazunow und Caesar Cui, Kalinjikow, Rachmaninow ...« Es folgte ein sehr lukratives Engagement im *Paramount Theatre,* fünf Vorstellungen am Tag, 20.000 Dollar Wochengage. Und die Hauptrolle in dem Musical LET'S FACE IT.
Kaye hoffte, auch in der Filmversion von LET'S FACE IT spielen zu

dürfen, doch *Paramount Pictures* gab die Rolle ihrem Vertrags-
star Bob Hope. Dafür meldete sich einer der angesehensten un-
abhängigen Produzenten Hollywoods, der legendäre Samuel
Goldwyn (1882–1974). Goldwyn, der in Warschau zur Welt gekommen war, eigentlich Goldfish hieß und in Amerika als Hand-
schuhmacher angefangen hatte, hörte von Dannys Erfolg und sah
sich den jungen Komiker am Broadway an. »Sam und ich saßen in
der zweiten Reihe des Theaters«, berichtet Collier Young, der
Goldwyn damals begleitete, »und ich kann mich nicht erinnern,
ihn jemals so laut lachen gehört zu haben ...« Nach der Vorstellung gingen Goldwyn und Young in Dannys Garderobe – und
Goldwyn bemerkte, daß einer Filmkarriere nur Dannys reichlich
lange Nase entgegenstünde: »Sie sind sehr komisch. Aber wenn
ich Sie unter Vertrag nehme, müssen Sie Ihre Nase richten lassen.
Sie ist zu lang.« – »Nein!« – »Sie ist nicht fotogen.« – »Wie wäre es
dann mit folgendem Handel: Ich werde meine Nase richten lassen,
wenn Sie auch was bei Ihrer eigenen unternehmen.«
Nase hin, Nase her – Goldwyn gab Danny den ersehnten Filmver-
trag, sogar ohne Probeaufnahmen. Dann kehrte er nach Hollywood zurück und bestellte bei seinen Autoren (Don Hartman,
Bob Pirosh, Allen Boretz) ein passendes Skript für den ersten
Kaye-Film, eine militärisch »aktualisierte« Version des Owen-Da-
vis-Stücks THE NERVOUS WRECK, das Sam schon 1930 als Grundlage für den Eddie-Cantor-Schwank WHOOPEE gute Dienste geleistet hatte (Goldwyn sah in Danny offensichtlich den legitimen
Nachfolger des Stars von ROMAN SCANDALS): In UP IN ARMS
(1944) spielte Kaye einen in Brooklyn geborenen Hypochonder,
der eingezogen wird und sich im Lazarett in eine Krankenschwester (Dinah Shore) verliebt. Doch als Sam die ersten Muster sah,
befiel ihn wieder Angst vor der eigenen Courage, zumal auch Mrs.
Goldwyn Dannys Riechkolben jetzt mit Pinocchios Nasenstiel
verglich: Könnte das bei Teilen des Publikums nicht am Ende an-
tisemitische Ressentiments auslösen? Man probierte es mit den
unterschiedlichsten Kameraeinstellungen, und es meldeten sich
schon Ratgeber mit dem Vorschlag zu Wort, Dannys Vertrag zu
kündigen. Das freilich war nicht in Goldwyns Sinn; er hatte schon
ein paar Dollar in den Film investiert. Eines Morgens im Vorführraum kam ihm dann die, wie er meinte, rettende Idee: »Ich
hab's. Kaye soll in zehn Minuten hier sein. Er muß sich seine (roten) Haare blond färben lassen!« Zum Ausgleich für diese nur

schwer verständliche Rücksicht auf »arische Gefühle« sorgte der große Producer immerhin dafür, daß Präsident Roosevelt den fertigen Film als einer der ersten zu sehen bekam und Danny im Weißen Haus empfangen wurde.

Was könnte wohl besser sein als *ein* Danny Kaye, fragte sich Goldwyn und gab mit dem nächsten Film die passende Antwort: In WONDER MAN (DER WUNDERMANN) spielt Kaye 1945 zwei total verschiedene Zwillingsbrüder – der eine ein introvertierter Bücherwurm, der andere ein extrovertierter Nachtclub-Entertainer. Als der Entertainer-Bruder ermordet wird, verliert der scheue Schlemihl alle Hemmungen und gibt sich zeitweilig als sein toter Bruder aus. Der wirkliche Held in WONDER MAN sei freilich Trickspezialist John P. Fulton gewesen, gab Danny das Lob der Kritiker weiter. Fulton, der als Kamera-Assistent bei dem Stummfilmkomiker Lloyd Hamilton angefangen hatte, erhielt für den doppelten Kaye einen Oscar.

THE KID FROM BROOKLYN (DER HELD DES TAGES), Dannys dritte Goldwyn-Produktion (1946), war das Remake eines Harold-Lloyd-Films von 1936 – THE MILKY WAY: »Burleigh Sullivan: der Prototyp des schüchternen und hilflosen Mannes, der sich ständig im Kampf mit der Tücke des Schicksals befindet, voll von Hemmungen gegen sich und andere. Er ist Milchmann. Einmal gerät er mit Betrunkenen, die seine Schwester belästigen, aneinander. Dabei geht einer der Betrunkenen, ein Mittelgewichts-Weltmeister, k. o. Und Burleigh steht plötzlich im Mittelpunkt des öffentlichen und spekulativen Sportinteresses. Die Spekulanten machen ihn durch fingierte Boxsiege zur Sensation, zum Herausforderer um die Weltmeisterschaft. Aus dem einfältigen Jungen wird ein größenwahnsinniger Angeber, dessen Tragikomik darin liegt, daß er allmählich selbst an sein boxerisches Können glaubt, das er gar nicht besitzt.« Soweit die Inhaltsbeschreibung im *film-dienst,* mit dem abschließenden Resümee, es handle sich um einen schwachen Vorläufer des weitaus besseren DAS DOPPELLEBEN DES HERRN MITTY. Tatsächlich war THE SECRET LIFE OF WALTER MITTY (1947), frei nach einer Vier-Seiten-Kurzgeschichte von James Thurber, Dannys bester Film für Goldwyn. Es geht um einen Tagträumer, im Privatleben Lektor eines Verlags für Schauerromane, der sich permanent in unalltägliche Rollen hineindenkt. Einmal brilliert er als Westernheld, ein andermal als Glücksspieler auf einem Mississippi-Dampfer, als R.A.F.-Pilot,

Danny Kaye in THE SECRET LIFE OF WALTER MITTY

Designer von Damenhüten, beherzter Chirurg (der Kaye selbst
gern geworden wäre), als Kapitän, der trotz gebrochenen Arms
bei tobendem Sturm am Steuer seines Schiffs ausharrt, sowie als
IRA-Attentäter auf der Flucht (diese letzte Episode fehlt im Film
mit Rücksicht auf das britische Publikum, das Danny endgültig ins
Herz schließen sollte nach einem sensationellen Auftritt im Londoner *Palladium*). Eher enttäuschend war dagegen Kayes vorerst
letzter Film für Goldwyn: A SONG IS BORN (1948). Howard
Hawks hatte den Stoff unter dem Titel BALL OF FIRE sechs Jahre
vorher wesentlich ansprechender mit Gary Cooper und Barbara
Stanwyck verfilmt. Die weibliche Hauptrolle im Remake spielte
Virginia Mayo, die in allen Goldwyn-Filmen von Kaye dabei war
(wenn auch im ersten noch etwas unauffällig unter den *Goldwyn*

Girls). Von Interesse waren allein die Gastauftritte populärer Musiker: Louis Armstrong, Benny Goodman, Charlie Barnet, Lionel Hampton und Tommy Dorsey.

Aus Angst, in eine bestimmte Ecke und einen bestimmten Rollentyp gedrängt zu werden, entschied sich Danny, Goldwyn endlich zu verlassen: »Lassen Sie mich sagen, daß ich Sam für einen großen Produzenten halte und anerkennen muß, daß er sich mir gegenüber großartig verhalten hat. Ganz gleich, was er tut: Goldwyn ist eine würdevolle Erscheinung, die einem Bewunderung und Respekt abverlangt. Ich denke, der Grund dafür ist, daß wir wissen, wie sehr er Filme liebt. Er will nicht, daß sein Name in Verbindung mit einem mittelmäßigen Produkt genannt wird. Aber sosehr ich Goldwyn auch schätze und verehre, ich muß jetzt an meine eigene Karriere denken. Ich glaube, Goldwyn hat auf-

A SONG IS BORN

41

richtig versucht, in jedem Film, den wir gemacht haben, etwas Neues für mich zu finden. Aber es war trotzdem alles irgendwie gleich, und ich hab gemerkt, daß, wenn ich fortfahren würde, Filme zu drehen, die sich alle ähneln, mir die Leute auf die Schliche kommen würden.«

Mehr schmeicheln als Goldwyns Offerten mußte ihm ein Angebot der *Warner Bros.*: Nicht nur konnten ihn sich die *Warner*-Leute in literarischen Rollen wie DON QUICHOTTE vorstellen, sie boten ihm auch Mitspracherecht hinsichtlich Buch, Regie und Partnerin. THE GOVERNMENT INSPECTOR oder, so der endgültige Verleihtitel, THE INSPECTOR GENERAL (DIE SÜNDIGE STADT) war literarisch insofern, als die Story auf einem bekannten Stück von Gogol basierte (DER REVISOR, 1836): Ein kleiner Zigeuner wird vom korrupten Magistrat einer Kleinstadt fälschlich für einen inkognito reisenden Revisor gehalten. Die graue Eminenz hinter Danny sei, wie schon zuvor, Sylvia gewesen, erinnerte sich Bill Orr, Jack Warners künftiger Schwiegersohn, an die Produktion: Danny habe sich immer ganz hinreißend und nett gegeben – aber es sei Sylvia gewesen, auf die es letztlich ankam. Es liegt auf der Hand, daß Sylvia deswegen auch weniger beliebt war als ihr Gatte, der ihr inzwischen mehr und mehr den Rücken kehrte. Privat hatten sich die beiden nicht mehr viel zu sagen, auch wenn nach außen hin die familiäre Fassade mit Töchterchen Dena aufrechterhalten wurde. Dementsprechend stand der INSPECTOR GENERAL nicht gerade unter einem guten Stern – und obschon sich Jack Warner persönlich um Danny kümmerte, gab es Schwierigkeiten, vor allem mit dem Buch. So wurde zwar ein Song aus dem Film, HAPPY TIMES, 1949 zum Hit, aber ansonsten war dem Streifen kein sonderlicher Erfolg beschieden. Immerhin erhielt Danny im Juni 1949, anläßlich eines weiteren Autritts im *Palladium* in London, aus den Händen von Gracie Fields den *National Film Award,* der bis dahin nur an englische Filmschaffende gegangen war.

Wieder zurück in den Staaten, geriet Danny in Verdacht, Kommunist zu sein – er war allenfalls rosa und hatte sich mit Humphrey Bogart und anderen kurzzeitig für freie Meinungsäußerung engagiert –, und befand sich damit in der ehrenvollen Gesellschaft von ebenfalls Verdächtigen wie Fredric March, Edward G. Robinson und Frank Sinatra. Das war allerdings nicht der Grund, weswegen Danny und *Warner Bros.* ihren Vertrag, der eigentlich über fünf Filme laufen sollte, lösten. Vielmehr war Kaye der Ansicht, er müsse erst mal wieder auf der Bühne stehen. So dauerte es eine Zeit, bis neue Filmprojekte für ihn ins Gespräch kamen. An der Seite von Gene Kelly sollte er in einer Musical-Version von HUCKLEBERRY FINN vor der Kamera stehen, die Arthur Freed produzieren und Vincente Minnelli inszenieren sollte, aber daraus wurde nichts. Statt dessen geisterte er 1951 durch ein eher fades Verwechslungs- und Revue-Lustspiel der *Twentieth Century-Fox* mit dem Titel ON THE RIVIERA (AN DER RIVIERA), bei dem spaßige Dinge nicht auf der Leinwand passierten, sondern auf dem Set: Den Liebeshungrigen mimend, jagte Danny jeden Morgen die Studiofriseuse.

Auch Sam Goldwyn gab den Versuch nicht auf, Danny für einen neuen Film zu ködern: Zuerst dachte man an THE ADVENTURES OF WALTER MITTY, um sich dann für ein Projekt zu entscheiden, das schon 14 Jahre bei Goldwyn moderte und wenigstens fünf Adaptionen hinter sich hatte, die dem großen Sam aber allesamt nicht gefielen – bis endlich Moss Hart eine Version anbot, die ihm zusagte: HANS CHRISTIAN ANDERSEN (HANS CHRISTIAN ANDERSEN UND DIE TÄNZERIN).

Die Regie wurde Charles Vidor übertragen; Rodgers & Hammerstein sollten das Werk vertonen, aber da die beiden zu beschäftigt waren und nicht mal die Zeit für ein Treffen mit Sam aufbrachten, wich man auf Frank Loesser aus. Für vier Millionen Dollar, 1952 eine stattliche Summe, wurde freilich nicht das Leben Andersens nacherzählt, sondern ein Märchen über ihn selbst gesponnen. So hat die Geschichte von der kleinen Seejungfrau auf der Leinwand ihren Ursprung in der Liebe des dichtenden Schuhmachers Hans zu der schönen Primaballerina des königlichen Theaters in Kopenhagen. Goldwyn hatte Walter Scharf, den musikalischen Leiter, gefragt, welches die längste Ballettsequenz in einem Film war. Scharfs Recherche ergab, daß dies 14 Minuten in Gene Kellys AN AMERICAN IN PARIS gewesen waren. – »Das hier muß länger werden«, forderte Goldwyn und verlangte ein 18-Minuten-Ballett. Für das MERMAID BALLET arrangierte Scharf verschiedene Werke von Franz Liszt, und als Primaballerina wurde Moira Shearer verpflichtet, die in Powells und Pressburgers RED SHOES aufgefallen war. Die Produktion war schon voll im Gange, da stellte sich heraus, daß Frau Shearer schwanger war. Hektisch suchte man nach einem Ersatz und fand ihn in der Französin Zizi Jeanmaire, die in Los Angeles mit einer CARMEN-Produktion gastierte. Unglücklicherweise sprach Mademoiselle Jeanmaire kein Englisch, doch Danny Kaye erklärte sich bereit, neben der Titelrolle auch noch, hinter den Kulissen, den Part des Professor Higgins zu übernehmen und Zizi in seiner unnachahmlichen Art Nachhilfestunden zu geben: »Where are you going?« – »To the block.« – »How can you go to the block. To the block! You mean round the block, you dope.« Ansonsten hatte Danny während der Produktion so seine Höhen und Tiefen und war geistig, wie Scharf bemerkte, oft abwesend: Er habe mal, spaßeshalber, absolutes Kauderwelsch mit ihm geredet und ihm, als er nicht sonderlich reagierte, bedeutet, daß er wohl überhaupt nicht zugehört habe. Am ehesten lagen Danny noch die Szenen mit den Kindern, was zur Folge hatte, daß er sich später vom *United Nations International Children's Emergency Fund (UNICEF)* anwerben ließ.

Die Kritik stand dem fertigen Film mehrheitlich ablehnend gegenüber. Der *New Yorker* beschuldigte Autor Moss Hart, Andersen mit einer Einfalt auszustatten, die an Blödheit grenze. Ähnlich Bosley Crowther in der *New York Times:* Moss Hart habe einfach keine Figur für Mr. Kaye geschaffen, ganz zu schweigen von einer glaubwürdigen Darstellung des berühmten dänischen Geschichtenerzählers. Sein Andersen sei schwerfällig, humorlos und blaß. Besonders sauer reagierten die Dänen: Es werde den dänischen Ableger des *United States Information Service* 50 Jahre kosten, den angerichteten Schaden wiedergutmachen, stellte Arne Sorensen fest, einer der führenden dänischen Kritiker. Und überhaupt habe man den unverzeihlichen Fauxpas begangen, Dänemark wie ein Fürstentum der ehemaligen deutschen Besatzer abzubilden. Danny, beschämt, auf einer Pressekonferenz in Dänemark:»Ich bin hierhergekommen, um zu sehen, ob Sie mich umbringen werden.« Allerdings sollte man nicht vergessen, daß Loessers unsterbliches WONDERFUL, WONDERFUL COPENHAGEN mehr für den dänischen Tourismus getan hat, als der Film der Ehre Dänemarks Schaden zugefügt hat.

1953 taten sich Sylvia und Danny Kaye (ihre eigene Filmproduktion nannten sie nach ihrer Tochter *Dena Productions*) mit den Gag- und Comedy-Spezialisten Norman Panama und Melvin Frank zusammen und entwickelten für *Paramount* eine Spionagekomödie mit dem Titel KNOCK ON WOOD (DIE LACHBOMBE); Danny als Bauchredner und die Schwedin Mai Zetterling als seine Psychoanalytikerin – beide kriegen sich im Anschluß an die

Singt mit Satchmo: Danny Kaye in A SONG IS BORN

Kriminalhandlung. Auch als Kollege zeigte sich Danny, was Mai anging, von seiner charmantesten Seite. Norman Panama: »Er konnte zu Leuten sehr charmant sein, wenn er mußte. Es kam schon vor, daß sein neurotischer Charakter in Depressionen verfiel, und wenn es hochkam, tat er nichts, um das zu verschleiern – aber wenn ihm danach war, im Mittelpunkt einer Party zu stehen, gab es keinen größeren Charmeur auf der Welt als Danny.«

Dannys nächster Filmauftritt war nicht in einem Kaye-, sondern in einem Bing-Crosby-Film, den *Paramount* um den Hit WHITE CHRISTMAS (WEISSE WEIHNACHTEN) gewoben hatte. Es war gleichzeitig das Debüt des großformatigen VistaVision-Verfahrens. Dabei wollte man eigentlich jemand ganz anderen haben, Fred Astaire, aber der fühlte sich zu alt dafür. Und Donald O'Connor, der so hervorragend war in SINGIN' IN THE RAIN, klagte über Rückenschmerzen. Dennoch fiel es Danny nicht schwer, als dritte Wahl unter der Regie des Ungarn Michael Curtiz einzuspringen, da die drei Geschäftspartner, denen der Film gehören sollte (Bing Crosby, Irving Berlin und *Paramount*), übereinkamen, je dreieindrittel Prozent an Kaye abzutreten, dessen Zehn-Prozent-Anteil an diesem Film sich fortan jede Weihnachten in einem saftigen Scheck bezahlt machte.

1955 folgte der möglicherweise beste Kaye-Film, THE COURT JESTER (DER HOFNARR), eine gelungene Parodie auf Ritterfilme und die ADVENTURES OF ROBIN HOOD mit Errol Flynn. Als Dannys Gegenspieler holte man sich den großen Mimen Basil Rathbone, der als Bösewicht Guy of Gisbourne gegen Flynn gefochten hatte, und gab ihm ein fürstliches Trinkgeld, damit er Danny Fechtunterricht erteilte. »Ich habe ähnliches noch nicht erlebt«, gestand der mit Kaye befreundete Choreograph Michael Kidd. »Binnen eines Tages vermittelte er den Eindruck eines erstklassigen, erfahrenen Fechters. Er war brillant.«

Höhepunkt, neben dem Showdown mit Florett und Rathbone, ist Dannys Zweikampf mit dem schwergewichtigen Robert Middleton, dem – ritterlichen Gepflogenheiten entsprechend – ein Trinkspruch vorangehen soll. Wie ihr die Prinzessin, die nach Dannys Liebe schmachtet, geheißen, mischt sich eine als Giftmischerin praktizierende ältere Hofdame ein und verrät ihm, sie habe eine Giftpille in einen der beiden Becher gegeben.

Danny:
  In welchen?
Hofdame:
  In den Becher mit dem Fächer.
Danny:
  In den Becher mit dem Fächer?
Hofdame:
  Ja, aber Ihr wollt nicht den Becher mit dem Fächer, Ihr wollt den Pokal mit dem Portal.
Danny:
  Ich will nicht den Becher mit dem Fächer, ich will den Pokal mit dem was?
Hofdame:
  Den Pokal mit dem Portal. Es ist ein Pokal mit der Figur eines Portals.

Danny:
Enthält der Pokal mit dem Portal den Wein, der …?
Hofdame:
Nein, der Wein mit der Pille ist in dem Becher mit dem Fächer.
Danny:
Der Becher mit dem Becher?
Hofdame:
Der Becher mit dem *Fächer!*
Danny:
Und was ist mit dem Pokal auf dem Portal?
Hofdame:
Nicht der Pokal auf dem Portal – das Portal auf dem Pokal.
Danny:
Und wo ist der Wein mit der Pille?

Möglicherweise der beste Kaye-Film: DER HOFNARR

Hofdame: In dem Becher mit dem Fächer.

Es ist doch so leicht – wissen Dannys Gefährtin Glynis Johns, die für den rechtmäßigen König, ein krächzendes Baby mit legitimierendem Muttermal auf seinem rosigen Popo, streitet, und die Giftmischerin:

> Der Wein mit der Pille
> ist in dem Becher mit dem Fächer.
> Der Pokal mit dem Portal
> hat den Wein gut und rein.

Danny versucht zu memorieren:

> Der Wein mit der Pille –
> der Wein mit der Pille
> ist im Becher mit dem Fächer.
> Der Pokal mit dem Portal
> hat den Rein gut und rein … äh …
> den Wein gut und rein
>
> Der Wein mit der Pille
> ist im Becher mit dem Fächer.
> Der Pokal mit dem Portal
> hat den Rein gut und wein … äh …
> Wein gut und rein.
>
> Der Fächer mit dem Portal
> hat den Pokal …
>
> Der Becher … nein …
> der Wein mit der Pille
> in dem Becher mit dem Fächer …
> Der Pokal mit dem Portal
> hat den Wein, der ist fein.
> Nein, der Wein mit der Pille
> ist im Becher mit dem Fächer.
> Der Pokal … nee! … der Pokal
> mit dem Becher …
> Die Pille mit dem Fächer
> ist im Becher mit dem Portal … äh …
> im Portal mit dem Wein … äh …
> im Wein … äh …

Aber jetzt:
Der Becher mit dem Portal
ist im Wein.
Die Pille mit dem Becher
ist im Wein ...

Dann endlich:

Ich habe es, ich habe es!
Der Wein mit der Pille
ist im Becher mit dem Fächer.
Der Pokal mit dem Portal
hat den Wein gut und rein, ja?

Die *Giftmischerin,* die wieder hinzugetreten ist, nickt:

Ja. – Aber es hat sich geändert. Sie haben den Pokal mit dem
Portal zerbrochen.

Danny, ungläubig:
Den Pokal haben sie zerbrochen?
Hofdame:
Und haben ihn durch einen Kelch ersetzt.
Danny:
Einen Kelch?
Hofdame:
Verziert mit einem Elch.
Danny:
Ein Kelch mit einem Elch?
Hofdame:
Ja.
Danny:
Aber habt Ihr jetzt den Wein mit der Pille in dem Becher mit
dem Fächer ...?
Hofdame:
Nicht doch! Der Wein mit der Pille
ist im Kelch mit dem Elch.
Der Becher mit dem Fächer
hat den Wein gut und rein.
Ihr dürft es nicht verwechseln.

Danny:
Der Becher mit dem Elch

ist im Kelch mit der Pille … äh …
Becher mit dem Elch
ist der Fächer mit dem Kelch.
Ihr dürft es nicht verwechseln.

Inzwischen hat einer von Middletons Gefolgsleuten die Sache mit
Becher und Kelch, Fächer und Elch spitzgekriegt und warnt seinen Meister:

Hütet Euch vor dem Trunk,
ein Becher ist vergiftet!
Middleton:
Vergiftet? Wißt Ihr das genau?
Gefolgsmann:
Ich habe es gehört.
Derweil *Danny:*
Der Elch mit dem Wein,
eine Pille muß es sein.
Und jetzt auch *Middleton:*
Der Wein mit der Pille
in dem Kelch mit dem Elch,
der Becher mit dem Zecher … äh …
der Zecher mit dem Becher …
Gefolgsmann:
Neinneinnein.
Danny:
Der Becher mit dem Elch
schwimmt im Kelch mit der Pille.
Middletons *Gefolgsmann:*
Der Becher mit dem Fächer …
Middleton:
Der Becher mit dem Fächer
hat den Wein gut und rein.
Gefolgsmann:
Richtig! Nicht vergessen!
Aber *Middleton* hat schon vergessen:
Der Becher mit dem Elch
und die Pille mit dem Wein …
Danny:
Die Pille mit dem Becher
ist im Elch mit dem Wein …

Zweikampf ohne Trinkspruch: Danny Kaye und Robert Middleton in THE COURT JESTER

Middleton:
Der Kelch mit dem Becher hat den Fächer ...
Danny:
Der Elch ist in der Pille –
und der Becher hat den Fächer mit dem Zecher.

Schließlich wird es dem König zu dumm: Er läßt den Trinkspruch ausfallen!

Erdacht hatte diesen Film wieder Norman Panama (zusammen mit Mel Frank): »Einmal mehr verbrachten wir eine ganze Filmrolle damit, ihn als netten Jungen aufzubauen. Wir machten aus ihm einen Babysitter des Babykönigs, während Glynis Johns sich draußen als eine Art weiblicher Robin Hood auszeichnete. Wir hatten Angst, ihn von der Leine zu lassen, davor, daß seine Gefühlskälte sich bemerkbar machen würde wie in einigen seiner vorangegangenen Filme.« Gewiß sei Kaye ein Komikgenie: »Es gibt nichts, was er nicht kann. Sein Sinn für Timing, fürs Koboldhafte, für Rhythmus und Satire ... alles tadellos. Was ihm möglicherweise fehlt, ist eine innere Qualität, die man in Ermangelung eines besseren Begriffs Herz nennen könnte.« Mel Frank geht noch einen Schritt weiter: »Den HOFNARREN zu machen war die reine Hölle.« Wieder einmal war Danny ziemlich deprimiert, vielleicht auch, weil er so ulkig wirkte in Strumpfhosen. »Aber da er nun mal«, so Frank weiter, »aussehen mußte wie John Barrymore, kleideten wir seine Beinchen in einen symmetrischen Harnisch, der ihnen jene wunderbare Form gab, die sie in Wirklichkeit nicht hatten.« Das war natürlich sehr unkomfortabel für Danny: »Bis drei Uhr nachmittags kann ich jetzt nicht pissen. Könnt ihr euch vorstellen, was das bedeutet?« Mel Frank rückblickend über seine Zeit mit Danny: »Ich denke, Danny weiß, daß er im Grunde seines Herzens *kein* netter Kerl ist – aber er wäre gern einer. Das hat nichts damit zu tun, daß ich sein Talent schätze und ihm einen großen Teil meiner Zeit geopfert habe, wobei nicht unbedingt viel heraussprang, außer ein paar Credits und sehr wenig Geld.« Für ihn war Danny ein Sadist (wie übrigens auch die meisten anderen Komiker, denn sie kassieren Lacher dafür, daß sie Menschen lächerlich machen) – ein totaler Sadist sogar, was seine Ehe anbetraf, mit Sylvia in der Rolle der dazu passenden Masochistin.

Vielleicht um sein Leinwand-Image seinem immer breiteren *UNICEF*-Engagement anzupassen, suchte Kaye in der Folge nach einem anspruchsvolleren Filmstoff. Unter der Regie von Peter Glenville verkörperte er in ME AND THE COLONEL (JAKOBOWSKY UND DER OBERST), nach einem Stück von Franz Werfel, einen polnischen Juden, der in Frankreich zusammen mit einem blaublütigen, antisemitisch geprägten polnischen Oberst auf der Flucht vor den einmarschierenden deutschen Truppen ist. Großartig auch Curd Jürgens als Oberst Prokoszny: »Ein bißchen Jürgens-Selbstparodie – nur sehr wenig unsympathisch und sein rauher Charme auf die Dauer unwiderstehlich« (R. Becker, *Filmkritik,* Nr. 12, 1958).

Der Jakobowsky blieb allerdings Dannys letzte bedeutende Filmrolle. Die anderen Filme, die er gemacht hat, könnte man unter dem Stichwort Routine subsumieren: MERRY ANDREW (KÖNIG DER SPASSMACHER), THE FIVE PENNIES (FÜNF PENNIES), ON THE DOUBLE (UNTERNEHMEN PAPPKAMERAD) sowie Frank Tashlins THE MAN FROM THE DINERS CLUB (DER MANN VOM DINERS

Kaye mit Katharine Hepburn in DIE IRRE VON CHAILLOT

CLUB). Eine Zeitlang liebäugelte er mit einem weiteren Filmstoff von Panama und Frank (KNOCK ON SILK): »Ursprünglich hatten wir die Story für Sinatra und Dean Martin geplant. Aber Danny meinte, wenn wir Sinatra und Martin strichen und aus ihren zwei Rollen eine für ihn machten, hätten wir einen Auftrag. Und da Aufträge damals dünn gesät waren, griffen wir gleich zu.« Doch verlor er das Interesse an dem Projekt, als die für die weibliche Hauptrolle ins Auge gefaßte Sophia Loren ihm einen Korb gab und lieber bei Vittorio de Sica spielte. Ein wenig aus dem Rahmen fiel nur noch Dannys Part in THE MADWOMAN OF CHAILLOT (DIE IRRE VON CHAILLOT), Bryan Forbes' showartiger, aber wenig erfolgreicher Verfilmung des Bühnenstücks von Jean Giraudoux (1969). Danach hat Kaye nur noch Fernsehen gemacht, von der DANNY KAYE SHOW über TV-Versionen von PETER PAN (als Captain Hook) und PINOCCHIO bis zum obligaten Gastauftritt in der MUPPETS SHOW, und sich seinen *UNICEF*-Verpflichtungen gewidmet.

Kaye starb am 3. März 1987.

Der Grimassenproduzent: Jerry Lewis

Ich selbst stand ihm stets ambivalent gegenüber. Eine Zeitlang teilte ich die Meinung nicht weniger Filmkritiker.

Zitate aus dem *film-dienst:*

Er scheine sozusagen zum Blödeln geboren, hieß es in einer Besprechung des Films THE CADDY (DER TOLPATSCH): »Sein dümmliches Gesicht, das die Grimassenschneiderei bis zum Ausdruck nahezu perfekten Schwachsinns beherrscht, seine groteske Figur und quietschende Stimme prädestinieren ihn förmlich zur Rolle eines Pechvogels von Beruf.«

ARTISTS AND MODELS (MALER UND MÄDCHEN): »... spielt wieder seine Rolle des leicht lispelnden, nach Bedarf schielenden Kretins.«

HOLLYWOOD OR BUST (ALLES UM ANITA): »Grimassen, daß man meinen könnte, er sei der Irrenanstalt entsprungen.«

Und von ein paar hübschen Ansätzen zu echter Parodie abgesehen, verbleibe auch ein leicht gezimmertes Filmchen wie VISIT TO

A Small Planet (Besuch auf einem kleinen Planeten) »im üblichen Klamauk des Grimassenproduzenten Jerry Jewis, der mit immer groberen Mitteln dem Mangel an echten Pointen abzuhelfen versucht«.

Doch irgendwann wich die Skepsis unverhohlener Begeisterung. Es war die französische Filmkritik, die Jerry Lewis den roten Teppich ausrollte. »Frankreich 1965«, erinnert sich der Komiker wehmütig in seiner gemeinsam mit Herb Gluck verfaßten Lebensgeschichte Jerry Lewis in Person – »eine Mob-Szene auf dem Flughafen Orly, ein wirklich erregender Empfang, die größte Befriedigung, die ich im Verlauf meiner Karriere empfand. Der ganze Paris-Aufenthalt war unglaublich. Nach 16 Jahren im Filmgeschäft, in denen ich mein Bestes gegeben, Herz und Seele in die

55

Arbeit gelegt hatte, ohne daß mir die Anerkennung zuteil geworden wäre, die ich mir so sehnlich von den Kritikern meines eigenen Landes gewünscht hätte, erkoren mich die Kritiker dort für meine in THE NUTTY PROFESSOR (DER VERRÜCKTE PROFESSOR) bewiesene ›künstlerische Leistung und Imagination‹ zum Regisseur des Jahres.« Auf einmal waren selbst die gehässigsten *filmdienst*-Schreiber verstummt. Die Rezension von FAMILY JEWELS (DAS FAMILIENJUWEL) aus dem Jahr 1965, mit Lewis gleich in einer dreieinhalbfachen Doppelrolle, beginnt ungewohnt wohlwollend – »Den Freunden des spaßreichen, mit charmantem Klamauk durchtränkten Lustspielgenres kann diese intelligent arrangierte Parodie als vergnüglich-sympathische Unterhaltung empfohlen werden. Jerry Lewis ist diesmal gar in zehnfacher Gestalt daran beteiligt, als Produzent, Regisseur, Drehbuchautor und siebenmal als Schauspieler. Es spricht für diesen Akrobaten der Maske und Mimik, wenn er trotzdem nicht aufdringlich wirkt«, begeistert sich L. Sch. (Leo Schönecker), schwadroniert von »virtuoser Grimassentechnik«, die Lewis zu zügeln gelernt habe, und folgert, der Bestand an Klamauk diene hier »als Plattform zwar ausgedehnten, aber nicht ›billigen‹ Vergnügens, denn Jerry Lewis kennt nicht nur sein Publikum genau, sondern auch die Zeitgenossen des Alltags, deren Gewohnheiten und Sonderbarkeiten er hinter seiner Verwandlungsmaske mit gutem Blick und leichter Hand zu schildern versteht«.

Endgültig brach das Eis, als das Lewis-Buch THE TOTAL FILMMAKER herauskam. »Viele Jahre, nachdem Jerry Lewis in den USA, in Frankreich, England und Italien als ein Komiker und Filmemacher anerkannt wurde, der in einem Atemzug mit Chaplin, Keaton oder Stan Laurel zu nennen ist, hat man auch bei uns ›nachgezogen‹ und Jerry widerstrebend einen Platz im Olymp der Gagmacher eingeräumt«, freut sich Eckhart Schmidt in der *Deutschen Zeitung* über das bei uns unter dem Titel WIE ICH FILME MACHE veröffentlichte Werk. »Das jetzt publizierte Buch mit Auszügen aus Vorlesungen, die Jerry Lewis 1970 an der University of Southern California gehalten hat, ist – es stellt ein Extrakt aus 15 000 Metern Tonband-Material dar – 1971 in den USA erschienen und war noch im gleichen Jahr Gesprächsstoff unter den Cineasten in aller Welt … Jerry Lewis erzählt wie selten ein amerikanischer Regisseur über (fast) alle Voraussetzungen seiner filmischen Arbeit mit informativer Offenheit: vom Umgang mit den

Schauspielern bis zur Auseinandersetzung mit den ›alten Hasen‹ in der Crew, von der Bedeutung des Cutters bis zu den ›Hausaufgaben‹ des Regisseurs vor jedem Drehtag, von der Allmacht und Ohnmacht des Geldes bis zur Funktion der Musik, von der Doppelfunktion Regisseur/Hauptdarsteller bis zu den Erkenntnissen, die der nicht nur als Komiker, sondern auch als Regisseur geniale Jerry Lewis im Laufe von zwei Jahrzehnten machte.« Lewis vermittle »unschätzbare Kenntnisse und Erfahrungen, geschrieben in einer Sprache voller vitaler Kraft und Einfachheit, die immer wieder den realistischen, kritischen, intelligenten Menschen hinter dem Künstler erkennen lassen«, pflichtet auch Frauke Hanck im *Deutschen Allgemeinen Sonntagsblatt* bei. Und wirklich ist lesenswert, was Jerry Lewis zum Beispiel über die Wirkung des Filmschnitts zu sagen hat:

»Es geht um die Betonung, um einzelne Bilder! Um drei Bilder, sechs Bilder! Besonders bei Komödien. Zwei Einzelbilder zuviel und der Gag ist kaputt. Ein Gag kann in 30 Bildern gut rauskommen, aber man kann das Gefühl haben, daß er mit 29 Bildern noch besser ist ... In THE BELLBOY (HALLO, PAGE), wo der Kleine (The Kid) das Flugzeug klaut, haben wir eine Szene 30mal geschnitten, bevor wir uns endgültig entschieden haben, zwei Bilder wegzulassen. Es war die Sequenz im Büro des Hotelmanagers. Die Kamera stand ungefähr drei Meter von ihm entfernt und hatte noch den Schreibtisch und eine Sekretärin im Bild. Das Telefon läutet.

›Ja, hallo. Stanley, der Page? Ja, der arbeitet für mich. Ja.‹ Die Kamera fährt langsam auf den Schreibtisch zu, groß auf den Manager. Im Moment, in dem sie anhält, sagt er: ›Er macht *was*?‹

Bevor er noch das ›s‹ rausgebracht hatte, schnitten wir hart auf die Douglas DC-8, die gerade abhebt. Brrrrmmmmmmh! Ein paar Bilder waren zuviel.

›Er macht *was*?‹ Dann vier Bilder und dann das Aufheulen der Düsenmaschine. Zwei Bilder raus, und dann war das Brrrrmmmmh auf dem ›s‹ vom Manager. So knifflig war das.«

Der Respekt, meiner zumindest, bröckelte freilich wieder, nachdem ich mir seine jüngsten Fernsehauftritte und Filme, HARDLY WORKING (ALLES IN HANDARBEIT) und SMORGASBORD (IMMER AUF DIE KLEINEN), seelenlose Anthologien ausgeleierter Sketche, angesehen hatte. Dann, anläßlich einer Pressetournee, traf ich

Überraschung im Museum: IMMER AUF DIE KLEINEN

den Meister selbst. Die lediglich für mich denkwürdige Begegnung habe ich in meinem Buch KINO – WIE ES KEINER MAG geschildert:

»Mit 19 Koffern waren der alberne Klamaukmacher und Freundin Sandie zur Premiere seines Films SLAPSTICK nach Deutschland gekommen. Einer der 19 Koffer enthielt die Utensilien von Jerrys neurotischem Hundezwerg ›Angel‹, einem tibetanischen Shih Tzu. Auch wenn ›Angel‹ nicht ganz wasserdicht war, so daß in dem Luxuswaggon, den der Scotia-Verleih bei der Bundesbahn für den Blitzbesuch geordert hatte und der 1938 als rollendes Badezimmer für die Herren Hitler und Göring gebaut worden war, ständig Nässepolster ausgelegt werden mußten – der Hundeliebe tat das keinen Abbruch: Herrchen schreckte nicht einmal davor zurück, in aller Öffentlichkeit einen Zitronendrops vorn zwischen die Zähne zu stecken, ›Engelchen‹ ein paarmal daran schlecken zu lassen und dann genüßlich weiterzulutschen.

So sehr ist er auf den Hund gekommen, daß er den Köter als ›my little daughter‹ vorstellte.

Vier Filmjournalisten durften Herrn, Hund und Freundin im Hitler/Göring-Waggon eine Strecke Weges begleiten: Hans-Christoph Blumenberg, damals noch bei der *Zeit,* aber schon auf dem Weg, selbst Filme zu machen; Michael Schaper, damals beim *Stern;* Michael Schwarze, inzwischen leider verstorben, von der *Frankfurter Allgemeinen* und – meine Wenigkeit. Um Zeit zu sparen, schickte man Schwarze und mich zusammen zu Jerry ins Abteil, der – sichtlich gelangweilt und eine kleine Grippe simulierend – auf dem Sofa döste, derweil ›Angel‹, die Nässepolster mißachtend, den Teppich vollpißte.

Der Meister machte sich kaum die Mühe aufzuschauen, geschweige denn zu grüßen und signalisierte auf diese Weise unmißverständlich: Boys, das mit dem Interview – das wird nichts.

Überhaupt sind ihm ja Journalisten ein Greuel: Die würden ihn wohl am liebsten immer am Kronleuchter turnen sehen, obwohl er doch privat wie jeder andere sei (stimmt: wie jeder andere Psychopath!). Wer ihn *verrückt* sehen wolle, der habe gefälligst in seine Show zu kommen und dafür entsprechend zu löhnen. Sein Fernsehtarif liegt bei etwa 25.000 Mark für einen Achtminutenauftritt.

Für SLAPSTICK hatte er gleich eine Million Dollar kassiert – da kann man schon verlangen, daß er voll des Lobes ist über diesen Film: ›Meiner Meinung nach hat der Film eine große Chance. Ich habe das fertige Produkt allerdings noch nicht gesehen, aber ich weiß, wir haben eine verdammt gute Chance. Steven has done a wonderful job with the picture blablabla …‹ Steven – das ist Steven Paul, der infantile ›Kid Director‹, der SLAPSTICK verzapft hat – eine mehr als hirnrissige Verfilmung des gleichnamigen Buches von Kurt Vonnegut jr., die unverschämterweise dem Genius von Laurel und Hardy gewidmet ist – mit Jerry Lewis und Madeline Kahn in einer Doppelrolle als 2,10 Meter großes Super-Zwillingspaar mit Frankensteinschen Quadratschädeln und dessen verwirrte Eltern.

Jerry wird vermutlich der einzige bleiben, der Paul für ein *Wunderkind* hält: ›He knows what he's doing; he cares and loves his work; and I know whatever he does will be good because he's good.‹

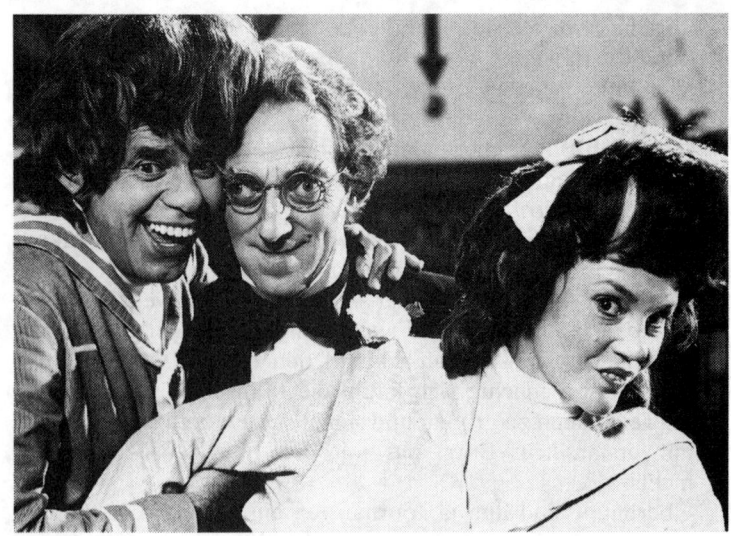

Zu groß geratene Kinder: Jerry Lewis und Madeline Kahn mit Marty Feldman in SLAPSTICK

Um das unerquickliche Thema SLAPSTICK so schnell wie möglich zu wechseln, fragte ich Lewis, ob er zur Zeit ein Lieblingsprojekt hege. Oh, kein spezielles – das heißt: doch! Eines, in dem fünf oder zehn Komiker aus verschiedenen Ländern mitwirken. Das Ergebnis wolle er dann den Vereinten Nationen vorführen, um zu zeigen, wie komisch sie sind.

Ob er dafür schon einen deutschen Komiker im Sinn habe, wollte Schwarze wissen. Nein, er kenne nur Karl Valentin – vom Hörensagen. Aber das deutsche Publikum sei so großartig, es liebe zu lachen, da müsse es doch einfach einen großen deutschen Komiker geben, überlegte Lewis. Nach einigem Nachdenken kam Schwarze mit dem Namen Otto. Lewis wußte nicht, wer gemeint war. Schwarze buchstabierte: O-T-T-O. Aber Jerry kannte nur einen Otto: Der war ein großer Clown bei Barnum & Bailey, kann jedoch nicht mitspielen, weil er inzwischen verstorben ist.«

Im Zentrum von Jerry Lewis' persönlicher Lebensbeichte, die 1982 unter dem Titel JERRY LEWIS IN PERSON erschien, steht nicht unbedingt er allein – sondern die Beziehung zu jenem Mann, der ihn *Pallie* nannte (Kumpel) oder *Jew* (Jude), einfach *Pardner*

(Partner) oder kurz: Jer (für Jerry). Und der für ihn selbst stets nur Paul war. Paul Dino Crocetti. Die erste Begegnung mit dem künftigen Partner schildert er so: An einem windigen New Yorker Märzmorgen im Jahr 1946 seien er, Lewis, und ein Freund, der Sänger Sonny King, Richtung Broadway spaziert, als ein Mann auf der anderen Straßenseite Sonny, mit dem er bekannt war, herüberwinkte. Der Mann, der in Begleitung seines Agenten Lou Perry war, war natürlich kein anderer als Dino – Dean Martin. Unentrinnbar, wie es Lewis sieht, nahm das Schicksal seinen Lauf. Sie wurden einander vorgestellt: »Jerry Lewis, das ist Dean Martin. Dean – Jerry.« – »Als wir uns zum Abschied die Hände reichten, dachte ich, daß es das letzte Mal wäre, daß ich Dean sah. So ein Adonis. Und sehen Sie mich an: 115 Pfund – Akne noch nicht ganz ausgestanden. In einem Jackett, das bestens zu einem schwachsinnigen Stützer paßte, darunter ein T-Shirt und Hosenträger, die die Hosen fünf Zentimeter über meinen Flagg-Brothers-Schuhen hielten. Die hohen Absätze machten mich 1,77. Ohne war ich fünf Zentimeter kleiner. Aber ich glich das wieder aus durch eine regelrechte Pompadourfrisur. Auf meinem Haar war genügend Pomade, um die versammelte Mannschaft von Hanson's Drugstore einzuschmieren.«

Der Gegensatz saß tief: Joseph Lewis – Levitch, geboren am 16. März 1926 als Sohn von Rae und Danny Lewis, die in Varietés und Bars auftraten. Aufgezogen von Sarah Rothberg, der Großmutter mütterlicherseits, die er abgöttisch liebte und die starb, als er elf war. Bei seinen Klassenkameraden hieß er *Id* (Idiot) und *Ug* (ugly – häßlich). Mit 15 flog er vom College, als er einem Lehrer, der zu ihm gesagt hatte: »Alle Juden sind dumm«, ein paar Zähne ausgeschlagen hatte. Und Dean Martin, geboren am 17. Juni 1917 – für Lewis der »größte *Straight Man* in der Geschichte des Showbusineß«: Sein Sinn für Timing sei fehlerlos gewesen.

Gemeinsam haben sie die Nachtclubs und Show-Bühnen erobert. Erster Höhepunkt: ein Sechs-Wochen-Gastspiel im *Copacabana* in New York für eine Wochengage von 5000 Dollar. Auch im Fernsehen machten sie sich gut. Und fielen Joseph Hazen auf, einem Partner von Hal B. Wallis, der als freier Produzent bei *Paramount* arbeitete. Das war 1948. Ihr erster Film für Wallis, noch in Nebenrollen, war MY FRIEND IRMA, nach Motiven einer Radioserie von *CBS*. Nach ersten mißglückten Probeaufnahmen wurde Jerry sein Part, Seymour, auf den Leib geschneidert: »Ich spielte mich selbst, ein schadenfrohes, neun Jahre altes Kind.« Erster Filmerfolg – die Militärklamotte AT WAR WITH THE ARMY (KRACH MIT DER KOMPANIE), 1950. Gleichzeitig wechselten sie ihren Manager, Abby Greshler, und ließen sich fortan, für beide wesentlich lukrativer, von *MCA* vertreten. 13 Filme weiter hatten sie am 25. Juli 1956, dem zehnten Jahrestag ihrer Zusammenarbeit, im *Copacabana* ihren letzten gemeinsamen Auftritt.

Für Jerry kam die Trennung angeblich wie ein Wolkenbruch – er habe Dean angeguckt: »Weißt du, die Sache ist echt verfahren. Das einzige, was ich weiß, ist, daß das, was wir tun, nicht sonderlich wichtig ist. Zwei ganz beliebige Burschen hätten es schaffen können. Aber nicht einmal die Besten hätten besessen, was uns so groß gemacht hat.«

»Und das wäre?«

»Na, ich glaube, es ist die Liebe, die wir immer noch füreinander empfinden.«

Eine lange Pause – dann Deans lakonischer Kommentar:

»Du kannst über Liebe reden, soviel du willst. In meinen Augen bist du nichts weiter als ein Dollarzeichen.«

Wie kann man nur so gemein sein? Und doch auch so ehrlich?

Jerry hat die Schuld für den Bruch Deans damaliger Frau Jeanne in die Schuhe geschoben. »Gegen Eifersucht von Frauen hab ich Mittel, aber gegen einen eifersüchtigen Mann bin ich machtlos«, konterte Jeanne in *Daily Variety*. »Jerry hätte gegen jeden etwas gehabt, der Dean für sich beanspruchte.«

Dean meinte, lieber würde er wieder 100 Dollar in Nachtclubs verdienen, als bei Jerry die zweite Geige zu spielen: »Als er (Lewis) ein Buch über Chaplin gelesen hatte, war er überzeugt: Ich bin genauso wie Chaplin. Und von da an ließ er sich von niemandem mehr was sagen. Alles wußte er besser.«

Dean machte solo eine glänzende Karriere: Filme wie THE YOUNG LIONS (DIE JUNGEN LÖWEN) mit Marlon Brando und Montgomery Clift (1958) und RIO BRAVO mit John Wayne (1959), eine eigene Fernsehshow, Song für Song. Aber auch Jerry ging es als »Single« nicht unbedingt schlecht. Mit 31 sein eigener Produzent, bis 1965 weiter unter dem *Paramount*-Sternenkranz, und im Fernsehen die JERRY LEWIS SHOW. 1958 erwarben er und seine Frau Patti das Anwesen des verstorbenen Filmmoguls Louis B. Mayer: »Das war ein wirklicher Palast, so riesig, daß wir über ein Jahr brauchten, um alle Räume auszukundschaften. Schlußendlich, so

Martin und Lewis bekommen KRACH MIT DER KOMPANIE

wahr mir Gott helfe, hatten wir allein 17 Badezimmer. Am Eingang montierten wir ein Schild aus Gold: Unser Haus ist offen für Sonnenschein, Freunde, Gäste und Gott.«

Aber in den Jahren ohne Dean machte sich Jerrys grundlegendes Problem immer stärker bemerkbar. Er müsse unbedingt lernen, was künstlerische Disziplin bedeutet, formulierte Stan Laurel, der ihn prinzipiell mochte, vorsichtig. Dean Martin hatte ihn diszipliniert, ebenso der Regisseur Frank Tashlin (1913–1972), der zwei Filme mit Martin und Lewis drehte. ARTISTS AND MODELS und HOLLYWOOD OR BUST, und sechs weitere mit Lewis allein: ROCK A BYE BABY, THE GEISHA BOY, CINDERFELLA, IT'S ONLY MONEY, WHO'S MINDING THE STORE, THE DISORDERLY ORDERLY. Tashlins Vater war deutscher Abstammung (Taschlein), seine Mutter Französin. Tashlins Weg zum Film begann mit Zeichentrick: Für *Warner Bros.* und *Columbia (Screen Gems)* dachte er sich die wildesten Cartoons aus, und bei Walt Disney war er eine Zeitlang als Gagman angestellt. Später begann er Komödien zu schreiben, zum Beispiel THE PALEFACE (mit Bob Hope, wie wir wissen), und gab mit SON OF PALEFACE 1952 sein Regiedebüt. Lewis über Tashlin:

»Tashlin, ein großer stämmiger Bursche, der seinen Körper herumschleppte, als sei es eine Last, hatte einen Verstand, der mit Lichtgeschwindigkeit arbeitete. Er wußte mehr über Comedy als jeder andere Regisseur, mit dem ich gearbeitet habe. Was ich von ihm gelernt habe, hätte man nicht für Geld kaufen können, weil es auf der Welt kein College gibt, wo einem beigebracht wird, komisch zu denken. Aber zuerst stand mir eine peinliche Lektion bevor ...

Es kam nämlich der Tag, an dem Tashlin meine Mätzchen nicht länger ertragen konnte. Sofort stoppte er die Produktion, versammelte die Crew um sich und schnauzte mich an:

›Ich will, daß du verschwindest.‹ – ›Hoho!‹

›Ich meine es so, wie ich es sage, Jerry: *Raus!* Du bist ein unhöflicher, widerwärtiger ∗∗∗ – eine Plage für mich und eine Schande für die ganze Zunft.‹

Ich wurde bleich. Ich konnte sehen, wie hundert oder mehr Leute mich fixierten. Alles war wie in einem bösen Traum.

›He, Tish, reg dich ab. Seit wann hast du das Recht – – – ‹

›Jerry, als Regisseur dieses Films fordere ich dich auf zu verschwinden. Geh. Setz deinen Arsch in Marsch und komm bloß nicht wieder zurück.‹

Es wurde der längste Heimweg meines Lebens. Mit Tränen in den Augen ging ich nach Hause und verbrachte den ganzen Nachmittag damit, in meinem Innenleben zu wühlen, aber alle meine Bemühungen waren nutzlos.

Am Abend rief ich bei ihm zu Hause an. Er kam jedoch nicht ans Telefon. Ich versuchte es immer wieder. Endlich seine Stimme: ›Ja, was gibt es?‹ – ›Tish, es tut mir leid. Ich kann dir nicht sagen, wie leid es mir tut. Ich hatte unrecht. Alles, worum ich dich bitte, ist: Laß mich zurück.‹ Eine kurze Pause. – ›Und wirst du dich am Riemen reißen?‹

›Ja. Ich werd dir keinen Grund mehr geben, auf mich wütend zu sein. Ich versprech's.‹

›O. k. Komm morgen zur Arbeit. Wir beginnen um sieben.‹

›Ich werd schon um sechs dasein. Und, Tish – danke.‹

›Wofür?‹

›Ich weiß nicht. Vielleicht hast du mir das Leben gerettet.‹ Tashlins Einfluß war so nachhaltig, daß dem Komiker sogar ein paar gute Filme unter eigener Regie gelangen. Dazu gehört THE NUTTY PROFESSOR (1963, deutscher Titel: DER VERRÜCKTE PROFESSOR), jene »aktualisierte« Version von Jekyll und Hyde, in der sich ein unbedeutender Chemieprofessor vermittels einer Wunderdroge in den Adonis Buddy Love verwandelt (das alte Dean-Martin-Trauma, auch wenn es laut Lewis nicht so gedacht war). Das Vorbild für den Professor namens Julius Kelp hatte Lewis Anfang 1962 auf einer Bahnfahrt von Los Angeles nach New York getroffen: Im Salonwagen saß ein unbedeutender Mensch mit besonders dicken Brillengläsern, der eine gewisse Ähnlichkeit mit einem Frosch hatte.

Jerry als Professor Julius Kelp (mit großem Apparat)

»Ah, ah, ah, ah-hem, sind Sie nicht dieser Mann aus dem Show-busineß?«

»Ja«, sagte ich. »Und wer sind Sie?«

»Haggendosh, *Furnace Pipeline and Storm Window Company,* Cleveland. Ich … ah, ah-hem … sind Sie oft in Sachen Show und Satire und Sketche unterwegs?«

»Ja, ich fahre hin und zurück.«

»Oh, wunderbar. Ah, sagen Sie: Frühstücken Sie, ah, am Morgen oder ah … am … ah, ah, ah … meine Karte, Sir. Haggendosh. Bitte schön.«

Ich bestellte ihm zwei Stunden lang Drinks, ließ ihn nicht aus dem Auge.

Dann ging ich in mein Abteil und sah in den Spiegel: »Wie geht es Ihnen? Ich, ah, ah-hem, ich denke, das ist er. Ah, ha-ha, wunderbar, wirklich gut.«

Nach Unstimmigkeiten verließ Jerry 1965 *Paramount.* Seitdem waren seine Filme nicht mehr dieselben. Vor allem bemühte sich Lewis, wenigstens eine Zeitlang, erwachsener zu sein. Seine Filme kamen jetzt ambitionierter daher. Und das ambitionierteste Projekt, das sich finden ließ, war THE DAY THE CLOWN CRIED: Ein deklassierter, zum Trinker gewordener deutscher Clown, Helmut Doork, früher Helmut der Große, wird ins KZ geworfen, als er Hitler nachahmt, und spielt dort seine letzte Rolle: Mit jüdischen Kindern geht er unter die »Dusche« und verhindert, daß die Kleinen weinen. Nathan Wachsberger, ein französischer Produzent, hatte die Geschichte von Joan O'Brien erworben und sie Lewis 1971 angeboten: »Wir sind uns absolut einig, daß Sie der einzige sind, der Helmut spielen kann. Was meinen Sie? Sind Sie einverstanden, Hauptrolle und Regie zu übernehmen? Wenn ja, ist die Finanzierung gesichert.« Lewis war skeptisch, aber die Herausforderung war zu groß. Er fing an zu recherchieren – in Belsen, Dachau und Auschwitz. Um der Rolle gerecht zu werden, aß er nichts außer Grapefruit und nahm in sechs Wochen fünfunddreißig Pfund ab. Doch das Engagement machte sich nicht bezahlt. Die Dreharbeiten in Schweden hatten schon begonnen, doch es kamen keine Schecks aus Frankreich, obwohl Wachsberger versicherte, sie seien unterwegs: »Jerry, kannst du nicht vorab ein paar Schecks ausstellen – meine sind schon in der Post –, du kriegst es dann zurück, *mon ami.*« Jerry tat, wie ihm geheißen, aber die angekündigten Schecks trafen nie ein. Irgendwann muß-

Torpediert: Szene aus THE FAMILY JEWELS

ten die Arbeiten abgebrochen werden … Beinahe wäre Lewis sogar einmal in einer klassischen Filmkomödie gelandet – Billy Wilders MANCHE MÖGEN'S HEISS –, und vielleicht hätte man dann in
ihm nicht mehr nur den Grimassenproduzenten gesehen. Doch
ausgerechnet dieses Stück Filmgeschichte hat er sich selbst er-
spart: »Ich lehnte SOME LIKE IT HOT ab. Wußten Sie das? Wollte
einfach nicht wochenlang in Frauenkleidern herumrennen, konnte mir damals nicht denken, daß der Film je … Tja, das waren
eben die *falschen* Gedanken.

SOME LIKE IT HOT: eine der besten Komödien, die je gedreht
wurden. Jeden Morgen, wenn ich aufstehe, beiß ich mir in die
Zunge, ramme meine Ärmchen hier tief ins Ausgußloch und hau
mir mit dem Hammer aufs Gelenk, hau mit dem Hammer drauf,
zweimal jeden Morgen – zur Buße.«

Inspektor Clouseau: Peter Sellers

»Es mußte uns niemand sagen, daß Dad ein Genie war«, schrieb Michael Sellers, Peters Sohn aus erster Ehe, in einem P. S. I LOVE YOU betitelten, kurz nach dem Tod des Vaters auf den Markt gebrachten Buch. »Ein Mann, dessen Esprit und außergewöhnliches Talent stets ihren Platz in der Filmgeschichte haben werden. Aber für dieses Genie mußte unsere Familie ihren Tribut zahlen; wie ein Puffer waren wir den Launen und Schrullen seines unglaublich komplexen Charakters ausgesetzt, der schneller wechseln konnte als ein Chamäleon die Farbe, mit tödlichem Effekt. Wenn die Elemente ausbalanciert waren, vermochte Dad andere zu inspirieren und zu motivieren, neue Möglichkeiten aufzuzeigen, Gedanken zu äußern, die über das Maß des Gewöhnlichen hinausgingen. In Zeiten wie diesen konnte Dad freundlich, fürsorglich und rücksichtsvoll sein. Dann erfreute er uns und brachte uns zum Lachen, nicht anders als sein Publikum. Aber wenn Wolken am Horizont aufzogen und schrecklich schwarze Depressionen sein Gemüt abrupt verdunkelten, konnte er fauchen wie ein gequältes Tier, argwöhnisch und dem Verfolgungswahn verfallen, überzeugt, daß alle gegen ihn seien, die Welt und auch seine Familie. Jedes Mitglied unseres Haushalts machte das eine oder andere Mal Bekanntschaft mit den bitter-süßen Extremen von Dads psychotischer Natur.«

Lynne Frederick, Ehefrau Nummer vier, beschrieb Peter Sellers in ihrem Vorwort zu Alexander Walkers autorisierter Biographie als »ungeheuer verwundbare Person: Menschen konnten ihm zusetzen, schlimmer, als sich das jemand vorstellen kann. Peter hat nie gelernt, sich einen Panzer zuzulegen, trotz seiner vielen Jahre im Filmgeschäft. Menschen mochten den Eindruck haben, er sei die härteste Nuß überhaupt, aber genau das Gegenteil traf zu: Er hatte keine schützende Schale. Ein Wort schon konnte ihn am Boden zerstören, es brauchte nur ein ›Hallo‹ zu sein, in dem er einen Unterton herauszuhören glaubte. ›Gut siehst du aus, Peter‹, stellte ein Freund, der es gut mit ihm meinte, einmal fest, ›aber ein bißchen zuviel Übergewicht, was?‹ Noch Tage danach rührte Peter nicht einen Bissen an.«

Unter Peters Vorfahren war einer, der ihm sehr viel bedeutete. Daniel Mendoza, der in Londons East End zur Welt kam, stammte von portugiesischen Juden ab und trug auf seine Art zum An-

sehen der jüdischen Gemeinde bei: Er war ein exzellenter Faust-
kämpfer und wurde englischer Schwergewichtsmeister. Mendoza,
ein großer Boxer, Showman und Bonvivant, dessen Leben zwischen Reichtum und Schuldturm kreiste und der 1836 völlig ver-
armt im Alter von 73 Jahren starb, war Sellers' Ururgroßvater. Er
verabscheute den Antisemitismus genauso wie Peter, dem das
Porträt des prominenten Ahnen als Trademark einer eigenen
(kurzlebigen) Filmcompany diente.
Ihr schon früh verstorbener Mann habe ihr eine große Erbschaft
hinterlassen, beliebte Welcome Mendoza, Daniels Enkelin und
Peters Großmutter, zu scherzen: *zehn* Kinder! Welcome nutzte
das »Kapital«, indem sie es zur Bühne schickte und, als Ma Ray,
auf der Aqua-Show SPLASH ME ein kleines Vaudeville-Imperium
aufbaute.
Mas Liebling war ihre Tochter Peg, die – wie ihr Sohn Peter erzählt – in einem hautfarbenen Kostüm auftrat: »Für die zehner

Unverkennbar Clouseau: Peter Sellers in TRAIL OF THE PINK PANTHER

Jahre war die Simulation einer nackten Frau geradezu unverschämt. Doch sobald das Publikum begriffen hatte, daß die Nudität nur vorgetäuscht war, projizierte mein Onkel Bert mit der Zauberlaterne eine Serie von Lichtbildern auf sie und kleidete sie sozusagen als Florence Nightingale, Britannia, Königin Victoria, Elizabeth Tudor, Freiheitsstatue ... Ich erinnere mich, wie ich später in den Kulissen stand und diese Frau sich verwandeln sah in eine Vielzahl verschiedener Personen. Der Applaus des Publikums nach jeder Verwandlung klingt noch in meinen Ohren. Die Farben, der Zauber, die Beifallsrufe – ich habe es nicht vergessen.« Stets und lieber im Hintergrund, begleitete Vater Bill Sellers, der in der Kathedrale im heimischen Bradford Hilfsorganist gewesen war, seine Frau am Klavier.

Peter Richard Henry Sellers, geboren am 8. September 1925 in Southsea, war – Berichten seiner Tante Ve zufolge – ein »kleines Monster« – und Ves Mann, Peters Onkel Bert, konnte nur beipflichten: »Er hatte zu viele Menschen, die ihn verwöhnten. Eine gelegentliche Ohrfeige wäre ihm bestimmt nicht schlecht bekommen, aber Peg ließ kein Wort der Kritik gegen das Kind zu. Er war ein kleiner Horror.« Peg war deswegen so besorgt um den Knaben, weil ihr erstes Kind kurz nach der Geburt gestorben war. Der Schock saß traumatisch tief.

Den größten Teil seiner Kindheit verbrachte Peter nach eigenen Schilderungen auf dem Schoß seiner Mutter im Rücksitz eines Automobils, das sie von Stadt zu Stadt fuhr, von Auftritt zu Auftritt. Ganz besonders erinnerte sich Peter an den üblen Geruch schäbiger kleiner Absteigen, in denen die Theaterleute logierten: »Sie hatten einen ganz eigentümlichen Geruch. Ein Geruch, der wie für sie gemacht war. Es war eine Mischung aus billigen Secondhand-Möbeln, kalten Laken, die nicht gelüftet worden waren, Katzenfutter und Kohl ...« O Gott! dachte er, wenn er auf dem Bett lag und zur Decke starrte: O Gott, hätten wir nur ein richtiges Zuhause!

Ma Ray starb 1930, gerade noch rechtzeitig, um nicht die endgültige Kapitulation des Varietés vor dem Tonfilm erleben zu müssen. Peg und ihr Mann wendeten sich alsbald einem anderen Gewerbezweig zu, dem Antik- und Goldhandel, und zogen unter der Firmierung *London Gold Refiners Co. Ltd.* von Tür zu Tür, um ihren Zeitgenossen güldene Habseligkeiten für wenig Geld abzuschwatzen. Und Peter widerfuhr das seltene Schicksal, als Sohn ei-

Sellers mit Capucine in seinem Hit Der rosarote Panther

ner jüdischen Mutter und eines protestantischen Vaters ausgerechnet auf eine von katholischen Patres geleitete Schule, St.
Aloysius, geschickt zu werden. Man habe sich alle Mühe gegeben,
aus ihm einen »religiösen Bastard« zu machen. Ansonsten war St.
Aloysius »eine für damalige Begriffe überraschend kosmopoliti-
sche Schule. Es gab dort eine Menge irischer Jungs, einige Ausländer vom Kontinent und sogar ein paar Amerikaner.« Er könne
sich an Peter als Kind praktisch nicht erinnern, gab einer seiner
Lehrer, Bruder Cornelius, zu: »Er war einfach … Durchschnitt,
kein denkwürdiger Schüler, kein denkwürdiger Athlet, nichts,
rein gar nichts an ihm war außergewöhnlich.« Unter seinen Mit-
schülern galt er als Sonderling. Er war dick und überragte die anderen um Haupteslänge. Bruder Cornelius: »Im Alter von elf sah
er aus wie 15 oder 16.« Er war das einzige Kind in der Klasse, das

von seinen Lehrern nicht geschlagen werden durfte: Nachdem er einmal den Rohrstock zu spüren bekommen hatte, hatte Peg dafür gesorgt, daß die Prügelstrafe nicht noch einmal an ihm exerziert wurde. Er war ein Einzelkind – und entsprechend besitzergreifend, wie sich sein Klassenkamerad Bryan Connon erinnert, war seine Mutter. Peg begründete das damit, daß ihrem Peter die Schule nicht liege und er es vorziehe, mit ihr daheim zu sein. Connon, der ein wenig Kontakt zu ihm hatte, bemerkte als einer der ersten Peters hörbare Begabung als Stimmenimitator: Er konnte die Komiker aus der Radiosendung MONDAY NIGHT AT EIGHT täuschend echt nachmachen. Und um ein Mädchen zu beeindrucken, imitierte er Stimme und Akzent von Errol Flynn in dem soeben angelaufenen Ersten-Weltkrieg-Fliegerfilm THE DAWN PATROL (1938) einschließlich der Maschinengewehrgarben der Aeroplane im Hintergrund. Auch später arbeitete er nach einer ähnlichen Masche, gab sich weiblichen Opfern jetzt nur als Talentscout aus: »Erstaunlich, wie viele auf mich reinfielen, besonders wenn ich Robert Donats Stimme nachmachte. Jemand anderer zu werden gab mir ein Gefühl von Macht. Einem ganz gewöhnlichen Peter Sellers hätte wohl niemand ungeteilte Aufmerksamkeit geschenkt.«

Schon sehr früh habe er festgestellt, daß ihn Töne faszinierten: »Ich hab nicht viel geredet, ich hab zugehört. Und die Leute meinten dann, ich sei schüchtern und/oder intelligent oder doof.«

Bei Kriegsausbruch nahm ihn seine Mutter aus der Schule, und als die erste Bombe ihr Antiquitätengeschäft – wenn auch nur leicht – beschädigte, zog sie samt Sprößling zu einem ihrer Brüder, der ein Theater leitete, nach Ilfracombe in Devonshire. Peter fegte die Bühne, verkaufte Programme und saß gelegentlich an der Kasse. Und wußte, daß er vor Publikum gehörte: »Derek Altman (ein Freund) und ich hatten uns ein Duo ausgedacht – klimperten auf der Ukulele, erzählten komische Geschichten, und so weiter. Unsere Nummer begann mit einem Song:

We're Altman and Sellers, the younger generation,
We always sing in the best syncopation,
And we hope to make a big sensation
With you-ooh-ooh!

Übrigens schien damals alles mit ›Ooh-ooh!‹ zu enden. Wir brachten unsere Nummer in einem Sonnabend-Talentwettbewerb –

nicht ohne den Leuten, denen wir an der Kasse Eintrittskarten verkauften, begreiflich gemacht zu haben, für wen sie stimmen sollten. Wir müssen sehr überzeugend gewesen sein, denn wir gewannen den mit fünf Pfund dotierten Preis.« Unter dem Einfluß von Dashiell Hammett und Raymond Chandler gründete er mitten in der Pubertät zusammen mit Altman eine Detektei; sie ließen entsprechende Visitenkarten drucken, aber niemand mochte ihnen einen Fall anvertrauen: »Noch nicht einmal einen entlaufenen Kater durften wir aufspüren.« Zwischendurch übte er an seinen Drums, und Bill Sellers gründete ihm zuliebe sogar eine neue Gruppe. »The Young Ultra-Modern Swing Drummer und Uke (Ukulele) Entertainer« stand jetzt auf Peters Visitenkarten. Endlich im wehrfähigen Alter, wollte er – im Gedenken an Errol Flynn und THE DAWN PATROL – als Pilot zur Royal Air Force. Letzteres schaffte er, ersteres nicht, landete statt dessen nur als »Airman Second Class, No. 2223033, Sellers, P.« beim Bodenpersonal: Der Dienstgrad war so niedrig, daß er sich hinter Initialen verbarg: *A .C. H. G. D. – Aircraft Hand, Ground Duties.* Peg reiste ihrem Jungen an jeden Ort nach, wo er stationiert war, und mietete sich in seiner unmittelbaren Nähe ein. Und erst, als er zur Truppenbetreuung unter Ralph Reader versetzt wurde, schien sie einigermaßen zufrieden. Doch dann, als GANG SHOW NO. 10 nach Übersee verlegt wurde, setzte sie Himmel und Hölle in Bewegung; aber es half nichts. Zum erstenmal in seinem Leben war Peter vollständig abgenabelt von der Mutter (dem Hörensagen nach schlief er mit ihr noch als Jugendlicher im selben Raum, während Vater Bill im Nebenzimmer übernachten mußte). Er unterhielt seine Kameraden in Indien, Ceylon und Birma. Und zwischendurch, wenn ihn die Langeweile packte, wurde er zum Hasardeur. David Lodge, später selbst beim Film: »Einmal kamen wir nach Gütersloh in ein Camp, das früher zur Luftwaffe gehört hatte und jetzt im amerikanischen Sektor lag. Wir GANG SHOW-Leute waren in einem L-förmigen Raum über den Baracken untergebracht – zwei Stockwerke unter uns war das normale R.A.F.-Personal. Ich weiß nicht, was in Peter gefahren ist, aber plötzlich meinte er: ›Ich gehe die Männer inspizieren‹, und er holte sich aus dem Fundus die Uniform eines Kommodores. ›Mensch, Peter, sei kein Idiot‹, schrie George White, der in Stanley Blacks Orchester Trompeter gewesen war. Und ich meinte noch: ›Du kriegst fünf Jahre Bau, wenn sie dich schnappen.‹

Aber es half alles nichts. Ebensogut hätte man zu ihm unter Wasser sprechen können. Er klebte sich einen falschen Schnurrbart an, zog sich einen Mittelscheitel, stäubte Talk auf die Schläfen, verlieh sich Orden für Schlachten, an denen er nie teilgenommen hatte – was unter Umständen für weitere fünf Jahre gut war –, und setzte sich die Mütze so schneidig auf, wie man es von diesem Dienstgrad erwartete. Dann ging er runter; ich folgte ihm, weiß wie ein Bettlaken. Mir fiel auf, wie selbst sein Gang zehn Jahre älter geworden war, autoritätsheischend in einer Weise, wie ich sie bei Peter für unmöglich gehalten hätte. Er stieß die Tür zum Schlafsaal der Männer auf und verharrte eine Sekunde, bevor er eintrat – sogar da bewies er ausgezeichnetes Gespür für Timing. Die Kameraden kauerten auf ihren Betten, schrieben Briefe, lasen, putzten ihre Knöpfe. ›Achtung‹, bellte ein Gefreiter. ›Vor die Betten in Reih und Glied. Offizier im Raum.‹«

Sellers wartete, während die Soldaten, einige ohne Jacke, ein paar sogar nur in Unterhemd und Unterhose, von ihren Hochbetten sprangen und sich zu beiden Seiten des Raums aufstellten. Dann, mit der Kommandostimme eines Mannes, der nicht gewohnt ist, daß man seine Autorität in Frage stellt:

»Alles klar? Ich bin hier mit den Jungs von der GANG SHOW. Aber abgesehen von der Unterhaltung – und, bei Gott, ihr werdet euch in der Vorstellung heute abend köstlich amüsieren – bin ich hier, um festzustellen, wie es bei euch um das leibliche Wohl bestellt ist.« Pause.

»Also, wie steht es bei euch mit dem leiblichen Wohl, he?«

»Die Wasserrationen sind sehr knapp, Sir.«

»Wirklich?«

»Und das Essen ist nicht richtig warm, Sir.«

»Was Sie nicht sagen! Nun, ich werde sehen, was sich machen läßt. Rührt euch, Kerle. Man wird euch nicht vergessen.«

Lodge: »Eine halbe Stunde später stellten wir uns in die Schlange zum Essenfassen, zusammen mit den Soldaten, denen Peter diesen großartigen Besuch abgestattet hatte. Nicht einer von ihnen erkannte den ›Offizier‹, der so forsch zu ihnen gesprochen hatte. Wenn, hätten sie ihn gelyncht.«

Sellers' machtvolle Verwandlungen in militärische Autoritätspersonen wurden so häufig wie Dr. Jekylls Metamorphosen in den unheilvollen Mr. Hyde. An einem Weihnachtsabend, wieder im schmucken Geschwaderführerdreß, fand er sich »in der Offiziersmesse an der Bar, den Arm um einen waschechten Luftmarschall geschlungen«.

Ein Sergeant, bis zum Erbrechen voll mit Scotch und Emotion, fiel förmlich auf die Knie: »Ich möchte Ihnen sagen, Sir, wie dankbar wir hier sind, daß Sie zu uns gekommen sind in die Messe. Alles Gute zum Jahreswechsel, Sir.«

Wieder daheim in London schwängerte er seine Jugendliebe (für

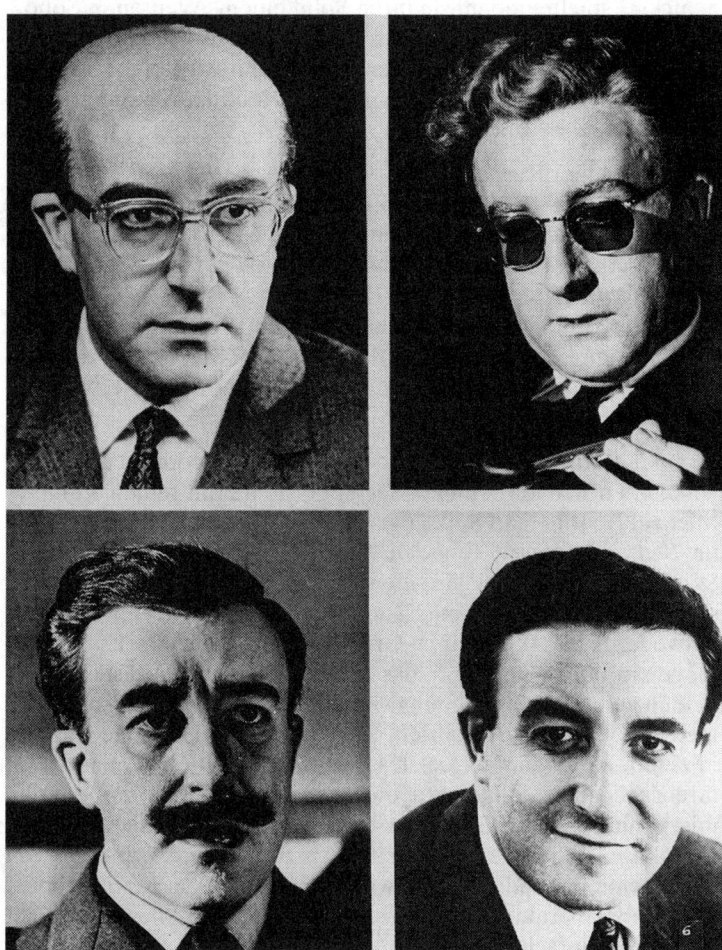

Machtvolle Verwandlungen: ein Mann mit vielen Gesichtern

die er seinerzeit Errol Flynn und THE DAWN PATROL nachge-
macht hatte), als sie betrunken war, doch in nüchternem Zustand
lehnte sie beharrlich einen Heiratsantrag ab. Irgendwo in England
sei jetzt ein Kind, das nicht wisse, daß es seine Tochter sei, gestand Sellers später: »Ich hoffe, ihre Kindheit verlief glücklicher
als meine.«
Woraufhin Mama wieder die Fäden in die Hand nahm und
Schicksal spielte, indem sie ihren Sohn einem Agenten in Soho –
Dennis Selinger – andiente, der ihn die nächsten 20 Jahre vertrat:
»Sie haben Glück, Mr. Selinger. Mein Sohn wird eines Tages in
diesem Geschäft eine Menge Geld wert sein. Hören Sie auf eine
alte Frau, die Bescheid weiß.«

Stationen einer Karriere:
- Pausenclown in der *Windmühle,* einem Striptease-Nonstop-
  Theater ganz in der Nähe von Picadilly Circus.
- Erste Erfolge in *BBC*-Sendungen (SHOW TIME und RAY'S A
  LAUGH mit Ted Ray).
- Auf der Bühne des *Palladium* im selben Programm wie Gracie
  Fields – in der Nummer SPEAKING OF THE STARS. (Zu der Zeit
  hatte Sellers u. a. Humphrey Bogart, Jimmy Durante, Winston
  Churchill und Groucho Marx im Repertoire.)

In einer Radioshow traf Sellers 1949 Harry Secombe, und beide
verstanden sich auf Anhieb. Secombe stellte ihn seinen Kumpels
Michael Bentine und Spike (Terence A.) Milligan vor, die gerade
im *Bedford Theatre,* Camden Town, in der Revue SOLDIERS IN
SKIRTS auftraten. Milligan, die schrägste Type, die man sich vorstellen kann, schlief in einer Dachstube unter einem Gemälde, das
entweder Kafka oder seinen Großvater mütterlicherseits darstellte, genau über einem Pub, das einem ehemaligen Wüstenkriegs-
helden gehörte, Major Jimmy Grafton, der zeitweilig auch für Comedy Shows der *BBC* schrieb. Regelmäßig fand man die vier nun
in einem Hinterzimmer der Kaschemme. *Goon Club* nannten sie
ihre Zechgelage. Spike hatte diesen Namen in einem *Popeye*-Co-
mic gefunden: Der Goon war eine Art Mutation, die in bedeu-
tungslosem Gekritzel schwafelte. Als der *Goon Club* dann von
der Kneipe ins Radio verlegt wurde, definierte ein Kritiker einen
Goon als Charakter mit einzelligem Gehirn: »Alles, was nicht
prinzipiell einfach ist, verwirrt einen Goon. Seine Sprache ist un-
artikuliert: Er denkt in der vierten Dimension.«

Nichts war der GOON SHOW heilig: In einer Parodie des *BBC*-Serials DICK BARTON, SPECIAL AGENT (von der einschlägig bekannten *Hammer*-Filmgesellschaft auf Zelluloid verewigt) hörte man eine dringende Warnung angesichts einer explodierenden Atombombe: »Schnell, steckt euch die Finger in die Ohren!« Und eine Expedition nach Ägypten erbrachte den unweigerlichen Beweis, daß die Mumie des Pharaos tot war.

1951 heiratete Sellers, trotz hartnäckigen Widerstands seiner Mutter, die aus Australien stammende Schauspielerin Anne Howe, eine Jugendfreundin von Selinger, die sich Hayes nannte, um eine Verwechslung mit der Kollegin Sally Ann Howes zu vermeiden: »Er hatte die ungewöhnlichsten Augen. Sie sahen durch einen durch.« (Das Paar hatte zwei Kinder, Michael und Sarah.) Ehefrau Nummer zwei: Britt Eklund (Tochter: Victoria). Nummer drei: Miranda Quarry. Nummer vier: Lynne Frederick. (Zwischendurch Romanzen – oder was man dafür hielt – mit Sophia Loren und Liza Minnelli.)

Am meisten mochte sich Sellers für den Ruhm der Leinwand erwärmen: Keine Filmaufgabe war ihm anfangs zu klein. In BEAT THE DEVIL (1953) imitierte er Humphrey Bogart für ein paar Dialogzeilen, die geändert werden mußten, nachdem der Star für die unbedeutende Nachsynchronisation unabkömmlich war, und in OUR GIRL FRIDAY einen Papagei. In THE MAN WHO NEVER WAS (1955) war seine Stimme im Off als Winston Churchill zu hören. Ein echter Höhepunkt für ihn war, als Graham Stark und er ein paar alte Stummfilme von Laurel und Hardy nachsynchronisieren durften: Stark sprach Ollie, Sellers Stan.

In Fleisch und Blut zu sehen war er zum erstenmal in dem Kurzfilm LET'S GO CRAZY, der 1950 »für rund 50 Pfund« in einem Keller in Wardour Street gedreht worden war – jener Straße, wo seinerzeit die meisten Londoner Filmfirmen residierten. Erste wichtige Spielfilmrolle: PENNY POINTS TO PARADISE (1951) mit Partner Harry Secombe. Zusammen mit allen drei Mit-Goons trat er auf in DOWN AMONG THE Z MEN (1952), einer Komödie um den Diebstahl von Atomgeheimnissen. John Redway, Besetzungschef der *Associated British Picture Corporation,* empfahl damals seiner Gesellschaft, die vier Goons für eine ganze Filmreihe unter Vertrag zu nehmen, aber die Firma war kurzsichtig. Immerhin behielt Redway Sellers im Auge – und als er sich selbständig machte, brachte er ihn, in Zusammenarbeit mit Selinger, 1953 in ORDERS

ARE ORDERS unter und 1955 in einer der kleinen, aber besonders feinen *Ealing*-Komödien: THE LADYKILLERS. Eigentlich war Sellers ja für die Rolle von »Pfannkuchengesicht« vorgesehen, doch als Regisseur Alexander Mackendrick ihn sah, winkte er ab: »Ehrlich gesagt können wir ihn uns nicht vorstellen mit gebrochener Nase und Blumenkohlohren« (der Part ging an Danny Green); glücklicherweise machte ihn Herstellungsleiter Seth Holt darauf aufmerksam, daß er die ideale Verkörperung des Teddy-Boys Harry sei. LADYKILLERS gab Sellers die Gelegenheit, neben Alec Guinness zu spielen. Jahre später wurde Peter als Guinness' Nachfolger gehandelt, und tatsächlich hatte er viel von seinem Vorbild gelernt. Kenneth Tynan nannte Guinness in einem Artikel einmal einen »Schauspieler ohne Gesicht«: In einen Mordfall verwickelt, würde ihn vermutlich kein Tatzeuge eindeutig beschreiben können. Sellers kannte diesen Artikel und schien ihn verinnerlicht zu haben. Wie er sich im Radio hinter einer Unzahl von Stimmen versteckt hatte, begann er im Film so viele Masken anzulegen, daß sein ureigenes Gesicht nicht mehr zu ermitteln war.

In dem herrlichen, leider zu selten gezeigten THE SMALLEST SHOW ON EARTH (DIE KLEINSTE SCHAU DER WELT, 1956) mit Margaret Rutherford (Miß Marple) und Bernard Lee spielte er zum Beispiel den 68jährigen Filmvorführer eines heruntergekommenen Vorstadtkinos.

Auf Empfehlung von Redway nahmen ihn die Boulting-Zwillinge John und Roy unter Vertrag und setzten ihn – obwohl er selbst zuerst skeptisch war, bis er sich einen Hitler-Schnurrbart ankleben durfte – als Gewerkschaftsführer Fred Kite in I'M ALL RIGHT, JACK (1959) ein.

Einige Jahre später, 1963, in DR. STRANGELOVE OR HOW I LEARNED TO STOP WORRYING AND LOVE THE BOMB (DR. SELTSAM ODER WIE ICH LERNTE, DIE BOMBE ZU LIEBEN), unter der Regie von Stanley Kubrick, mit dem er soeben Nabokovs LOLITA (1962) gefilmt hatte, sah man Sellers sozusagen in einer Nazi-Paraderolle als den an einen Rollstuhl gefesselten Ex-Hitler- und jetzigen US-Präsidentenberater »Seltsam« (im Dritten Reich, so erfährt man, habe er »Merkwürdig« geheißen), der im Angesicht der atomaren Apokalypse vom Überleben eines gewissen Nukleus der menschlichen Art in 100 Meter tiefen Bergwerksstollen faselt und von Zuchtwahl träumt: »It could be easily done with a

LADYKILLERS *schleichen sich an: Sellers (rechts) als Teddy-Boy*

computah, programmed for youth, health, *sexual fertility …* our top government and military men must be included! *Heil Hitler!* With a ratio of ten women to every man, I estimate we would re-attain the present G.N.P. in twenty years.« Worauf ihn sein künstlicher Arm aus dem Rollstuhl wirft und er auf wackligen Beinen zum Präsidenten humpelt: »*Mein Führer – I can walk!*« In Bildern von tödlicher Schönheit geht die Welt unter. »We'll meet again, don't know where, don't know when …«

Es gab auch Leute, die sich bei Sellers' Beschreibung der Rolle an Henry Kissinger erinnert fühlten. »Ich halte das für ein wenig unfair Kissinger gegenüber«, zerstreute aber Kubrick die Vorwürfe, »aber ich kann mir denken, was sie meinen. Es war wirklich nicht beabsichtigt. Weder Peter noch ich hatten Kissinger gesehen, bevor der Film gemacht wurde. Es war ein unglaublicher Zufall,

79

ähnlich wie bei 2001: A SPACE ODYSSEY, als Arthur C. Clarke und ich den Computer HAL nannten, ein Akronym aus den Begriffen ›heuristisch‹ und ›algorithmisch‹, die zwei Lernprozesse, die HAL geformt hatten. Einige Jahre darauf wies ein codeknackender Freund darauf hin, daß die Buchstaben HAL im Alphabet genau vor IBM standen, und gratulierte uns zu dem vermeintlichen Scherz. Seltsams Akzent, der war möglicherweise beeinflußt von dem Physiker Edward Teller, Vater der H-Bombe, obwohl Teller ja gebürtiger Ungar ist und sein Akzent etwas anders als das, was Peter brachte.«

Wenn schon von Nazis die Rede ist – 1973 regte Sellers ein (unrealisiert gebliebenes) Filmprojekt THE PHANTOM VS. THE FOURTH REICH an: Das Phantom war ein maskierter Comic-Rächer, der dem *King Features Syndicate* angehörte. Sellers hatte den Einfall, als seinen Gegenspieler einen 90 Jahre alten Hitler auf die Leinwand zu bringen und gleichzeitig dessen fiktiven Sohn Heinrich. Sellers-Vorbild Guinness (Zufall?) hatte im selben Jahr übrigens einen »seriösen« Hitler-Film gedreht.

Einer der ersten Filmerfolge von Guinness, KIND HEARTS AND CORONETS (ADEL VERPFLICHTET), bestand bekanntlich aus acht Rollen (der gesamten Familie d'Ascoyne), und Peter als sein »legitimer« Nachfolger gerierte sich oft gezwungenermaßen als ebenbürtiger Verwandlungskünstler in Doppel-, Dreifach- und Vielfachmasken:

In DR. STRANGELOVE verkörperte er nicht nur Seltsam, sondern auch den US-Präsidenten Muffley und *Group Captain* Lionel Mandrake (Mandrake, Name einer weiteren Comicfigur); er sollte sogar noch den einfältig-sturen Bomberpiloten Major T. J. »King« Kong verkörpern, aber diese Rolle ging an Slim Pickens.

Drei Parts übernahm er in der von Jack Arnold inszenierten und von Walter Shenson (dem Hersteller der Beatles-Filme) produzierten Satire über einen europäischen Zwergstaat, der Amerika den Krieg erklärt: THE MOUSE THAT ROARED (DIE MAUS, DIE BRÜLLTE, 1959) – als Großherzogin Gloriana, die dem Präsidenten der Vereinigten Staaten mit der Kriegserklärung die besten Wünsche sendet (»… und grüßen Sie auch Mrs. Coolidge«), als ihr Premierminister, der den »Bart von Mephistopheles und den Akzent von Macmillan« (Paul Dehn in *News Chronicle*) hat, sowie als Chef der kleinen Streitmacht des Herzogtums, die gegen Amerika fährt.

Sechs Rollen spielte er in Mario Zampis THE NAKED TRUTH (DIE NACKTE WAHRHEIT, 1957) mit Terry-Thomas (Thomas Terry Hoar-Stevens) als Partner.

George Pal, der mit ihm und Terry-Thomas als Laurel-und-Hardy-Gespann im gleichen Jahr wie NAKED TRUTH das Grimmsche Märchen von TOM THUMB (DER KLEINE DÄUMLING) verfilmt hatte, hätte ihn auch gern für gleich sieben Fantasy-Rollen in 7 FACES OF DR. LAO (DER MYSTERIÖSE DR. LAO, 1963) gehabt, doch legten die *MGM*-Finanziers ihr Veto gegen Sellers ein (Tony Randall übernahm die Parts).

Hinzu kommt die bekannte Doppelgängerrolle des PRISONER OF ZENDA (DER GEFANGENE VON ZENDA, 1979) in der x-ten Neuverfilmung, die – von Walter Mirisch für *Universal* hergestellt – nicht unbedingt unter einem guten Stern stand. Albert Whitlock,

Seltsam benimmt sich der Doktor ...

Hollywoods großer Trickmeister, der die visuellen Effekte dieser Produktion überwachte, in einem Brief an den Verfasser: »Sellers war ein schwieriger Mann. Wie schon Blake Edwards sagte: ›Er ist wie eine Krankheit.‹ Auch war Sellers schon todkrank, als wir den Film drehten.«

Der wichtigste Film seiner Karriere war natürlich THE PINK PANTHER (DER ROSAROTE PANTHER, 1963) unter der Regie des von Whitlock zitierten Blake Edwards: Der Streifen war für Peter die Rettung aus einem persönlichen Dilemma. Finanziell ging es ihm zwar ausnehmend gut, aber tief in seinem Innern hielt er sich für einen ebensolchen Versager wie seinen Vater, der 62jährig im Oktober 1962 einen Herzanfall hatte und im *Middlesex Hospital* in London starb (Peg verschied am 30. Januar 1967 im Alter von 72 Jahren). Wie nach einem Rettungsring griff er nach der Rolle des Inspektors Clouseau, die gar nicht für ihn, sondern für Peter Ustinov geschrieben worden war (der Sellers wiederum in TOPKAPI ersetzte). DER ROSAROTE PANTHER ist nicht nur ein von *DePatie-Freleng* für den gezeichneten Vorspann kreiertes Trickfilmtier, sondern vor allem ein wertvoller Edelstein, der sich im Besitz einer bildschönen indischen Prinzessin befindet. Eine derartige diamantene Kostbarkeit ruft zwangsläufig auch die Creme der internationalen Juwelendiebe auf den Plan – und Clouseau als Auge des Gesetzes. Sellers, ein »Mensch mit absolutem Durchschnittsgesicht« – so das zeitgenössische Presseheft des Filmverleihs –, »wurde wiederholt als ›der komischste Kerl Englands‹ bezeichnet und verkörpert – nach Alec Guinness' Abschwenken ins dramatische Rollenfach – heute praktisch als einziger Prominenter jene typische Art britischen Humors auf Bildschirm und Leinwand. Peter Sellers ist nicht nur der zur Zeit populärste Filmstar seines Heimatlandes, sondern es gibt auch bei uns in Deutschland kaum einen Komiker, der ihm an Volumen gleichzusetzen wäre. Schon aus diesem Grunde bleibt es außerordentlich begrüßenswert, daß Sellers nunmehr durch gewichtige internationale Produktionen auch außerhalb Englands als Darsteller mehr und mehr Bedeutung erlangt. *United Artists* präsentiert den künstlerischen Allroundman – ehemaligen Rundfunkkomiker, Jazzdrummer und Varietékünstler und derzeitigen gefeierten Fernsehstar, Filmschauspieler und Plattenproduzenten – jetzt in ihrer köstlichen Kriminalkomödie DER ROSAROTE PANTHER als darstellerische Säule in einer zwerchfellerschütternden Paraderol-

DER ROSAROTE PANTHER WIRD GEJAGT, *sogar nach Peter Sellers' Tod*

le. Sellers spielt in diesem an originellen Einfällen und gelungenen Gags überreichen Film um die Jagd nach einem kostbaren Edelstein einen pflichtbeflissenen, aber leider ein wenig ›kurzsichtigen‹ Kriminalkommissar. Trotz notorischer Ungeschicklichkeit ist er zwar in der Lage, zwei raffinierten Juwelendieben das Handwerk zu legen, bemerkt bei dem dabei gezeigten Eifer jedoch nicht, wie sich die beiden galanten Gauner insgeheim mit seiner eigenen, vergötterten Frau verbünden. Es scheint darum auch nicht verwunderlich, daß schließlich *er* statt der bereits überführten Kavaliere als vermeintlicher Verbrecher ins Kittchen wandert. Sellers erhält in dem von Blake Edwards mit David Niven, Capucine, Robert Wagner und Claudia Cardinale inszenierten farbigen Technirama-Film wie kaum zuvor Gelegenheit, sein komödiantisches Talent bis in die äußersten Winkel auszuspielen.

Trotz aller so meisterhaft servierten äußeren Gags besitzt seine Komik einen spürbaren besinnlichen Akzent. DER ROSAROTE PANTHER jedenfalls steht und fällt mit diesem Star (und seinem Gegenspieler David Niven), und es bleibt zu hoffen, daß sich die Produzenten außerhalb Großbritanniens das Talent eines so außergewöhnlichen Darstellers auch in Zukunft zunutze machen werden.«

Er spiele Clouseau mit großer Würde, bemerkte Peter, »weil er sich selbst für einen der besten Detektive der Welt hält. Daran ändert sich auch nichts, wenn er in den größten Schlamassel stolpert. Im Drehbuch war er ursprünglich ein kompletter Idiot. Ich denke, erst jene mit Nachsicht zu behandelnde Eitelkeit macht ihn menschlich.«

Die Rolle des Inspektors machte Sellers reich*: Lord (Lew) Grade wollte eine 26teilige Clouseau-Fernsehserie mit Peter und Blake Edwards herstellen, doch die beiden waren entschlossen, es mit einem weiteren Kinofilm zu versuchen:

THE RETURN OF THE PINK PANTHER (DER ROSAROTE PANTHER KEHRT ZURÜCK, 1975).

Es folgten: THE PINK PANTHER STRIKES AGAIN (INSPEKTOR CLOUSEAU, DER »BESTE« MANN BEI INTERPOL, 1976); REVENGE OF THE PINK PANTHER (INSPEKTOR CLOUSEAU – DER IRRE FLIC MIT DEM HEISSEN BLICK, 1978); TRAIL OF THE PINK PANTHER (DER ROSAROTE PANTHER WIRD GEJAGT, 1982).

Als TRAIL in die Kinos kam, lag Sellers schon längst unter der Erde: Blake Edwards hatte altes, teilweise unverwendetes Bildmaterial zusammengestellt und in eine neue Spielhandlung eingefügt. Bald nach dem ersten PINK PANTHER, 1964 in Hollywood, hatte Sellers seinen ersten Herzinfarkt. Zweieinhalb Minuten sei er klinisch tot gewesen, behauptete er danach – und daß Peg ihm erschienen sei und ihn aus dem Grab gerufen habe: »Sie sagten mir später, daß mein Gehirn keinen Schaden genommen habe, aber ich habe trotzdem guten Grund, davon auszugehen. Mein Verstand hat seitdem gelitten.« Damals nahm seinen Anfang, was er seinen »schwarzen Fleck« nannte. Er suchte nach dem alten Zauber, aber er fand ihn weder in großen Filmen (CASINO ROYALE) noch in kleinen (THE BOBO – BOBO IST DER GRÖSSTE – als singender Stierkämpfer).

---

* Vier Millionen Dollar sollen ihm die Filme gebracht haben.

Sellers schien am Ende selbt nicht mehr zu wissen, wer er eigentlich war: Die ständige Maskerade forderte ihren Tribut – auch wenn er sich bisweilen noch darüber lustig machen konnte wie in der MUPPET SHOW, als er – mit Wikingerhelm, Perücke, Korsett und einem Boxhandschuh an der rechten Hand – Kermit dem Frosch begegnete und vorgab, Königin Victoria imitieren zu wollen, aber leider vergessen zu haben, wie sie aussah.

Kermit:
»Wollen Sie nicht endlich mal ausspannen? Sie selbst sein?«
Sellers:
»Ich könnte niemals ich selbst sein.«
Kermit:
»Nicht mehr Sie selbst sein?«
Sellers:
»Nein, sehen Sie, es gibt mich gar nicht. Ich existiere überhaupt nicht.«
Kermit:
»Wie darf ich das verstehen?«
Sellers (in konspirativem Ton):
»Es hat mal ein Ich gegeben. Aber ich hab es operativ entfernen lassen.«

Sellers' letzte Filmauftritte waren eine weitere Doppelrolle als asiatisches Verbrechergenie (Fu) und dessen englischer Gegenspieler (Nayland Smith) in Piers Haggards THE FIENDISH PLOT OF DR. FU MANCHU (DAS BOSHAFTE SPIEL DES DR. FU MAN CHU, 1980) und – davor – der emotionslose, beknackte Gärtner Chance in BEING THERE (WILLKOMMEN MR. CHANCE, 1979). Hal (HAROLD AND MAUDE) Ashbys Verfilmung von Jerzy Kosinskis Roman verdankte er eine Oscar-Nominierung, die ihm jedoch bedeutungslos blieb (der wirkliche Oscar hätte es sein müssen). Chance (= Chauncey Gardiner), der Haus und Garten seines Dienstherrn nie verlassen hat und die Welt nur aus dem Fernsehen kennt, gewinnt über die Freundschaft mit einem Industriellen und seiner Frau Einfluß auf die internationale Politik. »Mein ganzes Leben bestand darin, andere zu imitieren«, hat Peter Sellers Autor Kosinski anvertraut, als er sich um die Filmrechte bemühte.

»Es bestand aus der Darstellung von Leuten, die anders erscheinen, als sie sind. Wenn ich Ihnen jetzt sagen würde, daß Chauncey

Für Peter Sellers die ultimative Rolle: als fernsehsüchtiger Gärtner in BEING THERE

Gardiner der ultimative Peter Sellers ist, dann würde ich Ihnen mein ganzes Leben verraten. Wenn ich ihn nicht spiele, wird er am Ende mich selbst spielen.«

Am 24. Juli 1980 war es dann soweit:
die Herzklappe, längst durch einen Schrittmacher unterstützt, versagte dem 54jährigen britischen Schauspieler Peter Sellers den Dienst; für den Komiker fiel die letzte Klappe.

(Peter W Jansen, *tip-Magazin*)

… über sein Privatleben, seine vier Ehen und die seltsam arrogante Schüchternheit im persönlichen Umgang wurde viel geschrieben und gesprochen. Es stimmte alles, und es war alles falsch, weil dem komischen Genie weder mit Fakten noch mit Psychologie beizukommen ist. Eines ist sicher: Wir sind arm geworden, denn unsere Zeit wird seinesgleichen nicht wieder haben.

(Süddeutsche Zeitung)

Monsieur Hulot: Jacques Tati

Als er 1959 in Los Angeles war und sein jüngstes Werk, MON ONCLE, als bester ausländischer Film mit dem Oscar ausgezeichnet wurde, kam ein cleverer PR-Mann auf die Idee, Jacques Tati mit Jerry Lewis zusammenzubringen. Tati lehnte dankend ab: Diesem Menschen habe er nicht viel zu sagen, aber wen er treffen möchte, das sei Mack Sennett. Der lange Franzose war einer der wenigen Filmmenschen, die dem greisen Meister des amerikanischen Slapstickhumors vor seinem Tod ihre Aufwartung machten. Geladen zu diesem Treffen waren auch drei andere Riesen der Filmkomik, die Tati in jungen Jahren so bewundert hatte – Harold Lloyd, Stan Laurel und Buster Keaton. Mit Keaton habe er sich auf Anhieb verstanden, erinnerte sich Tati an das denkwürdige Treffen: »Dem hat besonders gefallen, daß ich mich mit LES VACANCES DE MONSIEUR HULOT nicht zum Sklaven des Tonfilms gemacht habe.« Den frühen Keaton nannten die Franzosen Frigo oder Malec, sein Meisterwerk THE NAVIGATOR hatte Tati damals sehr beeindruckt. Ebenso ein Streifen mit W. C. Fields – wenn auch weniger der Film als die Reaktion darauf. In der ersten Vorstellung blieben die Zuschauer, nur fünfzig an der Zahl, ziemlich teilnahmslos, aber in der zweiten (volleren) Vorstellung, in der Tati aus Neugier blieb, verwandelte die Begeisterung des Publikums das Geschehen auf der Leinwand – und es war ihm, als sähe er einen völlig anderen Film.

Als direkter Nachkomme der großen Pantomimen des amerikanischen Films hat Tati dem französischen Kino die Domäne des komischen Films zurückerobert und ist auf diese Weise der legitime Erbe von Max Linder geworden. Geboren wurde Jacques um drei Uhr früh am 9. Oktober 1908 in Le Pecq, in der Nähe von Saint-Germain-en-Laye, einem Vorort von Paris. Er hatte eine Schwester: Nathalie. Der Vater, Emmanuel Tatischeff, war Bilderrahmer (er hatte in das angesehene Geschäft der Familie van Hoof eingeheiratet), der Großvater, Graf Dimitri Tatischeff, der in seiner Heimat große Ländereien besessen haben soll, war Militärattaché an der russischen Botschaft in Paris und gelegentlich eines seiner Ausritte im Bois de Boulogne von unbekannter Hand ermordet worden. Der junge Jacques zeichnete sich vor allem durch ein feines Beobachtungsvermögen aus und durch ein entsprechend entwickeltes visuelles Gedächtnis: »Noch heute könnte ich meine Kommunion nachdrehen. Ich sehe meine Großmutter vor mir, die ich sehr liebte. Vielleicht habe ich mich aus einem starken bildlichen Erinnerungsvermögen heraus dem Slapstick zugewandt. Komödie beruht auf der Beobachtung von Leuten.«

Als Schüler war Jacques Tatischeff allenfalls Mittelmaß. Wäre es nach seinem Vater gegangen, dann hätte er das elterliche Geschäft in der Pariser Rue de Castellane übernommen. Tatsächlich hatte er eine Zeitlang dort gearbeitet, und Emmanuel hat ihn sogar nach England geschickt, wo er bei einem kundigen Bilderrahmer namens Spiller den letzten Schliff erhielt. Und wo er sich für Rugby zu begeistern begann. (Später kam noch das Tennisspiel dazu.) Wieder daheim in Frankreich, wurde er Mitglied in einem Sportverein und hatte für seine Clubfreunde herrliche Parodien verschiedener Sportarten auf Lager. Er trat auch in einer Revue auf, die der Verein zusammengestellt hatte: BALLON D'ESSAI! Schließlich hängte er, zur großen Enttäuschung seines Vaters, seinen Beruf an den Nagel und tingelte mit seiner Nummer durch die Provinz: Aus Tatischeff war Tati geworden. 1933, als er 25 war, zeigte Louis Leplée, der Inhaber des Pariser Nachtclubs *Le Gerny's*, Interesse an ihm. Er plazierte Tati, der als betrunkener Kellner brillierte, zwischen den Darbietungen seines Stars Edith Piaf. Das ging so lange gut, bis man Leplée erschossen auffand. Aber jetzt war Tati nicht mehr aufzuhalten: 1935 fand er sich unverhofft auf der Bühne des *Ritz* im selben Programm wie Maurice Chevalier. Das führte, ab 19. September, zu einem Engagement im *Théâtre Michel:* »Jacques Tati dans son numéro d'imitations sportives.« Vom *Théâtre Michel* ging es weiter in eine Music Hall, das *ABC,* in deren Revue Tati ab 2. Juni 1936 Programmpunkt No. 9 vertrat. »An dieses erstaunliche Talent reicht kein Akrobat, kein Pantomime heran«, schrieb Colette über ihn in *Le Journal.* »Seine Kunst umfaßt Tanz, Sport, Satire und Flitter, in

Monsieur Hulot alias Jacques Tati

seinen Auftritten ist er der Fesselballon und sein Steuermann zugleich, der Boxer und sein Gegner, das Fahrrad und sein Fahrer. Er hat das Zeug zu einem großen Künstler.«

Gleich von Anfang an hat sich Tati für den Film begeistert. Seit 1932, seit OSCAR, CHAMPION DE TENNIS, stand er in Kurzfilmen vor der Kamera, in die er bisweilen seine Gagen von der Bühne investierte. Während des Krieges weitgehend zur Inaktivität verurteilt, kamen ihm zwei Filmideen. Die eine blieb unrealisiert – er wollte den Spieß einmal umdrehen und seine Landsleute Deutschland besetzen lassen; die andere, die sich anläßlich eines längeren Aufenthaltes in dem kleinen Nest Sainte-Sévère-sur-Indre kristallisierte, konnte er nach dem Krieg gleich doppelt realisieren. In dem in derselben Ortschaft gekurbelten Kurzfilm L'ECOLE DES

FACTEURS spielt Tati den langbeinigen Postboten François, der sich vornimmt, Briefe und Päckchen ab sofort in Rekordzeit zuzustellen. Inszenieren sollte ursprünglich René Clement, mit dem Jacques bereits zwei kurze Filme gedreht hatte (1934 ON DEMANDE UNE BRÛTE und 1936 SOIGNE TON GAUCHE), doch da der erkrankte, fiel die Aufgabe Tati selbst zu. Er machte den Streifen gemeinsam mit seinem Freund Henri Marquet, mit dem er während des Kriegs in Sainte-Sévère gewesen war. Das 18-Minuten-Resultat, das nur ein paar Tausend Francs gekostet hatte (und 1949, zwei Jahre nach Fertigstellung, mit einem nach Max Linder benannten Preis ausgezeichnet wurde), bewog Tati, Marquet und den Produzenten Fred Orain, sogleich an den Tatort nach Sainte-Sévère zurückzukehren und die Geschichte von François ein zweites Mal zu adaptieren, diesmal jedoch in einem 90-Minuten-Streifen. Tati war bis dahin nur in zwei größeren Spielfilmen seines Freundes Claude Autant-Lara dabeigewesen – in Nebenrollen: per Doppelbelichtung als freundliches Schloßgespenst in SYLVIE ET LE FANTÔME (SYLVIA UND DAS GESPENST) sowie ganz kurz in einer Gruppe von Soldaten, die um ein Klavier geschart ist, in LE DIABLE AU CORPS (TEUFEL IM LEIB). Jetzt, in JOUR DE FÊTE (TATIS SCHÜTZENFEST), war er Hauptdarsteller, Regisseur und Koautor in Personalunion, wie in besten Zeiten sein Vorbild Keaton. Als zusätzliches Element rollt ein Jahrmarkt nach Sainte-Sévère, das hier Follainville heißt, und durch den Spalt eines Kinozeltes verfolgt François gebannt eine Wochenschau, die die Leistungen und die Effizienz des amerikanischen Postwesens preist. Der radelnde Postler ist ganz aus dem Häuschen und probt auf der Stelle die Briefzustellung auf amerikanisch – *rrapidité, rrapidité!* –, bis er mitsamt seinem Rad in den Dorfbach plumpst.

Tatis Komik als Briefträger François resultiere nicht aus seinem bizarren Aussehen oder seiner merkwürdigen Naivität allein, bemerkt Ulrich Gregor (in *Filmkritik 2/64*), sie sei vielmehr »das Ergebnis des ständigen Kampfes, den er mit den Objekten und den Lebewesen seiner Umwelt ausficht. Das beginnt schon mit seinem Kampf gegen die Biene: Frohgemut radelt Tati in einer der ersten Szenen des Films einen Abhang herunter, als ihn plötzlich eine Biene mit aggressivem Gebrumm überfällt. Der arme Tati muß sich strampelnd und gestikulierend gegen das angreifende Insekt wehren, was ein Bauer aus der Entfernung staunend beobachtet, bis er gleich darauf selbst von der Biene umsummt wird. Einen

Kampf führt Tati auch mit dem aufzurichtenden Fahnenmast, der wild in seinen Armen hin und her schwenkt, oder mit seinem vorsintflutlichen Fahrrad, das er im Rausch vergebens zu besteigen sucht und dessen Lenker sich plötzlich verdreht hat, bis er sich auf ebenso rätselhafte Weise in die richtige Position zurückdreht. Gerade das Fahrrad erweist jedoch, daß die Gegenstände in JOUR DE FÊTE dem Menschen letztlich keinen diabolischen Kampf liefern, sondern sich allenfalls einen neckischen Schabernack erlauben. Als ob es eine eigene Seele besäße, macht sich Tatis Fahrrad einmal selbständig und geht auf eine längere Eigenreise entlang einer abschüssigen, kurvenreichen Landstraße, während Tati immer hinterdreinrennt; aber dann, müde der Eskapaden, lehnt es sich plötzlich wieder von selbst an eine Häuserwand, als sei nichts geschehen.

TATIS SCHÜTZENFEST

Für dieses völlig unerwartete Verhalten der Gegenstände, das einen spezifischen Charakter der Tatischen Komik ausmacht (und das ihn auch vor jeder Grobheit der Platitüde bewahrt), gibt es in JOUR DE FÊTE noch viele Beispiele: Während Tati auf der Ladeklappe des dahinfahrenden Lastwagens seine Post abstempelt, begibt sich kein spektakulärer Unfall (den man bei dieser Geschwindigkeit möglicherweise erwarten könnte), sondern alles geht wie gewünscht: Tati ist mit Stempeln fertig, als seine Abzweigung kommt; elegant biegen Radler und Lastauto auseinander. Hier liegt der Gag gerade im Nicht-Eintreten eines Ereignisses. Oder die tückische Bahnschranke: Unerwartet hebt sie sich mit Tatis Fahrrad in die Höhe, kommt wieder nach unten und geht wieder hinauf; unerwartet ist der Zaun, der Tati am Besteigen seines Fahrrads hindert, plötzlich auf der anderen Seite, aber immer noch zwischen ihm und dem Rad; unerwartet geht das mechanische Klavier in der Wirtschaft an und aus.

Immer wieder entziehen sich in JOUR DE FÊTE die Gegenstände dem gewohnten Gebrauch, der bedingungslosen Dienstbarkeit, die der Mensch von ihnen erwartet, und beginnen eine Art Eigenleben. Mitunter werden sie auch ihrer üblichen Verwendung grotesk entfremdet: etwa, als der Beckenschläger im Zug der Musikanten die summende Biene zwischen seinen Becken zu zerquetschen sucht. Indem Tati die gelegentliche Rebellion der Gegenstände gegen ihren gewohnten Gebrauch oder ihre Entfremdung von diesem Gebrauch vorführt, durchbricht er die eingeschliffene, zum Gesetz erhobene Mechanik des alltäglichen Daseins und verhilft auf skurrile Weise der Phantasie und der Freiheit zu ihrem Recht.«

JOUR DE FÊTE entstand unter einfachsten Bedingungen im Sommer 1947. Gern hätte Tati den Kontrast zwischen dörflichem Alltag und Kirmes durch Wechsel von Schwarzweiß- und Farbszenen beschrieben (Tati: »Ich hatte versucht, dem Film das naive und altmodische Aussehen von Epinalbildern mit ihren frischen und fröhlichen Farben zu geben, und wir unternahmen die größten Anstrengungen, um diesen Effekt zu erzielen«). Tatsächlich wurde JOUR DE FÊTE auf Vorschlag von Fred Orain in einem neuen Farbverfahren – Thomson-Color – gedreht, doch das Ergebnis war derart miserabel, daß man es nicht verwenden konnte. Glücklicherweise hatte man noch ein Schwarzweiß-Negativ in Reserve. (Erst 1963, für die Wiederaufführung, hat Tati den Jahrmarktszenen vorsichtig ein paar handkolorierte Farbtupfer hinzufügen lassen – hier ein Luftballon, dort eine Trikolore, eine Girlande oder das Schlußlicht des Fahrrads.)*

Als JOUR DE FÊTE fertig war, wollte ihn kein Verleiher anrühren. Erst begeisterte Reaktionen von Preview-Zuschauern in Neuilly (sowie Beschleunigung des Tempos durch Schnitte und mehr Gags) ebneten den Weg für den Kinostart 1949. TATIS SCHÜTZENFEST wurde mehrfach ausgezeichnet: 1949 Preis für das beste Drehbuch beim Filmfestival in Venedig, 1950 Grand Prix du Cinéma Français. Und am 20. Februar 1952, anläßlich der amerikanischen Premiere, zog selbst der Kritiker der NEW YORK TIMES den Hut: »Man sagt dem französischen Film eine Neigung zur süßlichen Komödie nach – und dann TATIS SCHÜTZENFEST! Hier zieht sich doch wahrhaftig einer den Schuh von Mack Sennett an.«

Trotz des Erfolges war sich Tati nicht sicher, ob er sich mit François die richtige Figur auf den Leib geschrieben hatte. Und so beschied er Produzenten, die ihn mit Angeboten für eine Fortsetzung überhäuften, abschlägig – Strickmuster: Der Postbote klingelt in Paris. Oder: Wenn ein Postler heiratet. Selbst eine Paarung mit dem schrulligen italienischen Spaßmacher Antonio de Curtis Gagliardi Griffo Focas, der sich wie Tati zweisilbig verkaufte, lehnte er ab: Tati und Totó. Tati suchte – und ließ sich Zeit dabei. Während seiner Militärzeit hatte er einen Soldaten kennengelernt, der einfach alles falsch machte, aber den das Glück der Doofen stets vor dem Zorn seiner Vorgesetzen bewahrte. Den nahm sich Tati zum Vorbild, machte aus ihm – schließlich war der Krieg ja vorbei – einen Zivilisten und nannte ihn nach einem Architekten, der sein Büro in der Rue Singer hatte, Hulot – *Monsieur Hulot*. Dennoch: »Hulot ist kein wirklicher Charakter. Er ist ein einfacher Mann von der Straße.«

»Hulots Kostüm hat nichts mit der absurden Ausstaffierung der Stummfilmclowns gemeinsam. Sein Kleidungsstil ist fast unauffällig. Vielmehr unterscheidet er sich sofort durch seinen Gang von den anderen. Vorgebeugt, fast auf den Zehenspitzen, schreitet er mit ausholenden Schritten voran. Er scheint sein Ziel genau zu kennen, was sehr komisch wirkt, weil er nie ganz sicher ist, wohin er eigentlich will. Er macht ein paar zögernde Schritte, ändert

---

* Inzwischen ist es auch geglückt, die ursprünglich geplante Farbversion zu restaurieren.

dann seine Richtung, bleibt stehen und setzt sich wieder in Bewegung. Sein Gang ist so zielgerichtet, daß er oft nicht merkt, wann er an seinem eigentlichen Bestimmungsort vorbeigelaufen ist«, bemerkt Brent Maddock in seinem Buch über die FILME VON JACQUES TATI. »Sein Kostüm, das an einer weniger exzentrischen Person kaum auffallen würde, besteht aus merkwürdig fehlproportionierten Kleidungsstücken. Er trägt einen zerknitterten Regenmantel, der für seine Größe viel zu kurz ist, wodurch seine schlaksigen Beine betont werden. Ob bei Regen oder Sonnenschein, immer führt er einen Schirm mit sich. So, als hätte jemand vor Jahren Regen prophezeit, und nun will er nicht davon überrascht werden. Seine Hosen sind zu kurz und erlauben einen Blick auf seine merkwürdigen Ringelstrümpfe. Er trägt ein sportliches Hütchen und hat meistens eine lange Pfeife zwischen den Zähnen. So versteht man auch das wenige nicht, das er sagt.

Hulots Gesicht ist gewöhnlich ausdruckslos. Manchmal tritt ein Anflug von Panik in seine Augen. Schuld, Angst und viele andere Gefühle spiegeln sich auf dem Gesicht wider, trotzdem scheint der Ausdruck nie zu wechseln. Wie bei einem Spiegel, der das Gefühl zurückgibt, das man hineinliest.«

Ein gemütlicher Gentleman alter Schule, scheu, schüchtern und unbeholfen: ein Magnet, der komische Situationen geradezu anzieht. Tati 1957 in einem Interview: »Neulich war meine Frau krank, und man führte einen Schlauch in ihre Nase – ohne Heilerfolg, nebenbei gesagt –, der wie ein Stück Wurst aussah. Chaplin hätte, um etwas aus der Wurst zu machen, ein Stück Brot genommen und so getan, als würde er hineinbeißen. Hulot könnte so etwas nie tun. Er hat keine Ahnung von den Dingen, sie kommen auf ihn zu. Er ist ein Fliegenfänger, er sucht nicht.«

LES VACANCES DE MONSIEUR HULOT (DIE FERIEN DES MONSIEUR HULOT) entstand im Sommer 1951, unter nicht immer günstigen Wetterbedingungen, in Saint-Marc-sur-Mer, einem kleinen Badeort in der Bretagne. Die Reaktion auf die Filmarbeiten war gespalten: Die örtlichen Geschäftsleute und Handwerker begrüßten die zusätzliche Einnahmequelle, während die Sommerfrischler nicht immer davon angetan waren. Die Handlung des Films ist denkbar einfach. Tati: »Wenn ein einfacher Mann zwei Wochen an einem schönen Strand verbringt, Ferien macht, für die er ein ganzes Jahr gespart hat, mit der Absicht, es sich gutgehen zu lassen, dann ist das ein großes Abenteuer für ihn und all die Leute,

DIE FERIEN DES MONSIEUR HULOT

die seine Wünsche nachempfinden können.« In einem Amilcar-Zweisitzer, Baujahr 1924, knattert Hulot an die See, wo er einen Urlaub verbringt, der mit reichlich Situationskomik gespickt ist; selbst seine alte Tennisnummer konnte Tati einbauen, und sie ist einer der Höhepunkte. Wie schon bei JOUR DE FÊTE waren die Verleiher auch diesmal skeptisch: »Sie wollen das doch nicht etwa öffentlich aufführen? Da ist doch nun wirklich gar nichts drin.« Keine schön durchkonstruierte Geschichte, keine Großaufnahmen, nur statische Kamera. Ein Verleiher schlief sogar ein und wurde erst gegen Ende durch das finale Feuerwerk geweckt. Aber wieder einmal war es eine Voraufführung, diesmal in dem Pariser Vorort Chatenay-Malabry, die die Hersteller ermutigte. Es traf sich zudem ganz günstig, daß im Sommer 1953, als der Film in Paris lief, in Frankreich gestreikt wurde. Auch der Eisenbahnverkehr kam zum Erliegen, so daß im August viel weniger Leute ihre Urlaubsreise antreten konnten. Folge: DIE FERIEN DES MONSIEUR HULOT erreichten in Paris mehr Besucher als erhofft. MONSIEUR HULOT hatte 120.000 Francs gekostet und spielte im ersten Anlauf das Doppelte ein. Auch die Reaktion der Kritik war positiv, und es gab einige Preise: *Prix de la Critique Internationale* Cannes 1953; *Prix Louis Delluc; Prix Fémina.*

Tatis nächster Film, MON ONCLE (MEIN ONKEL), tauchte erstmals in die Absurditäten des technischen Fortschritts und überzüchteten Materialismus; er ist auf seine Weise – ähnlich wie Chaplins MODERNE ZEITEN – ein Plädoyer für das Individuum. Mit den Arbeiten am Szenario hatte Tati 1954 begonnen, ein Jahr nach LES VACANCES. Als Mitautor verpflichtete er Jean L'Hôte, der gerade sein erstes Buch veröffentlicht hatte, in dem er gutes Gespür für Beobachtung bewies. Die nächsten zwei Jahre sah man Tati und L'Hôte durch Paris streifen, die Augen auf der Suche nach verwertbarem Material. Ein anderer Helfer wurde Pierre Etaix, der danach mit eigenen Filmkomödien im Stile Tatis auffiel (was der Meister dem »Abtrünnigen« eine Weile übelnahm). Dritter im Bunde war Jacques Lagrange, der half, die Gags, die Tati ihm vorspielte, in Storyboard-Skizzen zu übertragen. (Mit von der Partie waren auch die bewährten Helfer Fred Orain und Henri Marquet.) Außenmotive wurden in zwei Pariser Vororten gefunden: Saint-Maur-des-Fossés, idyllisch an einer Seine-Biegung gelegen, beherbergte Hulots gemütliches Domizil; Créteil, ein Nachbarort, war betoniertes Objekt der Stadtplaner geworden und gab die Kulisse für die vollautomatisierte Komfortvilla, in der Monsieur Arpel, Hulots reicher und versnobter Schwager, mit Familie lebt. Der Herr Generaldirektor hat kaum Zeit für seinen neunjährigen Sohn Gérard; die nimmt sich dafür Onkel Hulot, zu dem sich der Junge wie zu einem Vater hingezogen fühlt. Fast sieht es so aus, als entfremde Hulot Gérard seinem leiblichen Vater – bis der endlich merkt, worauf es wirklich ankommt im Leben … Die Dreharbeiten begannen im Juli 1956. Gedreht wurde in zwei Versionen, einer französischen und einer englischen, die zehn Minuten kürzer ist (die Engländer waren vermutlich größere Hulot-Fans als die Franzosen; nicht umsonst hat Michael Balcon Tati angeboten, nach London zu kommen und in den *Ealing*-Studios zu drehen). Aufnahmen und Postproduction gingen, wie immer bei Tati, im

Schneckentempo voran. Jedesmal, wenn er hörte, daß andere Regisseure Filme schon nach wenigen Wochen im Kasten hatten, schüttelte er verständnislos den Kopf: Filme vom Fließband waren ihm zuwider. Kameramann Jean Bourgoin hat MON ONCLE in Eastmancolor fotografiert, und Tati hat die Farbe, wie er es schon in JOUR DE FÊTE vorhatte, sehr bewußt eingesetzt, um den Unterschied zweier Welten zu kontrastieren. Während der Arbeiten am Drehbuch deutete er, wie sich L'Hôte erinnert, mal aus dem Fenster, wo alles grau erstarrt war: Häuserfassaden, Straße, selbst der Himmel. Nur ein Zeichen von Leben: der rote Hut einer Passantin. Nach dem erfolgreichen Start des Films lud André Malraux Jacques zu einem Empfang in den Élyséepalast ein: »Darf ich Ih-

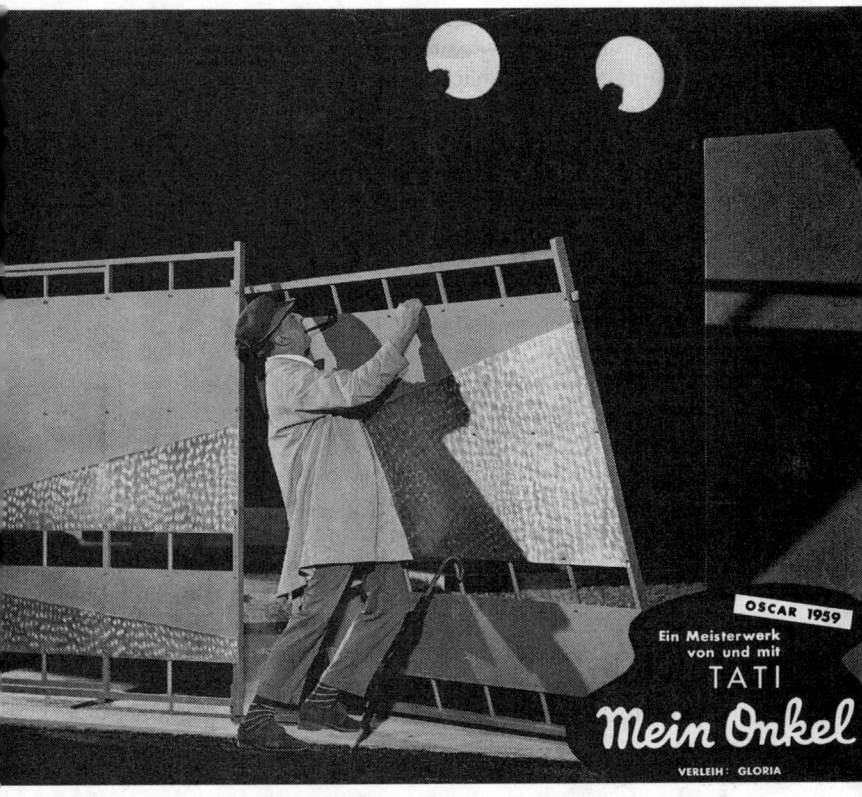

Der ewige Kampf mit der Tücke des Objekts: Tati in MEIN ONKEL

nen meinen Onkel, MON ONCLE, vorstellen, Monsieur le Président.« Worauf de Gaulle, der offensichtlich selten oder nie ins Kino ging, dem Filmmann lächelnd die Hand schüttelte: »Erlauben Sie mir, Ihnen, Monsieur Tati, zu einem so brillanten Neffen zu gratulieren.«

Ungewöhnlich lange dauerte es, bis Tati ein neues Filmprojekt annoncierte. Für einen Perfektionisten wie ihn war Filmemachen mit den Jahren nicht unbedingt leichter geworden, denn – so *Weekly Variety* – »der notwendige Aufwand für sein Filmschaffen, seine spätere Arbeitsmethode und die Experimente mit den Gags trieben die Kosten in unerschwingliche Höhen«. Dann, am 10. Januar 1965, meldete die *New York Times:* »Tati scheint wieder aus der Versenkung aufzutauchen. Wie aus Paris berichtet wird, will der vielseitige Drehbuchautor, Schauspieler und Regisseur nach dreijähriger Vorbereitung bald mit den Aufnahmen seines vierten Films beginnen, der zunächst einmal unmißverständlich TATI NO. 4 heißt.«

»Tatis neue Pläne?« fragte Helmuth de Haas, der den neuen deutschen Dialog für JOUR DE FÊTE geschrieben hatte, in *Atlas-Filmheft 27:* »Im Dreß des Pantomimen schildert er sie, spielt alles vor, durchmißt zwei Quadratmeter Raum, spricht das Nötigste nur. Er formuliert brillant, aber noch lieber demonstriert er, steht auf imaginären Brettern und sagt nichts weiter dazu, hebt die rechte Schulter und spitzt den Mund zu einem Pfiff (›Quand je ne siffle pas, je ne me sens pas bien‹ – ›Wenn ich nicht pfeifen kann, fühle ich mich nicht ganz wohl‹).

Monsieur Hulot trug die Pfeife im Mund und nuschelte – laß die anderen betriebsam sein, er hat Urlaub, er treibt sich herum, er will nicht hängenbleiben im Alltagsgeschirr. Tati und das Wort – unweigerlich wird er wieder Hulot, wird Mon oncle, artikuliert wie diese beiden – nämlich ganz genau nicht.

Also er schildert: ›Glas und Beton, blitzende Fassaden, gewaltig (Geste). Der Mensch klein. Die Flughafenhalle. Ein Labyrinth. Aber sie haben ihre kleinen Probleme. Der Mensch lebt. Er lebt. Ich hole ihn heraus aus der Halle. Hinten stürzt die Fassade weg, wird immer kleiner. Und der Mann mit der Klappmütze, der hier eine Schraube festdreht und da eine Glasscheibe kittet, wird zur Hauptperson. Und mit ihm die anderen. Alle. Wir.‹

Der Nachfahr von Buster Keaton und Charlie Chaplin sagte mir im Gespräch etwas fabelhaft Ketzerisches, die Anbeter des gläsernen Kitsches werden sich freuen: ›Da haben wir sie nun, diese riesigen Glasfensterfassaden, immerzu steht einer da und wischt und wischt, braucht krakenlange Arme und wischt. Genießen kann er sie nicht, er muß sie säubern. Früher: ganz kleine Fenster, schön in dicke Mauern eingelassen, ein Handgriff – sauber! Und es war sehr still.‹«

Was in MON ONCLE bereits im Keim enthalten war – in PLAYTIME (TATIS HERRLICHE ZEITEN), so der endgültige Titel des neuen Films, wurde es deutlich beim Namen genannt: Moderne Zeiten entpersönlichen das Leben. In PLAYTIME sei das alte Paris nur mehr eine Spiegelung, ein Traum, schreibt Brent Maddock: »Außerhalb von Paris wurde innerhalb von fünf Monaten eine riesige Kulissenstadt von Hunderten von Arbeitern errichtet. Sie

Jacques Tati – Perfektionist vor und hinter der Kamera

sollte die Straßenschluchten und Glasbauten des modernen Paris darstellen. Jeder Wolkenkratzer hatte bewegliche Wände, um die Aufstellung der Kamera bzw. deren Fahrten zu erleichtern. Jedes Gebäude war mit einer eigenen Heizung ausgestattet. Tativille, wie es schon bald genannt wurde, hatte alles, was zu einer richtigen Stadt gehört. Zwei Elektrizitätswerke produzierten Strom, der für eine Stadt von 15 000 Einwohnern ausgereicht hätte. Alle Straßen waren gepflastert, die Ampelanlagen funktionierten, ebenso die Neonreklamen. Hier befanden sich auch die Aufnahmestudios, die Garderoben und Kantinen für die Schauspieler und das Filmteam. Tati trieb seinen Perfektionismus sogar so weit, daß er die Gebäude auf Schienen stellen ließ, um sie je nach Bedarf hin und her schieben zu können. Kein Wunder, daß Tativille eine große Touristenattraktion wurde, auch prominente ausländische Besucher wurden eingeladen. Man fühlt sich an die riesigen Bauten in D. W. Griffiths INTOLERANCE erinnert. Tati faßte den Entschluß, die Stadt für junge Regisseure und Filmemacher zu erhalten, aber sie mußte dem Bau einer Autobahn weichen.« Doch was sollte in dieser imposanten Kulisse passieren? Nur einem kleinen Kreis seiner engsten Mitarbeiter, unter ihnen wieder Jacques Lagrange, gab Tati das Geheimnis preis: »Eine Gruppe ausländischer Touristen besucht Paris. Nachdem sie in Orly gelandet sind, wo es mehr oder weniger so aussieht wie am Flughafen, von dem aus sie gestartet sind, München, London oder Chicago, steigen sie in einen Bus von derselben Art, wie sie ihn in Rom oder Hamburg haben, und fahren vorbei an Gebäuden, die denen ihrer eigenen Hauptstadt aufs Haar gleichen. Wieder einmal sind sie in eine Architektur geraten, in der Leben gleichbedeutend ist mit Auf-der-Hut-Sein.« Zum Glück gebe es noch Individuen wie Monsieur Hulot. Dabei hatte Tati seiner angestammten Figur diesmal viel weniger Raum, nur eine Nebenrolle, zubilligen wollen.

Jean L'Hôte: »Für Tati wäre ein Film über Hulots Abenteuer, in dem dieser gar nicht erscheint, ideal. Seine Gegenwart wäre nur an dem kleineren oder größeren Chaos, das er hinterläßt, zu bemerken. Welche Regisseure haben einen vergleichbaren Respekt vor ihrem Publikum oder so viel Vertrauen in dessen Vorstellungskraft?« Zum Schluß kann das Vertrauen aber doch nicht so groß gewesen sein, denn natürlich spielt Hulot auch in PLAYTIME die Hauptrolle.

Tatis aufwendigster Film: PLAYTIME

Um der Gigantomanie der Architektur gerecht zu werden, drehte
Tati den Film in 70 mm für Großprojektion, was ihm überdies die
Möglichkeit von Fünf-Kanal-Stereo gab: Folglich spielte PLAY-
TIME Toneffekte, denen stets Tatis besonderes Augenmerk galt,
so perfekt aus wie noch nie eine Filmkomödie zuvor. Die lange
Herstellungszeit eingerechnet stiegen die Produktionskosten.
Tati gab das unumwunden zu – »aber gleichzeitig muß darauf hin-
gewiesen werden, daß ich zweieinhalb Jahre 70 Technikern Arbeit gegeben habe und auf diese Weise meinen Beitrag geleistet
habe, 70 Familien zu ernähren. Sie haben alle ihr Gehalt gekriegt,
wenn auch mal eine Woche zu spät ...« Für dieses Meisterwerk
war Tati kein Risiko zu hoch. Leider machte sich die Risikobe-
reitschaft letztendlich nicht bezahlt. Schuld daran war auch Tatis
Weisung, daß PLAYTIME, zumindest in Frankreich, nur in 70-mm-
Kinos laufen dürfe und nicht, umkopiert auf 35 mm, in gewöhnlichen Lichtspielhäusern: »Ich habe drei Jahre gebraucht, das Mahl

anzurichten, und sehe nicht ein, warum die Leute jetzt Sardinen nach dem Pudding essen sollten.« Tati war – mit Recht – stolz auf PLAYTIME: »Es ist genau der Film, den ich machen wollte. Ich habe zwar physisch und finanziell ganz schön gelitten, aber es ist wirklich der Film, den ich machen wollte.«

»Tati hat nie genügend Geld«, stellte am 31. Mai 1968 auch die *Stuttgarter Zeitung* fest. »Aber er findet immer wieder Leute, die ihm das geben, was er gerade benötigt (bei der 15 Millionen Franken kostenden Satire PLAYTIME – Anfangsetat schon nach halber Drehzeit völlig erschöpft – war es am Ende eine Privatbank, der er seine Villa in Saint-Germain-en-Laye samt Mobiliar verpfändete), oder die für ihn unentgeltlich arbeiten (zum Beispiel Laiendarsteller – siehe unten) beziehungsweise äußerst entgegenkommend sind (um Ausgaben zu sparen, verzichtete das PLAYTIME-Orchester auf die gewerkschaftlich geforderte Pause von 15 Minuten pro Stunde und spielte wacker durch).

Tati hat kein ordentliches Drehbuch, lediglich eine Papiersammlung, geheftete Zettel mit Notizen, meist schriftlich fixierten ›Einfällen‹. Das genügt ja auch, denn bei ihm gibt es vieles nicht, das andere für unerläßlich erachten, beispielsweise keine Sprechtexte. Die Meldung, wonach der US-Satiriker Art Buchwald der Verfasser der englischen Dialoge sei, ist ein Witz. Derlei existiert in dem ganzen Film nicht – man hört außer den Geräuschen nur wenige Stimmen; Tati selbst bleibt als Hauptdarsteller wie in allen seinen früheren Lichtspielen vom ersten bis zum letzten Meter stumm. Noch ein ›Gag‹: Der einzige artikulierte Satz ist schon im Original englisch; er lautet: ›What's the French word for drugstore (Was heißt Drugstore auf französisch)?‹«

Der Schreiber vorstehender Zeilen möge verzeihen, wenn wir ihn unterbrechen, aber Werner Schwier, der 1982 verstorbene Präsentator von ES DARF GELACHT WERDEN, hätte an dieser Stelle bestimmt einiges zurechtgerückt, nachdem er im selben Monat, als der Artikel in der *Stuttgarter* erschien, Tati in Paris bei der deutschen Synchronisation zu helfen begonnen hatte. »Paris ist in diesen Maiwochen voller brodelnder Unruhe. Die Revolution vollzieht sich nicht nur äußerlich in Demonstrationen, auf den Barrikaden und in Straßenkämpfen, sondern sie ist vor allem eine geistige Revolution der Jugend, bei der sich die Mehrzahl der französischen Filmemacher eindeutig engagiert hat«, beschrieb Schwier in seinen (im Feuilleton der Münchener *Abendzeitung* auszugsweise veröffentlichten) Tagebuchnotizen die Zeitläufe, um dann richtigzustellen: »Es gehört zu den aufregendsten Erlebnissen, das Szenario dieses Films zu lesen. Es hat 434 Seiten und umfaßt 451 Einstellungsnummern. Tati hat seinen Film Einstellung für Einstellung geschrieben, damit seine Mitarbeiter – der Kameramann, der Architekt, der Tonmeister – wissen, was er will. Dann hat er das Buch nie wieder in die Hand genommen, weil er seinen Film auswendig kennt.

Als der deutsche Dialog fertig ist, beginnen die Synchronaufnahmen. Von den schätzungsweise 40 Darstellern sind in unserer Fassung nur vier Deutsche: Barbara, eine Touristin, die von der jungen Münchnerin Barbara Dennek gespielt wird, der Direktor der Umsa-Werke (Reinhart Kolldehoff), der geräuschlose Türen verkauft, der Abteilungsleiter eines Superkonzerns (Georges Montant) und der Direktor des ›Royal Garden‹ (André Fouché).

Die übrigen wichtigen Rollen werden von den Darstellern auch in der deutschen Fassung selbst gesprochen. Das ist der Hauptgrund, weshalb die Synchronisation in Paris gemacht werden muß. Dabei ist es geradezu ein Tati-Abenteuer, mit Darstellern, die nicht Deutsch sprechen, deutsche Dialoge aufzunehmen.

Hat sich der ganze Aufwand gelohnt? Harold Lloyd sagte mir einmal in einem Interview, nicht der Ton sei für ihn und seine Kollegen aus der Zeit der Stummfilmgroteske das eigentliche Problem gewesen. Sondern für ihn sei unverständlich, daß man nicht an jenem Punkt, den sie mit ihrer Arbeit bereits erreicht hätten, mit den neuen technischen Möglichkeiten weitergearbeitet habe. Tati scheint in der Neuzeit der einzige Komiker zu sein, der das geschafft hat. Er benutzt den 70-mm-Film, die Farbe, den Stereo-Ton für seine Gags genauso souverän, wie die klassischen Filmkomiker das Bild benutzt haben.«

Nun aber weiter im Text der *Stuttgarter:*

»Tati dreht niemals im Studio. Er verachtet den üblichen Dekor, errichtet, wenn es sein muß, eigenhändig mit Rupfen, Gips und Sperrholz die sogenannten ›Bauten‹, für gewöhnlich im Freien oder in schon bestehenden Etablissements. In PLAYTIME war es fast eine ganze Stadt von supermodernem Zuschnitt (wobei er freilich Helfer hatte, darunter einen Exminister und einen Preisboxer).

Tati kurbelt – wie in der Steinzeit der Kinematographie – chronologisch, das heißt Szene für Szene, Einstellung um Einstellung genau in der Reihenfolge, wie das ›Szenario‹ sie vorsieht. Normalerweise wird beim Film aus Zweckmäßigkeitsgründen und zur Kostenersparnis in einem Arbeitsgang alles das aufgenommen, was sich an ein und demselben Handlungsort zuträgt – unabhängig davon, ob es im endgültigen Lichtspiel am Anfang, irgendwo in der Mitte oder am Schluß erscheint. Die eigenwillige, höchst aufwendige Prozedur des Regisseurs hat schon manch einen Produzenten zur Raserei und Verzweiflung gebracht.

Tati engagiert niemals Stars, nur sehr wenige (und unbekannte) Berufsschauspieler. In seinen Filmen erscheinen meist Laien, mit denen er befreundet ist. In PLAYTIME zum Beispiel mimt Tony Andall, vormals Direktor der ›Péniche‹, einen Jäger, der Schallplattenhändler Grégoire Katz einen Verkäufer von lautlosen Türen. Allerdings ist der Mann, der formvollendet an einer Tafel Gäste bedient, nicht nur ein echter Kellner, sondern darüber hinaus auch ein veritabler ›Maître d'Hotel‹, dem dieser Auftritt, für den er keinen Sou erhielt, Spaß machte. Mit seinen Marotten spart der Regisseur andererseits auch wieder.«

Doch hat Tati im Fall von PLAYTIME eben nicht genug gespart. Bis zu seinem Tod hat er sich nicht vom finanziellen Fiasko dieses (auch nach von Verleihern verlangten Kürzungen) langen und zu aufwendigen Films erholt. Er war danach sogar gezwungen, Werbung zu machen. Im August 1971 holte er sich Jonathan Cecil, einen jungen britischen Darsteller, der sich auf leichte Komödien spezialisiert hatte und fließend Französisch sprach, für einen kurzen Beitrag, der für ein bekanntes englisches Bankhaus werben sollte. Anfangs war Cecil von dem Gedanken, mit einem Meister seines Fachs zusammenarbeiten zu dürfen, begeistert, doch das änderte sich während der Dreharbeiten. Cecil merkte sehr bald, daß Tati nicht Hulot war und Hulot nicht Tati. Hulot war vielmehr – ich zitiere aus einem Tati-Buch von James Harding – eine »stilisierte Schöpfung und gehörte, gleichwohl brillant, eher in den Zirkus als ins wirkliche Leben. War die Begegnung mit dem Menschen Tati auch enttäuschend, Hulot blieb für ihn (Cecil) eine prächtige Figur. Was war das Geheimnis? Nun, man sah Hulot nur selten ins Gesicht! Das galt für Tatis Auftritte seit seinen Music-Hall-Tagen – und es bedurfte eines Berufskollegen, hinter diesen Trick zu kommen.

Das Gesicht blieb berechnend, die Augen blickten kalt, vorsichtig. Es waren die Füße, die Hulots leichte Verwirrung ausdrückten, die Beine, der Körper, der sich neigte wie der Turm von Pisa. Wenn es aber doch mal so war, daß eine Großaufnahme seine Augen erfaßte, dann sah man in ihnen Wachsamkeit anstelle von Naivität.« Der Werbefilm, den Tati mit Cecil machte, wurde übrigens kurz nach Fertigstellung von verstörten Bankern zurückgezogen.

Davor hatte Jacques einen weiteren Kinofilm realisieren dürfen, wenn auch – verglichen mit PLAYTIME – auf Sparflamme. Zu den Filmemachern, die Tati bewunderte, gehörte der Holländer Bert Haanstra, der sich des öfteren mit versteckter Kamera auf die Pfade filmischer Verhaltensforschung begeben hatte. Aus ökonomischem Druck gezwungen, den Marktwert der Hulot-Figur auszuwerten, schlug er Haanstra vor, eine Serie von kurzen Filmen

Mitten im Chaos: Tati in TRAFIC

für das Fernsehen zu drehen, mit seiner Schöpfung im Mittelpunkt. Er hatte sogar schon einen Pilotfilm parat, um zu zeigen, was ihm vorschwebte. Aber Haanstra setzte dem bewunderten Kollegen in aller Offenheit auseinander, daß das Produkt nicht unbedingt an Tatis gewohnten Standard herankomme und es besser sei, das Projekt nicht weiter zu verfolgen. Statt dessen solle man doch lieber einen Spielfilm in Angriff nehmen. Tati war einverstanden, und gemeinsam brüteten sie ein Jahr lang über dem Drehbuch von TRAFIC: Monsieur Hulot soll ein mit allen Schikanen ausgerüstetes Camping-Auto nach Amsterdam zum Automobilsalon bringen. Haanstra sollte sich bei dem Projekt um zusätzliche Finanzierung von seiten niederländischer Partner kümmern, mit versteckter Kamera Automobilisten beobachten und Regie führen, damit sich Tati voll auf sein Spiel konzentrieren konnte. Doch was auch Cecil auffiel – Tati war, am Drehort wenigstens, eine so dominierende Erscheinung, daß sich eine Zusammenarbeit mit ihm mitunter sehr schwierig gestaltete. Haanstra zog die einzig richtige Konsequenz, überließ dem Meister selbst den angestammten Regiestuhl und trennte sich von ihm in aller Freundschaft. TRAFIC (1971) – deutscher Untertitel: TATI IM STOSSVERKEHR – ist ein netter Film geworden, aber mehr auch nicht.

Seinen letzten Film, PARADE, drehte Tati, großenteils auf Video, für das schwedische Fernsehen, *Sveriges Radio:* Zwei Kinder besuchen den Zirkus und sehen Monsieur Loyal (Tati) zu, dem Manegenmeister. Im September 1974 nahm Jacques den Film mit nach Sainte-Sévère, wo fast drei Jahrzehnte zuvor JOUR DE FÊTE entstanden war, und unter den Zuschauern waren auch solche, die damals noch als Kinder dabeigewesen waren bei seinem ersten Triumph. PARADE wurde Gewinner der Goldmedaille beim Kinderfilm-Wettbewerb des Moskauer Filmfestivals 1975.

Ideen für einen neuen Film, der CONFUSION heißen sollte, gingen ihm durch den Kopf: »Ich habe nach einem Ort gesucht, wo es keine Verwirrung, Konfusion gibt. Und ihn nicht gefunden.« Er hatte vor, Hulot ein neues Farbfernseh-System erfinden zu lassen. »Ah, Fernsehen, ja, das ist unser Feind!« proklamierte er in Sainte-Sévère. Mit dem Szenario half ihm diesmal Jonathan Rosenbaum, ein junger Amerikaner, der damals in Paris lebte. Rosenbaum hatte Tati erzählt, daß PLAYTIME sein Lieblingsfilm sei – der sicherste Weg, sich seine Freundschaft zu sichern. Eines Tages, bei den Besprechungen, fiel Tati ein, wie er sich endlich Hulots entledigen könne: Ein Schuß fällt im Fernsehstudio, die Munition ist versehentlich scharf, die Kugel trifft den im Hintergrund stehenden Hulot. Da es sich um eine Live-Sendung handelt, hat man groteske Schwierigkeiten, die Leiche möglichst unauffällig zu beseitigen. Wer aber würde so was finanzieren? sagte Tati traurig zu Rosenbaum. Er wußte die Antwort: Niemand. CONFUSION wurde nicht gemacht.

Jacques Tati starb in der Nacht des 4. November 1982, wenige Wochen nach seinem 74. Geburtstag.

Brust oder Keule: Louis de Funès

»Louis de Funès – so beschrieb ihn eine Publikation – liebte die Natur, machte aus seinem Grundstück fast ein Vogelschutzgebiet und setzte sich auch in der Öffentlichkeit immer wieder für den Umweltschutz ein. Aber diesen Louis de Funès kannten nur wenige Freunde und seine nahen Verwandten. Er war nicht der Mann der großen Worte, was er tat, war für ihn selbstverständlich, kein Anlaß für spektakuläre Aktionen.

Der Louis de Funès, den wir alle kannten und liebten, das war der Komiker, der Mann mit dem Gummigesicht. Er konnte in einer Minute über 40 Grimassen schneiden, brachte mit einer einzigen Gebärde Millionen zum Lachen. Er ließ uns den Alltag vergessen, gekonnter als viele seiner Kollegen. Ob als Oscar oder Balduin – er war einmalig, unübertroffen, ein ganz Großer seines Fachs.«*

Geboren wurde er am 31. Juli 1914 in Courbevoie. Einen Tag später brach der Erste Weltkrieg aus. Sein Vater, Carlos Louis de Funès de Galarza, entstammte einer spanischen Adelsfamilie und war Advokat gewesen, bevor er in Frankreich Diamantenhändler wurde. Früh schon bereitete es Louis unbändigen Spaß, die Menschen seiner Umgebung nachzumachen: »Als ich sehr jung war und mit meiner Mutter auf dem Markt von Bécon-les-Bruyères einkaufen ging, verbrachte ich meine Zeit damit, das malerische Schauspiel der Händler zu beobachten, und nach Hause zurückgekehrt, brachte ich die Familie zum Lachen, indem ich jeden imitierte.«

Beruflich tat sich der Junge schwer. Ohne große Fortüne ging er

---

* Louis de Funès – König der Spaßmacher.

bei einem Kürschner in die Lehre (ein Beruf, in dem sein Vater ihn gern gesehen hätte) – kam im Rahmen einer gleichfalls verunglückten Fotografenausbildung zum erstenmal auch mit dem laufenden Bild in Kontakt – war Industriezeichner und Schaufensterdekorateur – entging mit seinen 1,64 Metern zweimal der drohenden Einberufung, bevor er als Barpianist in einem Tanzlokal am Montmartre hängenblieb. Die Gage, weiß die eingangs zitierte Publikation, sei nicht berauschend gewesen, aber durch Naturalien aufgebessert worden: »In den Pausen verschlingt Louis de Funès die Reste der Mahlzeiten, die die Gäste in die Küche zurückgehen lassen. Und den Besuchern des Etablissements gefällt, was Louis de Funès spielt. Er klimpert die damals bekannten Melodien und unterstreicht deren Bedeutung und Wirkung noch durch sein Mienenspiel.«

Vorteilhaft für ihn entwickelte sich auch seine (zweite) Ehe mit Jeanne Barthélémy de Maupassant, einer Urenkelin des großen Schriftstellers, die klassische Musik studiert hatte und nicht unvermögend war. Beide hatten sich im *Conservatoire du Jazz* kennengelernt, wo sich die Anhänger des New-Orleans-Jazz trafen und wo Jeanne als Sekretärin tätig war: Am 22. August 1943 wurde geheiratet. Louis über die Vorzüge, mit einer de Maupassant verheiratet zu sein: »Gräfin von Maupassant, die Tante meiner Frau, hat mich sofort akzeptiert und glaubte praktisch vom ersten Tag an an mich, obwohl ich nur ein kleiner Barpianist war und von einer Karriere überhaupt nichts zu spüren war. Sie lud uns immer wieder auf Schloß Clermont ein, wollte uns auch finanziell unterstützen. Die Einladungen aufs Schloß haben wir angenommen, dort verbrachten wir auch unsere Ferien, das Geld haben wir nicht genommen – das wäre gegen meine Ehre gewesen.« Jahre später, 1967, konnte de Funès es sich dann leisten, Clermont zu erwerben: »Als ich vor einigen Jahren dieses Schloß gekauft habe, haben einige Leute nicht versäumt zu sagen: ›Für wen hält er sich?‹ Ich habe sie reden lassen. Nicht Ehrgeiz, sondern Zärtlichkeit hat mich dazu bewogen, dieses Schloß zu kaufen. Es war in keiner Weise die Laune eines Stars, noch weniger die sinnlose Selbstgefälligkeit eines Herrn, der mit einem unlängst erworbenen Vermögen prahlt. Die Millionen haben nichts mit der Angelegenheit zu tun, außer mich zum Eigentümer des Schlosses von Clermont zu machen, das den Maupassants gehörte. Ich habe einfach 83 Millionen (alte Franc) benötigt, um es zu erstehen. Ich hätte die doppelte Summe

Louis de Funès in seiner Paraderolle als GENDARM VON ST. TROPEZ

hingelegt, wenn es nötig gewesen wäre. Ich wollte mir kein historisches Gebäude leisten, sondern einzig und allein den Ort, an dem ich unwahrscheinlich glücklich gewesen war ...«

Endgültig aus den mageren Jahren heraus und erst auf die Bühne und dann zum Film hat ihn ein Mitschüler aus einem Schauspielkurs von Renée Simon gebracht, den de Funès zwischendurch mal belegt hatte: Auf Empfehlung von Daniel Gélin spielte Louis in dem Stück AMANT DE PAILLE und gab 1945 sein Spielfilmdebüt in Jean Stellis himmlisch-teuflischer Komödie LA TENTATION DE BARBIZON (WENN DER HIMMEL VERSAGT) – auch wenn das Wort Debüt stark übertrieben klingt angesichts der winzigen Szene, in der Louis zum bloßen Öffnen einer Tür verdammt war.

Mehr Filme: In Jacques Beckers ANTOINE ET ANTOINETTE (ZWEI IN PARIS) diverse Komparsenauftritte – als Koch in Pierre Montazels CROISIÈRE POUR L'INCONNU – gemeinsame Szenen mit dem einprägsamen Pferdegesicht Fernandel (Fernand Joseph Désiré Contandin alias Don Camillo, 1903–1971), in BONIFACE SOMNAMBULE (IN GEWISSEN NÄCHTEN), MAM'ZELLE NITOUCHE (MAMSELL NITOUCHE) und, schon etwas prominenter, in LE MOUTON À CINQ PATTES (DAS KALB MIT DEN FÜNF FÜSSEN).

Erster komischer Erfolg auf der Bühne in THERMIDOR. Partner Gérard Oury (später Regisseur der DUMMEN STREICHE DER REICHEN und der ABENTEUER DES RABBI JACOB): »Ich war Tallien. Louis war Henriot. Die blauweißroten Federn, die seine Kopfbedeckung schmückten, verliehen ihm ein kriegerisches Aussehen, das seiner übrigen Person heftig widersprach. Die Geschichte war äußerst dramatisch. Dennoch lachte jeder wie wahnsinnig, angefangen von dem Moment, wo Louis die Bühne betrat …«

De Funès war ungemein fleißig – und es war vielleicht dem Einfluß seiner Frau zu verdanken, daß er durchhielt und ehrgeizig blieb. Morgens synchronisierte er, lieh seine Stimme Totó und Renato Rascel, nachmittags stand er vor der Kamera und abends auf der Bühne. Er filmte mit Sacha Guitry (NAPOLÉON), Ralph Habib (LES COMPAGNES DE LA NUIT), Jean Dréville (LA REINE MARGOT), Claude Sautet (BONJOUR SOURIRE), Geza Radvanyi (INGRID, DIE GESCHICHTE EINES FOTOMODELLS – ein von der *Filmaufbau* Göttingen finanzierter »zeitnaher dramatischer Film, Flüchtlingslager-, Modehaus- und Großstadtmilieu Nachkriegszeit«). Aber erst 1956 – nach mehr als 80 Filmrollen – gelang ihm der Durchbruch auf der Leinwand. In Claude Autant-Laras LA TRAVERSÉE DE PARIS (ZWEI MANN, EIN SCHWEIN UND DIE NACHT VON PARIS), der den nächtlichen Transport eines schwarzgeschlachteten Schweins quer durch das besetzte Paris von 1942 schilderte, war er der Partner von Bourvil (André Raimbourg) und Jean Gabin:

»Er ist Jambier, der scheußliche Lebensmittelhändler, der Schweine abschlachtet und sich in seiner Haut nicht wohl fühlt. Klein unter seiner unverkennbar aus unserer Gegend stammenden Tellermütze, hinter seiner Schürze zitternd, aber habgierig – so ist er das Abbild dieser Kaufleute der Besatzungszeit, die durch das Unglück anderer reich wurden. In dieser düsteren Rolle ist er widerwärtig, und jeder freut sich mächtig, als Grandgil – um der Fairneß willen – seinen Spaß daran hat, viel mehr Geld von ihm zu erpressen, als für dieses Durchqueren von Paris mit Koffern voller Schweinefleisch vorgesehen war. Grandgil-Gabin hat auf der Grundlage der Angst von Jambier-de Funès gespielt, und die Darstellung der Szene ist bemerkenswert.«

So sein Biograph Robert Chazal über dieses seinen späteren Filmcharakter bereits deutlich ziselierende Porträt; seine künftige Filmfigur war eine Mischung aus Molières GEIZIGEM (den er leider erst sehr spät gab, 1979, in dem Film L'AVARE, deutsch: LOUIS, DER GEIZKRAGEN), aus dem unfreundlichen Inhaber jenes Etablissements, in welchem er das Piano bedient hatte, und aus diversen Comicfiguren.

»Man könnte meinen, das aufgeregt-verrückte Geschnatter von Donald Duck zu hören und die Grimassen von Popeye zu sehen«, schrieb Jean-Jacques Gauthier, Kritiker des *Figaro,* begeistert am 30. Januar 1961, nachdem er de Funès auf der Bühne in seiner

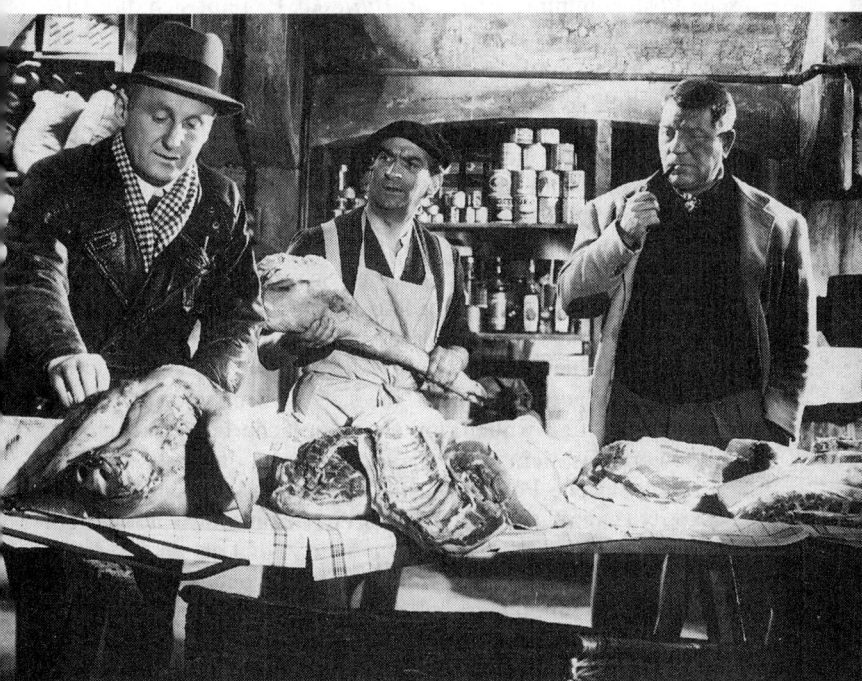

Bourvil, Funès und Gabin mit zerteilter Sau in ZWEI MANN, EIN SCHWEIN UND DIE NACHT VON PARIS

Paraderolle als OSCAR (sechs Jahre später verfilmt) gesehen hatte:

>»Er zwinkert mit den Augen, senkt eine Augenbraue, zieht die andere bis zum Haaransatz hoch, könnte man sagen. Er schneidet Grimassen. Täuscht komische Wut vor. Zeigt eine ungewohnte Vielfalt spaßiger Gebärden. Kompliziert die unwiderstehlichen Gestikulationen. Tobt herum. Setzt mehrfach erzürnte, wütende, verblüffte Gesichter auf. Verstärkt drollige Ausdrücke. Verzieht das Gesicht, das aus Gummi zu sein scheint. Dreht sich um sich selbst. Beißt sich auf die Lippen. Rümpft die Nase. Fährt zusammen. Scheint auf Sprungfedern geschnallt zu sein. Erfindet Tricks. Zieht einen Flunsch. Klopft mit dem Fuß. Legt den Kopf und biegt den Körper nach hinten. Auslösevorrichtungen beherrschen sein Gesicht. Ganz schnell steckt er den Finger ins Ohr, bevor er eine napoleonische Pose einnimmt. *Er ist das Burleske.* Er reibt sich die Augen, die Nase, macht bei der bekannten Geste, sich eine Träne abzutrocknen, ein Gesicht, geht mit großen Schritten auf der Bühne auf und ab, zieht die Nase hoch … Er führt die Sprünge des tanzenden Pierrots aus. Er springt, und man sieht, wie er sich in der Luft diagonal verschiebt. Er gibt sich einem entfesselten Shimmy hin. Er gerät in einen Wirbel. Er berührt das Grandiose im Clownesken.«

Feydeau habe gesagt, so de Funès in einem Interview mit Monique Sobieski von *Show Business,* der Schwache sei es, der die Fußtritte erhalte, die einen zum Lachen brächten. Er glaube hingegen, »daß es keine Regel gibt, denn ich selbst bringe zum Lachen, indem ich denjenigen spiele, der die Fußtritte austeilt. Ich verkörpere sehr gern die Typen, die sich ernst nehmen und sich Respekt verschaffen wollen, um sie dann lächerlich zu machen. Ich finde gern das kleine Detail, das Sandkorn, das diese vor Eitelkeit aufgeblasene Person zusammenbrechen läßt. Ich bin von Max Dearly (Komiker der Vorkriegszeit) beeinflußt worden, der selbst die Herren spielte und mich sehr zum Lachen brachte. Ebenso habe ich Hardy immer Laurel vorgezogen, weil Hardy derjenige ist, der Befehle erteilt.«

In seinem Leben habe es drei bedeutende Phasen gegeben: »1. diejenige, in der ich die Produzenten ängstlich fragte, ob sie nicht eine ganz kleine Rolle für mich hätten; 2. diejenige, in der befreundete Regisseure zu mir sagten: ›Sieh mal, Fufu, ich habe ei-

Erfolg auf der Bühne und der Leinwand: Funès als OSCAR

ne Rolle, die dich vielleicht interessiert‹; 3. die jetzige Phase, in der man zu mir sagt: ›Monsieur Louis de Funès, sind Sie für einen Film frei oder, noch besser, gibt es einen Film, den Sie gern machen möchten?‹« Vorbei seien die harten Jahre, in denen er oft nichts zu essen gehabt habe, in denen er habe Klinken putzen müssen und wie ein Beknackter schuften. Vorbei dank LE GENDARME DE SAINT-TROPEZ (DER GENDARM VON SAINT-TROPEZ). Die von Richard Balducci ersonnene und von Jean Girault und Jacques Vilfrid de Funès förmlich auf den Leib geschriebene Figur des übertrieben pedantischen Polizisten Ludovic Cruchot brachte ihm 1964 den ersehnten Starruhm: »In LE GENDARME bin ich grob. Sie erinnern sich an meine Ankunft in Saint-Tropez. Ich stellte meine Tochter vor, indem ich mit dem Kinn (!) auf sie zeigte … Flegel interessieren und amüsieren mich. Es gibt sie überall. Man fällt buchstäblich über sie.« Die uniformierte Obrigkeit – seit den Anfängen der französischen und amerikanischen Slapstick-Komödie eines der beliebtesten Opfer der Lustspielfabrikanten. In den folgenden Jahren hätte Louis allein von den Fortsetzungen des GENDARMEN bequem leben können: LE GENDARME À NEW YORK (DER GENDARM VOM BROADWAY), LE GENDARME SE MARIE (BALDUIN, DER HEIRATSMUFFEL), LE GENDARME EN BALADE (BALDUIN, DER SCHRECKEN VON SAINT-TROPEZ) usf.

Nach Beendigung des ersten GENDARMEN erklärte er in einem Interview, er werde sich gleich bei der Polizei weiterverpflichten, »indem ich neben Marais-Fantômas den Juve spiele. Das wird lustig werden. Ich werde es dazu bringen, verhaftet zu werden, denn Fantômas hat dank einer Maske mein Gesicht angenommen. Es ist unnötig, Ihnen zu sagen, daß ich in dieser Szene gleichzeitig Juve und Fantômas spiele.« Louis Feuillade, einer der Pioniere des Fortsetzungsfilms, hatte 1913 als erster für *Gaumont* ein FANTÔMAS-Serial nach den damals sehr populären Detektivgeschichten von Pierre Souvestre und Marcel Allain gestaltet, mit René Navarre als teuflischem Superverbrecher mit den 1000 Masken und Breon als Inspektor Juve. Nach einem Serial-Intermezzo in den Vereinigten Staaten (1920 – eine FANTÔMAS-Serie für die *Fox* unter der Regie von Edward Sedgwick) hatte es in Frankreich noch zwei weitere Filmversionen gegeben (1932 und 1947), bevor der Regisseur André Hunebelle, vor dessen Kamera de Funès bereits zweimal gestanden hatte (1949 in MISSION À TANGER und 1951 in MA FEMME EST FORMIDABLE), Louis und Jean Marais 1964 für eine Farbfilmfassung verpflichtete. Es gab zwar nicht gar soviel Fortsetzungen wie beim GENDARMEN, aber immerhin – FANTÔMAS SE DÉCHEÎNE (FANTOMAS GEGEN INTERPOL) und FANTÔMAS CONTRE SCOTLAND YARD (FANTOMAS BEDROHT DIE WELT).

Ein großer Erfolg war 1965 auch LE CORNIAUD (SCHARFE SACHEN FÜR MONSIEUR), produziert von Robert Dorfman und inszeniert von Gérard Oury. Die Erinnerung an Bourvil, wieder einmal sein Partner in dieser Gaunerkomödie um die Überführung eines Luxuswagens mit Schmuggelware von Neapel nach Bordeaux, die Erinnerung an diesen großen, 1970 verstorbenen Filmkomödianten, mit dem er noch LA GRANDE VADROUILLE (DREI BRUCHPILOTEN IN PARIS) machte, war für ihn am lebendigsten. »Bourvil ist mir gegenüber von großer Freundlichkeit gewesen. Er hat meinen Namen über dem Titel neben seinem akzeptiert, wie übrigens auch Jean Marais in den Fantômas-Filmen. Sie haben mir in den Sattel geholfen, haben das Notwendige getan. Dank ihnen hat sich derjenige, der stets unten auf dem Plakat stand, eines Tages oben wiedergefunden. In einer Karriere ist das wichtig. Hätten sie mich unten gelassen, so hätte ich lange Zeit dort bleiben können.«

1967: Edouard Molinaro, der zehn Jahre später einen Käfig voller Narren drehte, brachte de Funès jetzt auch auf der Leinwand als Oscar heraus:

> »Boulevard-Theater vom Schlage der Turbulenzkomödie Claude Magniers, die sich nur innerhalb eines (aufgestockten) Raumes abspielt, ist im modernen Kino selten geworden. Des jungen Edouard Molinaros Arrangement für den Film erhebt mit diesem traditionell-typischen, musterhaft auf Tempo getrimmten Theater- und Kino-Erfolgsstück auch nicht den An-

Blinder Tatendrang: Der Gendarm von St. Tropez

115

spruch, Wellen der Avantgarde zu schlagen. Doch Freunde französischen Komödiantentums können sich hierbei einer unbeschwert-spritzigen, kapriziös-witzigen Unterhaltung erfreuen, ohne allzuviel Kraftfutter handfesten Klamauks mitschlucken zu müssen. (...) Frankreichs zur Zeit beliebtester Groteskkomiker Louis de Funès, ein Pariser Jerry Lewis, geimpft mit Fernandel, Etaix und Chevalier, doch ausgestattet mit vielen originellen Zügen eines ausgeprägten Vollblut-Unikums, hat aus diesem Bertrand Barnier eine prächtig verrückte Figur des überforderten Managers gemacht. Funès' große Publikumsgunst gestattete ihm auch, das Drehbuch mitzugestalten, was manchen eigenartigen Pointen zugute gekommen ist.«

(L. Sch. in *film-dienst*)

1973: Les Aventures de Rabbi Jacob (Die Abenteuer des Rabbi Jacob) – zehn Monate Zeit investierte man laut de Funès in das Drehbuch, acht Wochen in die Ausarbeitung von 1500 Gags – zeigte ihn in einer »Verwandlungsrolle, bald konformistischer und strenger Industrieller, bald lächelnder behelfsmäßiger Rabbiner, der den Geschehnissen nicht mehr gewachsen ist ... Im Laufe desselben Tages muß ich mich mehrmals vom einen in den anderen verwandeln, und das wäre nicht leicht, wenn der Regisseur (Gérard Oury) nicht alles vorher geplant hätte.«

1975: Le Crocodile – eine Satire über das wechselvolle Dasein eines Diktators in einem Mittelmeerstaat: »Zu Beginn des Films hat er alles verloren. Seine Armee läßt ihn im Stich, weil die Amerikaner beschlossen haben, ihn nicht mehr zu unterstützen. Die Opposition möchte ihn hinrichten lassen. Die Polizei selbst ist nicht zuverlässig. Die Untersuchungen sind schlecht. Schlimmer als alles: Die Milliarden, die er unterschlagen und in der Schweiz deponiert hat, haben sich verflüchtigt. Natürlich betrügt ihn seine Frau, und sein Sohn macht gemeinsame Sache mit der Opposition. (...) Unmöglich, aus solch einem Schlamassel herauszukommen! Und dennoch wird der Diktator de Funès die Situation vollkommen umzukehren verstehen und unter dem Jubel des Volkes eine neue Diktatur einführen, die das genaue Gegenteil der vorhergehenden ist, deren Profitjäger jedoch derselbe bleibt.« (Robert Chabaz) Aber sieben Wochen vor dem geplanten Drehbeginn mußte der Film abgebrochen werden. Am 21. März 1975 wurde Louis de Funès in die Intensivstation der kardiologischen

Mit kleineren Mißgeschicken muß man leben: DIE ABENTEUER DES RABBI JACOB

Klinik des Hospitals Necker eingeliefert: Herzinfarkt. Als nach einer Woche das Schlimmste überstanden zu sein schien – Rückfall. Zweieinhalb Monate mußte er das Krankenbett hüten; was folgte, war für ihn eine unerträgliche Phase ärztlich verordneten Nichtstuns: »Das war ein mieser Sommer.«

1976: »Wir haben alle zusammen im Schloß zu Mittag gegessen«, erinnerte sich Produzent Christian Fechner an einen Besuch bei dem leidlich Genesenen. »Er hat uns sehr alte feine Weinbrände angeboten. Vor seiner Nase haben wir im Rauchsalon, den er in einen Vorführsaal umgestaltet hat, Zigarren geraucht. Er besitzt alle seine Filme, aber auch die der großen klassischen Komiker: Laurel und Hardy, Chaplin, Buster Keaton, die Marx Brothers. Er ist ein Bewunderer des Stummfilms ...« Anlaß des Fechner-Besuchs war die Fertigstellung des Drehbuchs für L'AILE OU LA CUISSE (BRUST ODER KEULE). Regie führte Claude Zidi, der mit den Charlots und Pierre Richard gearbeitet hatte. Richard (DER GROSSE BLONDE MIT DEM SCHWARZEN SCHUH) war ursprünglich sogar als Partner von de Funès vorgesehen; doch dann sprang Coluche für ihn ein. Der Presse versicherte Louis, daß er voll in Form sei: »Aber ich bin glücklich, daß dieser Film nicht allein auf meinen Schultern ruht.« Entgegen allen Erwartungen sei er, den man soweit wie möglich schonen zu müssen glaube, der Stimmungsmacher des Teams gewesen, berichtet Chazal: »Er ist stets in Form (trotz der Hitze, dem großen Feind der Herzkranken), er macht Scherze. Zur Unterhaltung der anderen erzählt er von seinen ganzen Rollen, wobei er sie mimisch darstellt. Was für einen Film das ergeben würde, wenn eine versteckte Kamera … aber es ist ja eben keine versteckte Kamera da!«

Daß er auf der Leinwand jetzt kürzertreten mußte, war natürlich kein Hinderungsgrund für die Verleiher: Längst kursierten seine alten Filme unter den verschiedensten möglichen und unmöglichen Titeln. Schon 1969, in einem Interview, hatte sich Louis über diese Praxis aufgeregt: »Das ist ein echter Betrug gegenüber dem Publikum. Mehrere Filme, in denen ich nur kleine Rollen gespielt hatte, sind auf diese Weise neu herausgegeben worden.« Auch in Deutschland – wo de Funès sich besonderer Beliebtheit erfreute – gab es eine Titelschlacht:

- aus WOLL'N SIE NICHT MEIN MÖRDER SEIN? (COMME UN CHEVEU SUR LA SOUPE) wurde BALDUIN, DER SELBSTMÖRDER;
- aus WENN LOUIS EINE REISE TUT (TAXI, ROULOTTE ET CORRIDA) – OSCAR »SAUST« IN DEN URLAUB;
- aus RADIESCHEN VON UNTEN (LES PISSENLITS PAR LA RACINE) – SARG ODER GEIGE;
- aus SCHARFE SACHEN FÜR MONSIEUR (LE CORNIAUD) – LOUIS, DAS SCHLITZOHR;
- aus DER GENDARM VOM BROADWAY (LE GENDARME À NEW YORK) – LOUIS IM LAND DER UNBEGRENZTEN MÖGLICHKEITEN;
- aus BALDUIN, DER FERIENSCHRECK (LES GRANDES VACANCES) – DER BRAUSEKOPF MIT DEN SAUSEBEINEN;
- aus SCHARFE KURVEN FÜR MADAME (LE GRAND RESTAURANT) – OSCAR HAT DIE NASE VOLL oder, noch besser, OSCAR HAT DIE HOSEN VOLL;
- aus OSCAR – OSCAR, DER KORINTHENKACKER;
- aus BALDUIN – DAS NACHTGESPENST (LE TATOUÉ) mit Jean Gabin   OSCAR LÄSST DAS »SAUSEN« NICHT;

– aus ONKEL PAUL, DIE GROSSE PFLAUME (HIBERNATUS) – LOUIS, DER GIFTZWERG.

Traurig vermerkt man, daß am Ende von Louis' Karriere zwei GENDARMEN stehen: 1979 – offensichtlich hatte ihm Spielbergs CLOSE ENCOUNTERS OF THE THIRD KIND gut gefallen – LE GENDARME ET LES EXTRA-TERRESTRES (LOUIS' UNHEIMLICHE BEGEGNUNG MIT DEN AUSSERIRDISCHEN) und – nach L'AVARE und LA SOUPE AUX CHOUX (LOUIS UND SEINE AUSSERIRDISCHEN KOHLKÖPFE) – 1982 LE GENDARME ET LES GENDARMETTES (LOUIS UND SEINE VERRÜCKTEN POLITESSEN), der verständlicherweise nicht mehr so fröhlich war wie die Anfänge: »Louis de Funès als Revierchef und Michel Galabru als sein Vorgesetzter drücken kräftig auf die Tube, aber was herauskommt, ist nicht immer Humor.

Mit Mireille Darc in RADIESCHEN VON UNTEN

Manchmal etwas übereifrig: LOUIS' UNHEIMLICHE BEGEGNUNG MIT DEN AUSSERIRDISCHEN

Mitunter gelingen ihnen ganz lustige Duoszenen und zwischendurch auch originelle Einzelnummern, aber das ständige wilde Herumfuchteln und Grimassieren von de Funès zeigt, daß auch diesmal feinere Wirkungen des Humoristischen gar nicht gefragt waren. Der noch vor Funès gestorbene Regisseur Jean Girault (der Film wurde von Tony Aboyantz fertiggestellt) beweist, daß er auch nach einem guten Dutzend De-Funès-Filmen den anspruchslosen und abgedroschenen Weg zum Massenpublikum gesucht hat.« *(film-dienst)*

Am 29. Januar 1983 hörte sein Herz endgültig zu schlagen auf. In der Nähe von Clermont, auf dem kleinen Friedhof des Dorfes Cellier, wurde er zur letzten Ruhe gebettet. De Funès hatte zwei Söhne aus zweiter Ehe: Patrick ließ sich als Arzt im nordafrikanischen Tunis nieder, Olivier war sein Partner in einigen Filmen, bevor er Pilot wurde. Über sein Kind aus erster Ehe ist, wenigstens aus der gängigen Literatur, nichts zu vermelden.

Die neuen Wilden

Spaceball: Mel Brooks

Wahrscheinlich ist Mel Brooks ein Fatalist.
»Who cares if the sun shines tomorrow ...
whor cares if ships sail in Yonkers ...
tomorrow I'm going to commit suicide« –
habe er gesungen, berichten Ohrenzeugen, als er noch nicht der
große Mel war, der es Ende 1976 geschafft hatte, der ganz oben in
der Gunst der amerikanischen Kinogänger und gleich nach
Robert Redford, Jack Nicholson, Dustin Hoffman und Clint Eastwood rangierte. »Hallo Sechs«, begrüßte er Burt Reynolds am Telefon. »Hier spricht Fünf.«
Aber schon damals ließ sich der »kleine jüdische Bengel aus
Brooklyn« nicht unterkriegen. Zähigkeit und Überlebenswille
kompensierten Pessimismus und Minderwertigkeitskomplexe –
und in diesem Punkt sah er sein Schicksal eng verknüpft mit dem
des jüdischen Volkes: Ein Volk, das so viel Verzweiflung, so viel
Leid ertragen hatte, mußte seiner Meinung nach einfach über-
legene Clowns hervorbringen, die ihm halfen zu überleben.
Mel stammte aus einer typischen jüdischen Einwandererfamilie.
»Wir waren so arm, daß mich meine Mutter sich gar nicht leisten
konnte; also hat mich eine Dame, die neben uns wohnte, zur Welt
gebracht«, scherzte Mel, der jüngste von vier Söhnen der Familie
Kaminsky aus Kiew (die drei anderen hießen Irving, Lenny und
Bernie). Melvin – »Melb'n«, wie ihn seine Großmutter rief – war
das unumstrittene Nesthäkchen der Kaminskys, das Baby. Geboren wurde er am 28. Juni 1926 in New Yorks Powell Street. »Man
vergötterte mich geradezu, dauernd war ich in der Luft, wurde
hochgehoben, geküßt – bis zu meinem sechsten Lebensjahr haben
meine Füße den Boden nicht berührt.« Allein der Vater fehlte:
Als Melvin zweieinhalb war, starb Max Kaminsky im Alter von
nur 34 Jahren an Tuberkulose – »Ich kann gar nicht beschreiben,
wie schmerzlich es für mich ist, meinen eigenen Vater nicht gekannt zu haben ... ach, könnte ich nur sein Gesicht sehen, ihn an-
fassen, feststellen, ob er Augenbrauen hatte!« Motor der Familie
war Mutter Kitty, eine echt jiddische Momma, die sich ganz für
ihre Sprößlinge verzehrte.

Dem gewitzten kleinen Jungen war klar, daß er gegen Brooklyns Halbstarke keine reelle Chance hatte. Statt sich mit Größeren und Stärkeren zu prügeln, konterte Melvin Kaminsky mit den Waffen des Geistes und war ein gerngesehener Hofnarr in den Gangs der Älteren. Höhepunkt der Woche war der rituelle Besuch der Samstagmatinees im Marcy-Kino: Zum Preis von zehn Cent gab es dort ein Serial, einen Cartoon, einen Beifilm, zwei B-Filme, Western zumeist, und zwei bis vier Trailer, Vorschauen auf kommende Film-»Ereignisse«.

1944, nach Abschluß der Eastern High School, meldete sich Mel im Virginia Military Institute und kam Anfang 1945, nach einer weiteren Trainingsperiode in Fort Sill, Oklahoma, in Le Havre an. Der Job im Minenräumkommando war nicht ungefährlich (und noch heute hat Mel nichts übrig für eine romantisch verklärte Schilderung der GIs während des Zweiten Weltkriegs), aber glücklicherweise lag das Stahlgewitter schon in den letzten Zuckungen. Auf die Deutschen angesprochen, machte Mel seinem Herzen wenigstens einmal Luft: »Ich? Die Deutschen nicht mögen? Warum sollte ich die Deutschen nicht mögen?! Nur weil sie arrogant sind und stiernackig und alles tun, was man ihnen sagt, solange es nur grausam ist, und Millionen Juden in Konzentrationslagern umgebracht und Seife aus ihren Leichen gemacht haben und Lampenschirme aus ihren Häuten? Ist das ein Grund, diese Scheißkerle zu hassen?«

Bereits mit 14 war Mel, genau wie sein Namensvetter Danny Kaminsky (Kaye), in den Ferienhotels des Borschtsch-Gürtels in den Catskill-Bergen aufgetreten, wo er mit Vorliebe Grimassen schnitt und an den Drums saß (Drummer Buddy Rich, der in der Nachbarschaft wohnte, hatte ihm Unterricht gegeben), gelegentlich auch schon mal als Conférencier Witze riß. Um eine Verwechslung mit dem bekannten Bläser Max Kaminsky zu vermeiden, griff er auf den mütterlichen Nachnamen Brookman zurück und stutzte ihn auf Brooks: Mel Brooks.

Aber ohne Sid Caesar hätte es dieser Mel Brooks wohl weniger weit gebracht:

»Ich traf Sid zum erstenmal in den Catskills. Mein Freund Don Appel machte uns bekannt. Dann verschaffte mir Don einen Job in einem anderen Hotel, als Drummer und Komiker. Sid machte damals nicht als Komiker von sich reden, sondern als brillanter Tenorsaxophonist. Als ich aus der Armee entlassen

Bengel aus Brooklyn: Mel Brooks

wurde, sah ich den Film TARS AND SPARS und studierte Sid, der
darin mitwirkte, ganz genau. ›Dieser Bursche ist wirklich komisch‹, sagte ich mir, ›*einzigartig* komisch.‹

Don Appel nahm mich mit hinter die Bühne, als Sid im *Copacabana* auftrat. Das nächste Mal besuchte ich ihn, als er im
Roxy spielte.

›Kennst du mich noch? Ich war mit Don Appel bei dir.‹ – ›Sicher, sicher.‹ Er war dort im Beiprogramm des Films FOREVER
AMBER, der ziemlich lange lief, und so leistete ich ihm häufig
Gesellschaft. Ich lernte auch seine Brüder Abe und Dave kennen.

Danach war ich in einem Stück mit dem Titel SEPARATE
ROOMS im *Mechanic Street Playhouse* in Red Bank, New Jer-
sey.

Als ich wieder zurück war, war Sid im *International Theatre* mitten in den Proben für die bald ganz berühmte Fernsehreihe YOUR SHOW OF SHOWS. Er hatte mich dazu eingeladen, also ging ich zum Bühneneingang. Ich sah noch sehr jung aus, obwohl ich grad aus der Armee kam und schon 20$\frac{1}{2}$ war. Ich sagte: ›Ich bin hier, um Sid Caesar zu sehen. Er ist ein Freund von mir, wir haben zusammen gearbeitet, und er hat mich gebeten vorbeizuschauen.‹ An der Tür war sein Manager, Leo Pillot, und befahl: ›Schmeißt ihn raus.‹ Sofort packten mich zwei große Türhüter am Kragen und warfen mich buchstäblich in die Gosse. ›Ihr seid verrückt‹, schrie ich. ›Das könnt ihr mit Mel Brooks nicht machen. Ich bin wahrscheinlich ziemlich wichtig.‹ Sie wollten die Polizei rufen, aber da trat Sid dazwischen: ›Er ist mein Freund. Laßt ihn rein.‹

Leo verzog sich. Er hatte in mir wohl instinktiv eine Bedrohung erkannt: einen charmanten, wortgewandten Burschen, der sich unaufhaltsam in die Herzen der Menschen hineinwindet. Er wußte, daß ich seinen Status gefährden konnte. Dabei wollte ich doch niemandes persönlicher Manager werden. Ich wollte einfach nur Schreiber und Komiker sein.

Ich folgte Sid nach oben, wir redeten eine Weile – und er erzählte mir, daß ihm zwei Dinge Sorgen machten: ein Monolog und eine Nummer mit dem Titel AIRPORT INTERVIEW. Ein Mann im Regenmantel spricht Fremde an, die gerade ein Flugzeug verlassen. Auf der Stelle erfand ich eine Figur für ihn, die sich ›Jungle Boy‹ nannte. Auf die Frage des Interviewers, wie er denn lebe, erzählte ich Sid, würde ›Jungle Boy‹ einen wilden Lockruf ausstoßen, sich eine Taube sozusagen aus der Luft greifen und sie verzehren. Nachdem ich noch ein paar weitere Ideen für ›Jungle Boy‹ ausgebrütet hatte, bot mir Sid 50 Dollar die Woche.

Die einzige Animosität kam von (Producer) Max Liebman, der in mir so was wie einen Abenteurer sah und mich auch sonst nicht für sehr talentiert hielt. Ich war auf der Straße aufgewachsen und nicht gebildet genug. Max dagegen war an Prestige interessiert und wollte am liebsten jede Woche eine echte Broadway-Revue produzieren. Humor von der Straße war nichts für ihn.

Nur Sid erkannte, daß ich ein universales Konzept für menschliches Verhalten hatte, aber auch er konnte im ersten Jahr nicht durchsetzen, daß ich auf die Gehaltsliste kam und mein Name im Abspann genannt wurde.«

In dieser Zeit bezahlte Caesar Mel aus eigener Tasche, bis Liebman – wenn auch nur widerwillig – nachgab und Brooks ganz offiziell, für jetzt 250 Dollar die Woche, das Autorenteam von YOUR SHOW OF SHOWS, Mel Tolkin und Lucille Kallen, vervollständigte.

Im nachhinein liest sich das Autorenverzeichnis der Caesar-Shows wie ein *Who's Who* der besten Köpfe der amerikanischen Unterhaltungsindustrie: Joe Stein (schrieb später FIDDLER ON THE ROOF); Larry Gelbart (TV-Serie M*A*S*H); Neil und Danny Simon, auf dem Broadway und in Hollywood bekannt wie bunte Hunde; an der Schreibmaschine Mike Stewart (HELLO DOLLY!/ BYE, BYE BIRDIE) – sowie ein schüchterner kleiner Kerl mit schwarzgerahmten Brillengläsern und jüdischem Muttertrauma,

Nichts kann ihn stoppen: Mel Brooks setzt sich durch im Showbusineß

über den noch an anderer Stelle die Rede sein wird. Gemeinsam mit Caesar vor der Fernsehkamera standen Howard Morris, Carl Reiner und Liebman-Protegé Imogene Coca – als Garnitur Gaststars wie Gertrude Lawrence, Rex Harrison, José Ferrer.

Besonders beliebt waren die mehr als 100 Kurzparodien bekannter (und manchmal auch weniger bekannter, europäischer) Spielfilme. Es war eine Ehre, in YOUR SHOW OF SHOWS durch den Kakao gezogen zu werden (und zumindest die Filme aus Europa hätten ohne diese Sendereihe nur ein verschwindend kleines Publikum gefunden).

Aus HIGH wurde beispielsweise DARK NOON und aus einem anderen bekannten Western jener Jahre, SHANE mit Alan Ladd, STRANGE mit Sid Caesar als fremdem Revolverhelden, der auf eine Farm kommt, die von Howard Morris (und Imogene Coca) bewohnt wird, und sich erst einmal einen Eimer Wasser nach dem anderen aus dem Brunnen holt.

Morris: Mächtig durstig, was, Fremder? Hattest wohl einen langen Ritt.
Caesar: Nein, Hering zum Frühstück.
Morris: Wie ist dein Name?
Caesar: Die Leute nennen mich ... Strange.
Morris: »Strange«? Und der Vorname?
Caesar: Very. Aber nennt mich Strange.

Berühmt auch der Typ deutscher Professor, der sich in Gestalt einer ganzen Reihe von Koryphäen in der Show umtrieb:

- Professor Hugo von Complex,
  Autor von ANIMALS, THEIR HABITS, HABITAT, AND HABERDASHERY;
- Professor Ludwig von Fossill,
  Autor von ARCHAEOLOGY FOR EVERYONE OR, DON'T LIFT HEAVY ROCKS;
- Professor Lapse von Memory,
  Autor von I REMEMBER MAMA – BUT I FORGET PAPA;
- Professor Hugo von Gezuntheit,
  Autor von THE HUMAN BODY AND HOW TO AVOID IT – oder
- Professor Sigmund von Fraidy-Katz,
  Autor von MOUNTAIN-CLIMBING: WHAT DO YOU NEED IT FOR.

126

Brooks als berühmter Deutscher

Der gipfelstürmende Professor betritt die Bühne mit einem Seil um die Schultern und doziert über richtiges Verhalten bei Abstürzen: »Schrei – den ganzen Weg runter hör nicht auf zu schreien. So wird man wissen, wo man dich suchen muß.« Die Feststellung, wenn das Seil reiße, könne man natürlich auch die Arme ausbreiten und zu fliegen beginnen, will der Interviewer des Professors freilich nicht durchlassen: »Aber Menschen können doch gar nicht fliegen!« – »Woher wollen Sie das wissen? Vielleicht sind Sie der erste. Andernfalls können Sie ja schreien. Das hilft immer.«

Wie viele große Künstler war Caesar oft depressiver Stimmung, launisch – und nur Mel, seinem größten und treuesten Bewunderer, gelang es an solch schwarzen Tagen, seinen Chef aufzuheitern. Einmal legte Sid seine Hand auf Mels Kopf: »Der gehört

mir« – worauf Mels Hand in Sids Jackentasche verschwand und
mit der Brieftasche hervorkam: »Und das gehört *mir*.«

Nur einmal wurde es selbst für »Hofnarr« Mel gefährlich. »Das
war, als ich Mel Brooks beinah getötet hab«, bemerkt Sid in seiner WHERE HAVE I BEEN? betitelten Autobiographie:

> »Ich war gerade im *Chicago Theatre* auf der State Street in ei-
> ner Bühnenshow. Mel und mein Bruder Dave hatten mich be-
> gleitet. Die Stadt war gerammelt voll mit Logenbrüdern, die
> dort ihre Konvention abhielten. An einem Abend bestand das
> Publikum fast nur aus ihnen. Sie alberten rum und machten
> Lärm – und niemand konnte ein Wort von dem verstehen, was
> ich sagte. Das machte mich rasend – und als ich von der Bühne
> kam, griff ich sofort zur Flasche.
>
> Als wir wieder im Hotel waren, dem *Palmer House,* war ich
> immer noch wütend und soff wie ein Loch. Mel und Dave
> saßen derweil vor dem Fernseher. Plötzlich meinte Mel: ›Ich
> hab jetzt keine Lust mehr, hier die ganze Nacht rumzuhocken
> und dir beim Saufen zuzuschauen. Los, laß uns raus.‹
>
> Ohne daß mir bewußt war, was ich tat, war ich auf den Beinen,
> ging rüber zum Fenster, öffnete es und sah runter auf den Ver-
> kehr, 18 Stockwerke tief. Dann ging ich zu Mel und packte ihn:
> ›Du willst raus? Ich werd dir zeigen, wo es raus geht.‹ Ich
> schleppte ihn zum Fenster und ließ ihn zappeln – eine Hälfte
> von ihm war drinnen, die andere draußen.
>
> In diesem Augenblick ergriff uns Dave mit seinen starken Ar-
> men. Dave wog 300 Pfund und wurde deshalb leicht mit uns
> beiden fertig. Er zog uns zurück in den Raum. ›Weißt du über-
> haupt, was du da fast getan hättest, du verrücktes Arschloch?‹
> stellte er mich zur Rede.
>
> Ich war so weggetreten, ich hatte nicht die leiseste Idee.«

Jeden Samstagabend, Punkt neun, schaltete eine ganze Nation
NBC ein, um anderthalb Stunden Sid Caesar in YOUR SHOW OF
SHOWS zu erleben. Immerhin noch die halbe Nation war dabei, als
Sid, der sich von Liebman (und Imogene Coca) getrennt hatte, im
Oktober 1954 bei *NBC* eine eigene CAESAR'S HOUR aus der Tau-
fe hob. Das Aus kam erst mit der dritten, sonntagabends ausge-
strahlten Show SID CAESAR INVITES YOU (diesmal für *ABC,* aber
wieder mit Imogene Coca), deren Einschaltquoten unter dem GE-
NERAL ELECTRIC THEATER und der DINAH SHORE SHOW lagen.

Während Caesar seinen Verstand immer mehr mit Alkohol und Narkotika ausschaltete, landete Brooks wieder ziemlich weit unten: Die 5000 Dollar Autorengehalt, die er zum Schluß bezogen hatte, schrumpften auf mickrige 85 Dollar die Woche. Und seine Ehe mit der Tänzerin Florence Baum (die beiden hatten drei Kinder: Stephanie, Nicky und Eddie) ging 1959 in die Brüche: »Wir hatten zu jung geheiratet. Ich erwartete, ich würde meine Mutter heiraten, und sie – ihren Vater.« Im Umgang mit Frauen bezifferte er sein Alter auf 14, was von einer Frau, die es wissen muß, noch als Übertreibung gewertet wurde: »Ich würde sagen elf, höchstens zwölf.«

Nach oben, dafür gleich kometenhaft, ging es erst, als Mel und Kollege Carl Reiner (später der Regisseur von DEAD MEN DON'T WEAR PLAID/TOTE TRAGEN KEINE KAROS) ihre »nur so« als Partygag servierten Interviews mit einem 2000 Jahre alten (jüdischen) Greis, den Brooks sprach, 1961 auf Anraten von Steve Allen und George Burns (er verkörperte Jahre später den »Allmächtigen« in Reiners Filmkomödie OH, GOD) auf Platte pressen ließen: 2,000 YEARS WITH CARL REINER AND MEL BROOKS und die 1962 folgende Fortsetzung 2,001 YEARS WITH CARL REINER AND MEL BROOKS wurden so etwas wie Kultklassiker.

Das große Geheimnis des 2000jährigen (»Ich sehe nicht älter aus als 1600 oder 1700, gell?«) ist Knoblauch: Der vertreibe den Engel des Todes.

Reiner: Vor der nächsten Frage ist mir ein wenig bange. Wie viele Kinder haben Sie?

Brooks: Ich habe über 2000 Kinder – aber nicht eines kommt und besucht mich. Wie können sie nur ihren Vater vergessen. Ich wünsch ihnen auf jeden Fall alles Gute. Solange sie glücklich sind, bekümmert es mich nicht. Aber schreiben könnten sie wenigstens: »Wie geht's dir, Pop?«

Der 2000jährige weiß, daß alles im menschlichen Leben aus Furcht geschieht:

- der Händedruck, um zu sehen, ob die Handfläche nicht einen Stein barg;
- der Tanz, um das Gegenüber so an sich zu binden, daß es einen nicht treten konnte;
- die Liebe – »sogar vor allem die Liebe«: die Frau als Schutzschild vor einem wilden Tier.

Selbst der Nationalismus habe seine Wurzeln in der Angst. Damals verkrochen sich die Leute bei Gefahr in ihren Höhlen und sangen: »Laß sie alle zur Hölle gehen außer Höhle Nr. 76 ...«

Ab sofort wurde Brooks wieder als Geheimtip gehandelt, war gerngesehener Gast in Talkshows und machte zusammen mit Dick Cavett Commercials für *Ballantine*-Bier, als 2000 Jahre alter Braumeister. Er erschien in Andy-Williams- und Jerry-Lewis-Specials und entwickelte 1964 zusammen mit Buck Henry für die Produzenten David Susskind und Dan Melnick eine erfolgreiche TV-Verarschung der Bond-Filme: GET SMART (bei uns SUPER-MAX resp. MINIMAX) erzählt vom Kampf des depperten WASP-Geheimagenten Maxwell Smart (Don Adams) und seines etwas pfiffigeren weiblichen Gegenparts Agent 99 (Barbara Feldon) gegen die Geheimorganisation KAOS. »Noch nie hatte jemand eine Serie über einen Idioten gemacht. Ich wollte der erste sein«, schmunzelt Brooks. Etwas gegen die gängigen Familienserien sollte es werden, obwohl er selbst doch jahrelang mit dem Gedanken einer »ehrlichen« Familienreihe schwanger ging – »vielleicht so was wie HALF OF FATHER KNOWS BEST: Die andere Hälfte wurde 1942 von einem Schlaganfall paralysiert, als er erwartete, daß wir den Krieg verlieren würden«. »Smart hat kleine Schweinsäuglein«, schrieb ein Rezensent des *Time*-Magazins, »eine Stimme, die sich anhört wie eine Säge, die über eine Schiefertafel kratzt, und ein beständig selbstgefälliges Grinsen. In die Enge getrieben, ist er zu doof, um in Panik zu geraten; statt dessen blufft er nonstop: ›Können Sie sich vorstellen, daß ich acht Bretter mit einem Karateschlag zerkleinere? Nein? Drei Bretter?? Einen Laib Brot???‹«

Abgesehen von dieser gelungenen Persiflage auf den Agentenfilm verspottete Brooks die Filmindustrie auch sonst, wo es nur ging: Im gleichen Jahr heiratete er die ebenso bekannte wie bezaubernde Schauspielerin Anne Bancroft (sie haben einen Sohn mit Namen Maximilian) und führte zusammen mit ihr das Gruselfilmklischee von THE BEAUTY AND THE BEAST ad absurdum. Für Jerry Lewis' Film THE LADIES MAN lieferte er einen Manuskriptvorschlag, der jedoch verworfen wurde. Baden ging er auch mit einem anderen Drehbuch (MARRIAGE IS A DIRTY ROTTEN FRAUD), dafür fand *Variety* den Trailer, den er für *United Artists'* italienischen Filmimport MY SON, THE HERO realisierte, unterhaltsamer als das beworbene Produkt. 1963 war zudem eine LP, CARL REI-

NER AND MEL BROOKS AT THE CANNES FILM FESTIVAL, herausgekommen. Da ging es zum Beispiel um den griechischen Filmregisseur Federico Fettucini (Pseudonym für Mercurio Mercurochrome), dessen Werk beredtes Zeugnis gibt für die »große Immoralität in unserem Land«, d. h., alle seine Filme handeln von Vergewaltigungen und Orgien, bis hin zu dem Moment, da die gesamte türkische Armee ein Dorf, das sich soeben, da geläutert durch das Beispiel eines tugendhaften Avocadozüchters, auf dem Weg zur Kirche befindet, vergewaltigt. Sein neuestes Opus heißt RAPE und soll vergleichsweise harmlos, still, ja sogar pastoral sein: Da vergewaltigt ein stiller kleiner Schäferknabe in aller Stille ein Mädel, derweil sich seine Schafe still verdrücken. Auch der neue deutsche Film ist in Cannes mächtig vertreten in der Person von Adolph Hartler von der Nazi-Film-Gesellschaft. »Die Nazis waren unsere

Adolf und Eva in FRÜHLING FÜR HITLER

schlimmsten Feinde«, versucht er sich von unangenehmer Vergangenheit loszusagen. »Wir haben bei uns zu Haus sogar eine jüdische Familie versteckt. Zuerst haben wir sie versteckt, dann haben wir sie der Gestapo übergeben.« Filme wie JUDGMENT AT NUREMBERG beruhen für ihn auf einem Mißverständnis: »Da wurden doch nur ein paar Leute, sozusagen über die Sommerferien, in Lager geschickt.« Gewiß beging auch Hitler Fehler: »Sein größter war, den Krieg zu verlieren.«

Von Adolph Hartler bis SPRINGTIME FOR HITLER ist nur ein kleiner Schritt:

We're marching to a faster pace.
Look out: here comes the Master race ...

Winter for Poland and France,
Springtime for Hitler and Germany,
Germans: go into your dance.

I was born in Dusseldorf.
That is why they call me Rolf.

Don't be shtoopid, be a schmarty,
Come and join the Nazi party.

SPRINGTIME FOR HITLER (der Titel verweist auf Edward Everett Hortons Bühnenstück SPRINGTIME FOR HENRY) sollte eigentlich ein Roman werden über einen mißverstandenen Knaben aus Wien, der – obwohl er das Zeug zu einem leidlich guten Tänzer hatte – ein Diktator wurde: Adolf Hitler. »Doch war der Plot so voller Dialog«, erkannte Brooks, »daß man besser ein Theaterstück daraus machen sollte oder, wegen der wechselnden Szenenfolge, gleich einen Film.«

Also wurde Brooks bei mehreren Studiodirektoren vorstellig, die zwar grundsätzliches Interesse an dem Stoff bekundeten, aber nicht gewillt waren, den Autor auch auf die Regie loszulassen. Dies war für Brooks freilich *conditio sine qua non:* »Ich wollte vollständige Kontrolle über mein Skript. Ich wollte nicht, daß ein anderer (Regisseur) Anordnungen traf, die Kamera in der und der Szene nicht auf das Mädel, sondern auf einen beliebigen Stuhl zu richten.«

Schließlich fand Brooks doch noch einen Filmproduzenten, der einverstanden war, daß er auch Regie führte. Sidney Glazier, oscarprämierter Producer der ELEANOR ROOSEVELT STORY, investierte 600.000 Dollar in Brooks' ersten Kinofilm: »... ich folge meinem Instinkt, ich hab seine Platte mit dem 2000jährigen gehört und Sachen gesehen, die er mit Sid Caesar gemacht hatte. Außerdem gab er sich zufrieden mit einem Honorar, das nur ein Drittel seiner gewöhnlichen Gage ausmachte – und ich bin sowieso ein Spieler. Also hab ich es gemacht. Mein Zigarettenkonsum hat sich in dieser Zeit verdreifacht.« (Die restlichen 500.000 Dollar brachte Joseph Levine von *Embassy Pictures* für die Verleihrechte auf.) Von da an verlief alles nach Mels Gusto. Nur den Verleihtitel mußte er ändern: Aus SPRINGTIME FOR HITLER wurde der unverfänglichere THE PRODUCERS, jedoch in der Bundesrepublik, wo der Streifen 1976 mit fast zehnjähriger Verspätung anlief, blieb es überraschenderweise bei FRÜHLING FÜR HITLER.

THE PRODUCERS handelt von jenen in der Showbranche vereinzelt anzutreffenden Gestalten, die noch aus Mißerfolgen Geld zu schlagen versuchen: Da wird ein abgewrackter Broadway-Producer namens Max Bialystock, der sich den Zaster für seine Produktionen für gewöhnlich bei netten alten Damen besorgt, von seinem neurotischen jungen Buchhalter überredet, für die Produktion eines todsicheren Flops mehr zu berechnen als nötig und sich den Rest nach der auf dem Fuße folgenden Absetzung der Show in die eigene Tasche zu stecken. Umgehend wird der famose Plan in die Tat umgesetzt: Man entscheidet sich für das Musical SPRINGTIME FOR HITLER (Untertitel: A GAY ROMP WITH ADOLF AND EVA AT BERCHTESGADEN). Der Verfasser ist ein gewisser Franz Liebkind, ein unbelehrbarer Nazi, der Hitler besser findet als etwa Churchill, weil der Führer mehr Haare auf dem Kopf hatte und auch schöner malen konnte (»Ein Zimmer an einem Nachmittag – zwei Schichten Farbe«). Als Spielleiter wählt Bialystock den Transvestiten Roger DeBris, den »einzigen Regisseur, dessen Stücke gleich am ersten Probentag abgesetzt werden«, und offensichtlich ist er außer dem Autor auch der einzige, der Gefallen findet an SPRINGTIME FOR HITLER: »Ich hab überhaupt nicht gewußt, daß das Dritte Reich in Deutschland lag. Das ganze Stück quillt über von historischen Leckerbissen wie diesen. Nur der dritte Akt ist nicht gut. Den lassen wir am besten weg. Da verlieren sie nämlich den Krieg. Und das ist zu deprimierend.« Für die Rolle des Hitler engagieren sie einen Hippie, Lorenzo St. DuBois, der schon Schwierigkeiten hat, sich seinen eigenen Namen zu merken, und sich deshalb L. S. D. abkürzt. Kurzum: Alles ist perfekt arrangiert für einen großartigen Reinfall – doch dann, ausgerechnet, wird das Stück ein rauschender Erfolg:»Glückwunsch! HITLER wird ewig laufen!«

Auf der Besetzungsliste:

- Altmeister Zero Mostel, Buster Keatons Partner aus A FUNNY THING HAPPENED ON THE WAY TO THE FORUM, als Max Bialystock.
- Für die Rolle des Franz Liebkind interessierte sich angeblich Dustin Hoffman, der dann jedoch THE GRADUATE mit Anne Bancroft machte. Eine Zeitlang liebäugelte Brooks selbst mit dem Part, bis er sich für Kenneth Mars entschied.
- Estelle Winwood als ebenso reiche wie alte Witwe.
- Christopher Hewett als Roger DeBris.
- Dick Shawn als L. S. D.
- Und für die Rolle des jungen Bialystock-Buchhalters, Leo Bloom, hatte sich Brooks Gerald Silberman ausgeguckt, der auf der Bühne in EINER FLOG ÜBER DAS KUCKUCKSNEST und in MUTTER COURAGE (mit Brooks-Frau Anne in der Titelrolle) gestanden hatte und vor der Kamera in einer kurzen Sequenz von BONNIE AND CLYDE. Gerald Silberman ist übrigens kein anderer als Gene Wilder.

Nachdem er den fertigen Film gesehen hatte, schaltete Peter Sellers sofort eine ganzseitige Anzeige in *Daily Variety* und *Hollywood Reporter:* »THE PRODUCERS, von Mel Brooks brillant geschrieben und inszeniert, vereinigt die wahre Essenz großer Komödie in einem einzigen Film. Ohne jeden Zweifel beweist Mel Brooks echtes Genie, indem er Komödie, wie wir sie von der Bühne kennen, Tragikomödie, Mitleid, Furcht, Hysterie, Schizophrenie, mitreißende Verrücktheit und eine gehörige Portion Irrsinn mit schierer Magie verwob.« Und gleich auf Anhieb bekam Brooks einen Oscar – für das beste Drehbuch.

Brooks' nächster Film, beim großen Publikum so gut wie unbekannt, war THE TWELVE CHAIRS (ZWÖLF STÜHLE). Er offenbart ein wenig von der Liebe seines Regisseurs für die großen Vertreter der russischen Literaturgeschichte, für Turgenjew, Dostojewski, Gogol – auch wenn die Vorlage, die Brooks dem Vernehmen nach schon mit 15 Jahren gelesen hatte, von zwei nicht gar so be-

Nazi-Musical: THE PRODUCERS

deutenden ukrainischen Schreibern namens Ilf (Ilya Faynzilberg)
und Petrov (Yevgeny Katayev) stammte. Im Gegensatz zu anderen, freieren Bearbeitungen desselben Stoffs (1938 als 13 STÜHLE
mit Heinz Rühmann und Hans Moser; 1945 als IT'S IN THE BAG
mit Fred Allen, Victor Moore, Jerry Colonna, Don Ameche, Jack
Benny, Robert Benchley; 1970, just zur selben Zeit, als Brooks
drehte, als TWELVE PLUS ONE mit Orson Welles, Sharon Tate,
Vittorio Gassman) beließ Brooks' Bearbeitung Ort, Zeit und Ko-
lorit der Handlung: Rußland im Jahr 1927. Ippolit Vorobyaninov
(Ron Moody), ein gewesener Adliger, erfährt von seiner Schwie-
germutter, die auf dem Totenbett liegt, daß sie die Familienjuwe-
len in einem von zwölf Brokatstühlen versteckt hat, als die Revolution ausbrach. Die Jagd kann beginnen. Mit daran beteiligt sind
Frank Langella (John Badhams Kino-DRACULA von 1979) und

135

Die geplagten Produzenten: Zero Mostel und Gene Wilder mit Partnerin in
FRÜHLING FÜR HITLER

Fettkloß Dom DeLuise (der 1968 im Fernsehen seine eigene DOM
DELUISE SHOW bekommen hatte). Der reizvollen Schauplätze
wegen und nicht zuletzt auch aus Kostengründen (die ZWÖLF
STÜHLE wurden zum »Schleuderpreis« von 1,4 Millionen Dollar
gefertigt) drehte man in Jugoslawien. Laut Brooks verlief dort alles reibungslos – »außer daß am Samstag abend immer Tito den
Wagen kriegte«.

Wenn sie ins Hotel kamen, seien sie sehnsüchtig von Moskitos erwartet worden, »so groß wie George Foreman«. Die Jugoslawen
erzählen einem laut Brooks, »daß sie das glücklichste Volk der
Welt seien; dabei legen sie ihre Köpfe auf den Tisch und weinen
bitterlich. Ansonsten ist Belgrad eine herrliche Stadt, aber nach
meinem Dafürhalten wird sie abends nur von einer einzigen
Zwölf-Watt-Birne beleuchtet. Sollten sie eine zweite hereinkrie-
gen, würde ich ganz gern dort leben.«

Nachdem sich Brooks vergeblich um eine Verfilmung der klassischen Oliver-Goldsmith-Komödie SHE STOOPS TO CONQUER mit Albert Finney oder ersatzweise Gene Wilder stark gemacht hatte, gab es 1974 wieder, was Fans einen echten Brooks, einen 150prozentigen sogar, nennen mögen, mit der Westernpersiflage BLAZING SADDLES (IS' WAS, SHERIFF?/DER WILDE, WILDE WESTEN):

> *He conquered fear and he conquered hate.*
> *He turned dark night into day.*
> *He made his blazing saddle*
> *A torch to light the way.*

Es begann mit Judy Feiffer, damals verheiratet mit dem Cartoonisten Jules Feiffer und als Dramaturgin bei *Warner Bros.* tätig, die Brooks auf ein Skript von Andrew Bergman hinwies: TEX-X (oder BLACK BART) ließ einen Schwarzen, der gut und gerne aus dem modernen Harlem hätte kommen können, inmitten weißer Westernklischees Sheriff spielen. Für Brooks eine willkommene Chance, jene Klischees ein für allemal zur Strecke zu bringen. Er scharte vier Mitautoren um sich – Norman Steinberg und Alan Uger, Richard Pryor und Bergman selbst: »Sie wollen wissen, warum ich auch den Originalautor verpflichtet habe, wo wir sein Skript doch schon haben? Weil ich sicher bin, daß einer, dessen Ausgangsidee uns so ausnehmend gut gefallen hat, noch mehr im Kopf hat.« Nach vier Monaten Brainstorming hatten sie ein 412-Seiten-Drehbuch zusammen; um nicht bei acht Stunden Kino zu enden, wurde es in weiteren drei Monaten auf 275 Seiten gekürzt (auch das war immer noch doppelt soviel, wie schließlich gedreht wurde). Wäre es nach Brooks gegangen, hätte Richard Pryor auch die Hauptrolle gekriegt, den schwarzen Bart, der einem rassistischen Vorarbeiter (Slim Pickens) eins auf die Mütze gibt und dafür nicht gehängt, sondern von einem üblen Bodenspekulanten namens Hedley Lamarr (Harvey Korman), der die Bürgerschaft demoralisieren will, zum Sheriff von Rock Ridge ernannt wird. Seinen weißen Freund Waco Kid, den Bart zum Hilfssheriff macht, gestern noch Schnellschütze, heute Schnelltrinker, sollte Dan Dailey verkörpern. Doch dann wollte *Warner* Pryor nicht, weil ihm angeblich der Starstatus fehlte, und holte sich den seinerzeit noch weniger bekannten Cleavon Little. Und nachdem auch Daileys Ersatzmann ausgefallen war, sprang in letzter Minute Gene Wilder als Waco Kid ein. Madeline Kahn (WHAT'S UP,

Doc? und PAPER MOON) als leicht teutonische Tingeltangel-Chansonnette Lili Von Shtupp legte eine köstliche Marlene-Parodie (à la DESTRY RIDES AGAIN) auf die Bretter, Dom DeLuise hatte einen kurzen Auftritt als Buddy Bizarre – und Brooks selbst, der bereits in den TWELVE CHAIRS vor seiner Kamera gestanden hatte, brillierte gleich in zwei Rollen: als Gouverneur William J. LePetomane und als fließend Jiddisch sprechender Sioux-Häuptling (»Zeit nisht meshugge«). Allein den *Warner*-Häuptlingen gefiel nicht, was sie da sahen. Bei der ersten Vorführung für die Studiogewaltigen herrschte Totenstille. Glücklicherweise signalisierte noch am selben Abend eine Preview für gewöhnliche Sterbliche den sich abzeichnenden Erfolg. (Für Mel hätte das Ganze leicht ins Auge gehen können, denn anders als THE PRODUCERS und THE TWELVE CHAIRS war BLAZING SADDLES ein kostspieliges, also ein echtes Hollywood-Projekt.)

Nachdem Wilder ihm zu Hilfe gekommen war, war Brooks nun Gene gefällig und griff ihm, als Koautor und Regisseur, bei einem Projekt unter die Arme, das beide 1974 endgültig in Hollywood etablierte: YOUNG FRANKENSTEIN (FRANKENSTEIN JUNIOR). »Mein Job«, so Wilder, »war, ihn subtiler zu machen – mich derber, der seine. ›Ich will nicht, daß dies BLAZING FRANKENSTEIN wird‹, sagte ich. – ›Und ich will keinen Kunstfilm, den nur 14 Leute sehen.‹« Das Drehbuch, kalkuliert auf 2,2 Millionen Dollar, boten sie zuerst *Columbia* an, doch da mochte man ihnen nur 1,7 zugestehen. Wesentlich großzügiger zeigte sich dagegen Gordon Stulberg von *Twentieth Century-Fox,* der das Budget nach Lektüre des Skripts nicht nur auf 2,8 Millionen erhöhte, sondern Brooks auch noch die Finanzierung künftiger Filmvorhaben in Aussicht stellte.

Wie schon bei dem amüsanten ABBOTT AND COSTELLO MEET FRANKENSTEIN ein gutes Vierteljahrhundert zuvor (und auch bei Polanskis beliebtem Fledermausgrusel DANCE OF THE VAMPIRES) bestand der besondere Reiz des Unternehmens darin, das Genre zu persiflieren, ohne ihm seine »Würde« zu nehmen. (Um möglichst viel vom schaurigen Geist der Original-*Universal*-Frankensteins der dreißiger und vierziger Jahre einzufangen, haben Brooks und Wilder ihren Film sogar in Schwarzweiß gedreht und Kenneth Strickfadens elektrische Apparaturen aus den Karloff-Filmen reaktiviert. Brooks entpuppte sich als rechter Frankenstein-Fan. In einem Interview mit *BBC-TV* gab er zu, als Kind mal aus einem Alptraum, in welchem er vom Frankenstein-Monster verfolgt wurde, mit dem Schrei aufgewacht zu sein: Die Stöpsel! Die Stöpsel! Mit YOUNG FRANKENSTEIN hat er dieses Kindheitstrauma gebannt, indem er Maskenbildner William Tuttle nicht jene charakteristischen Stöpsel/Metallknäufe am Hals des Monsters anbringen ließ, sondern einen Reißverschluß.)

Übrigens ist YOUNG FRANKENSTEIN weniger eine Parodie des ersten FRANKENSTEIN-Films mit Boris Karloff, den James Whale 1931 drehte, sondern der beiden Fortsetzungen: BRIDE OF FRANKENSTEIN von 1935 und SON OF FRANKENSTEIN von 1939.

Gene Wilder verkörpert den Chirurgen Dr. Frederick Frankenstein, den Enkel des großen Victor, der sich – um nicht mit den un-

Paranoider Gouverneur: Mel Brooks mit Robyn Hilton in BLAZING SADDLES

seligen Experimenten seines Großvaters in Verbindung gebracht zu werden – »Fronk-en-steen« nennt und dem beim Besuch des Familienschlosses in Transsilvanien eine aufschlußreiche Abhandlung des gefürchteten Vorfahren mit dem Titel HOW I DID IT in die Hände fällt. (Ähnliches widerfuhr schon dem SON OF FRANKENSTEIN Basil Rathbone.)

Die Mitspieler und ihre Rollen:
– Der (im Gegensatz zu Peter Lorre in zwei Richtungen gleichzeitig) glubschäugige britische TV-Spaßmacher Marty Feldman als buckliges Faktotum Igor – *Eye-Gor*. (In SON trug Bela Lugosi den Buckel.)
– Peter Boyle, der Mönch im Orden der Christian Brothers gewesen war, bevor er 1964 in THE THICK EAR am Broadway debütierte, als Freddies monströse Schöpfung, die sogar steppen kann.
– Madeline Kahn als Freddies schrill-frigide Verlobte Elizabeth auf den Spuren der BRIDE OF FRANKENSTEIN Elsa Lanchester.
– Kenneth Mars als einarmiger Polizeiinspektor Kemp (Vorbild: Lionel Atwill in SON).
– Gene Hackman, der Brooks sogar anrief, nur um eine kleine Rolle spielen zu dürfen, bekam den Part des blinden Eremiten aus BRIDE, der seinen lieben Gast nicht als Frankensteins Monster erkennt.
– Cloris Leachman als Haushälterin Frau Blücher, die sich offenkundig aus Hitchcocks REBECCA in diesen Film verirrte, hat sie doch mehr Ähnlichkeit mit Judith Andersons strenger Mrs. Danver als mit Una O'Connors verschreckter Minnie aus BRIDE OF FRANKENSTEIN.

Zum Schluß opfert Frederick Wilder einen Teil seines kostbaren Gehirns für das Boyle-Monster, das daraufhin zum gutsituierten US-Bürger wird, während Freddie im Gegenzug des Monsters Geilheit für sich in Anspruch nimmt und kraftstrotzend ins Bett seiner geliebten Laborassistentin Inga (Terri Garr) hüpft.

Obwohl YOUNG FRANKENSTEIN »nur« eine Genrekomödie war, rückte Brooks damit unangefochten in die Riege der »seriösen« Filmregisseure auf. In einer Rede an der Harvard-Universität im Dezember 1975 verdammte Regieveteran Frank Capra das neue Hollywood mit »all seinem Zynismus und seiner glitzernden Dekadenz«, entließ seine Hörer aber doch mit einem kleinen Hoff-

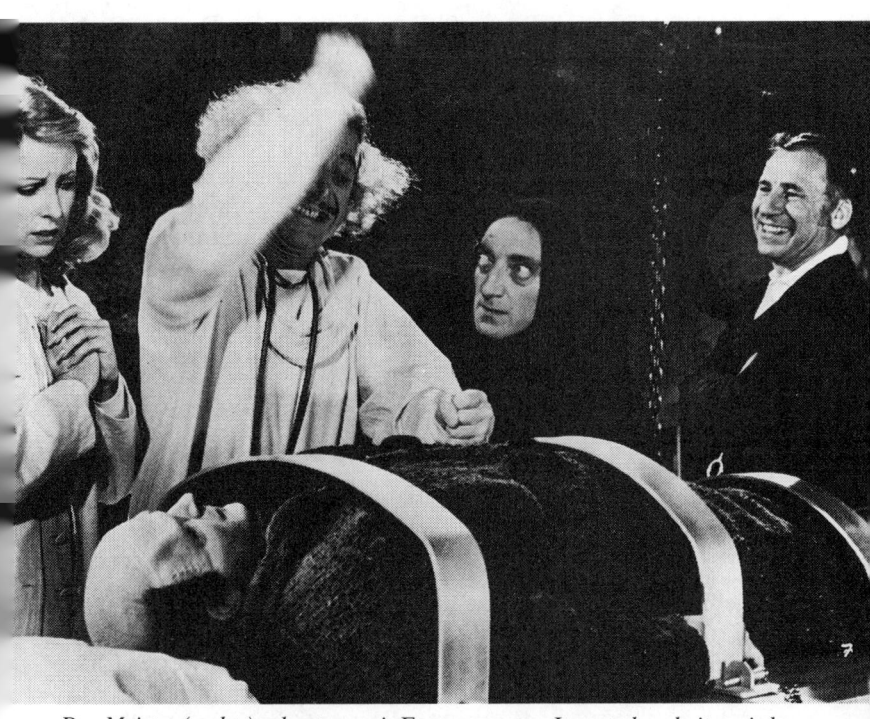

Der Meister (rechts) schaut zu, wie FRANKENSTEIN JUNIOR *bearbeitet wird*

nungsschimmer: »Hollywood könnte sich glücklich schätzen, wenn es mehr Mel Brooks hätte.«

Seine erste Hauptrolle in einem Brooks-Film spielte Mel 1976 in SILENT MOVIE (MEL BROOKS' LETZTE VERRÜCKTHEIT: SILENT MOVIE). Als ausgelaugter, dem Alkohol zugetaner Filmregisseur mit dem beinahe programmatischen Namen Mel Funn versucht er allen Ernstes im heutigen Hollywood einen Stummfilm auf die Beine zu stellen, der die renommierten, aber maroden *Big Picture Studios* (»If it's a big one, it was made here«) davor bewahren soll, von dem gierigen Gemischtwarenkonzern *Engulf and Devour* geschluckt zu werden (eine kleine Anspielung auf *Paramount Pictures,* die 1966 von *Gulf and Western Industries* übernommen worden waren). Brooks zur Seite stehen Marty Feldman (als Marty Eggs), Dom DeLuise (als Dom Bell), Sid Caesar (als Studiochef) sowie – in kurzen Gastauftritten – Burt Reynolds, James Caan,

141

Liza Minnelli, Anne Bancroft, Paul Newman (im Rollstuhl) und Marcel Marceau (der, als Pantomime, auf die Frage, ob er in einem Stummfilm mitspielen würde, in dem sonst nur zwischengetitelten Werk als einziger hörbar mit *non* antwortet).

Wie jeder halbwegs vernünftige Mensch in Amerika hat auch Brooks eine Zeitlang einen Analytiker konsultiert (und bereichert) – damals, als die Sache mit Sid Caesar aufhörte und seine erste Ehe in die Brüche ging. In seinem 1977 entstandenen Kinostück HIGH ANXIETY (MEL BROOKS' HÖHENKOLLER) verwertet er aber nicht nur die so gesammelten Erfahrungen, sondern auch Motive aus Hitchcocks Psycho-Thrillern, die bisweilen glänzend zu Freud passen – Motive aus SPELLBOUND, VERTIGO und NORTH BY NORTHWEST, Zitate aus PSYCHO (ein aufmüpfiger Kellner attackiert Brooks unter der Dusche mit einer Zeitung) und THE BIRDS (Tauben, die ihren Mageninhalt entleeren). Inhalt (laut Peter Hasenberg, *film-dienst*):

»Der weltberühmte Psychiater Dr. Richard H. (Harpo) Thorndyke wird der neue Leiter des ›Psycho-Neurotischen Institutes für sehr, sehr Nervöse‹ an der US-Westküste, dessen bisheriger Chef angeblich an einem Herzanfall plötzlich verstarb. Thorndyke merkt sehr bald, daß an dem Institut etwas nicht stimmt. Mit diktatorischer Härte wird das Institut von der Oberschwester Charlotte Diesel beherrscht. Zu den Patienten gehört auch der Industrielle Arthur Brisbane, der Thorndyke als besonders schlimmer Fall – er fühlt sich als Cocker-Spaniel – vorgeführt wird. Einer der Ärzte, der das Institut verläßt, verstirbt unter mysteriösen Umständen. Dr. Thorndyke verläßt das Institut, um an einem Psychiater-Kongreß teilzunehmen. Im Hotel macht er die Bekanntschaft von Victoria Brisbane, der Tochter des Industriellen. Es stellt sich heraus, daß der Patient, den man Thorndyke vorgeführt hat, gar nicht der richtige Brisbane war. Schwester Diesel und der Oberarzt versuchen, Thorndyke zu beseitigen, weil er allmählich zuviel weiß. Ein Doppelgänger begeht einen Mord in der Hotelhalle. Thorndyke wird verdächtigt und muß vor der Polizei fliehen. Am Ende gelingt es, den Vater Victorias noch in letzter Sekunde aus den Fängen der schurkischen Schwester zu befreien. Thorndyke findet auch die Erklärung für seine Höhenangst, die ihm den ganzen Film hindurch zu schaffen machte. Als Happy-End gibt es eine Hochzeit mit Victoria.«

Es wirken mit: Mel Brooks als Thorndyke (Thornhill war bekanntlich Cary Grants Rolle in NORTH BY NORTHWEST), Madeline Kahn als Blondchen Victoria Brisbane, Cloris Leachman als Schwester Diesel und Harvey Korman als ihr schurkischer Komplize Dr. Charles Montague, Howard Morris als Professor Lilloman, Thorndykes alter Lehrer; auch ein Mr. MacGuffin wird kurz erwähnt – dies ein Insiderjoke für Hitchcock-Kenner –, und beinahe, aber auch nur beinahe, wäre Meister Hitch selbst eine Gastrolle in HIGH ANXIETY angeboten worden, wie mir Hitchcocks enger, auf fotografische Tricks spezialisierter Vertrauter und *Matte*

Hitchcocks VÖGEL *lassen grüßen: Mel Brooks in* HÖHENKOLLER

Painter Albert Whitlock 1988 bei Dreharbeiten für ein TV-Feature (DER ZAUBERER VON HOLLYWOOD) verriet:

»Ich war Mel Brooks noch nicht persönlich begegnet, aber er hatte erfahren, daß ich zu Hitchcocks Freunden gehörte. Eines Tages klopfte es also an meiner Bürotür, und – wow! – da stand Mel Brooks. Ich bat ihn herein und fragte, womit ich ihm helfen könne. – ›Ich möchte gern mit Hitchcock sprechen, und da ich weiß, daß Sie mit ihm befreundet sind ...‹ – ›Das ist richtig, aber das ist keine Freundschaft, die ich leichtfertig aufs Spiel setzen möchte. Mir ist bekannt, daß Sie ihn unbedingt in Ihrem Film haben möchten, aber darauf wird er sich nicht einlassen, das weiß ich, auch ohne ihn zu fragen ... Und außerdem könnte das für mich unangenehme Folgen haben, er wäre sicher verärgert.‹ Mel Brooks seufzte und ging. Einige Zeit darauf suchte er mich wieder auf und erkundigte sich, ob *ich* in seinem Film auftreten würde, als der Vater von Madeline Kahn. – ›Wenn Sie bereit sind, das Risiko einzugehen!‹ – Er war. Drei oder vier Wochen später – die Dreharbeiten hatten noch nicht begonnen – war er wieder bei mir: ›Ich möchte Hitch sprechen!‹ – ›Er aber nicht Sie! Hitch ist für Sie nicht zu sprechen.‹ – ›Aber es geht doch nicht mehr darum, daß er in meinem Film auftreten soll. Mir ist klar geworden, daß er die Aufmerksamkeit zu sehr von mir weg und auf sich lenken würde, und das würde gewiß nicht gutgehen.‹ – ›Meinen Sie das ernst?‹ – ›Ganz bestimmt. Ich bin nicht mehr darauf aus, daß er in meinem Film mitwirkt.‹ Ich griff zum Telefon und rief Peggy Robertson, Hitchs Assistentin, an: ›Peggy, Mel Brooks ist hier bei mir.‹ Sofort unterbrach sie mich: ›Er ist für ihn nicht zu sprechen!‹ – ›Peggy, er sitzt mir hier gegenüber und versichert mir, daß er Hitch nicht für seinen Film gewinnen will!‹ – ›Das ist etwas anderes. Ich werde ihn fragen.‹ Ein paar Minuten später rief Peggy zurück: ›Bringen Sie ihn her!‹ So geleitete ich Mel Brooks zu Hitchcocks Büro, und während wir den Korridor entlanggingen, kam uns Hitch entgegen. ›Zwei so berühmte Leute muß ich wohl nicht extra miteinander bekannt machen. Sie möchten sich sicher alleine unterhalten‹, wollte ich mich verabschieden. – ›Nein, bleiben Sie!‹ kam es unisono zurück. ›Kommen Sie doch mit herein, Al‹, bat mich Hitch in sein Büro. Auf diese Weise wurde ich Zeuge einer sehr pointengeladenen Sitzung. Schließlich wurde Hitch ein wenig schläfrig, für uns das Zeichen zum Aufbruch. ›Hat Al Ihnen übrigens erzählt‹, meinte Mel im Gehen, ›daß er in meinem Film mitspielen wird?‹ Darauf Hitch, in gespielter Entrüstung: ›Al, so tief werden Sie doch nicht sinken!‹ Das war natürlich eine Anspielung auf die bekannte Geschichte, wonach für ihn jeder Schauspieler ein Rindvieh war. So hieß es jedenfalls. In Wirklichkeit war es eher umgekehrt: Es gab viele Schauspieler, vor denen er Hochachtung hatte.«

Seinem Leinwanddebüt als Arthur Brisbane am Schluß von HIGH ANXIETY fügte Whitlock noch ein paar gelungene *Matte Shots* eines gewitterumknattert-phallischen Glockenturms bei.

Mehr und noch grandiosere Trick-Kombinationen malte Whitlock für Brooks' nächsten Film: HISTORY OF THE WORLD – PART I (MEL BROOKS' VERRÜCKTE GESCHICHTE DER WELT, 1981) – und er hatte darin auch wieder eine kleine Rolle (als Verkäufer für gebrauchte römische Streitwagen), die allerdings der Schere des Cutters zum Opfer fiel.

Mel Brooks' verrückte Weltgeschichte ist als Persiflage auf D. W. Griffiths historischen Episodenschinken INTOLERANCE zu verstehen, dabei den Filmparodien der Zeitschrift *MAD* nachempfunden. Mel Brooks, schreibt Wolfgang J. Fuchs in einer Rezension, greift

»einzelne Aspekte der menschlichen Geschichte auf und verarbeitet sie zu mehr oder weniger langen Blackouts und Sketchen, die Parodien auf Gegenwärtiges und Filmisches beinhalten. Gleich der Auftakt in der Urzeit ist eine Parodie auf den Anfang von Kubricks 2001 – ODYSSEE IM WELTRAUM. Statt eines schwarzen Monolithen mit Weisheitsausstrahlung entdecken die Affenwesen hier jedoch nur, daß sie ohne Frauen, nicht aber ohne Sex sind. Die folgenden Urzeit-Szenen* der Menschheit entbehren nicht eines gewissen Witzes, sind aber als Abfolge einzelner Gags aufgebaut, die keine zusammenhängende Geschichte erzählen. Auch Moses, der den Aspekt ›Altes Testament‹ vertritt, ist nur für einen (uralten) Gag gut. Er hat eigentlich drei Gesetzestafeln mit 15 Geboten, läßt aber versehentlich eine fallen. Am gelungensten sind die ausführlichen Histörchen in Rom und bei der Französischen Revolution, in denen ein brillanter Einfall den anderen jagt und zu-

---

* mit Sid Caesar als Steinzeitmensch

dem noch, über die Jahrhunderte hinweg, einzelne Handlungselemente weitergespielt werden.

Daß der Film als 1. Teil firmiert, hat eigentlich nur damit zu tun, daß man einen Anlaß suchte, noch einen weiteren Gag auf die Fortsetzungssucht von Großfilmen anzubringen und als Rausschmeißer-Gags noch drei Episoden eines (fiktiven) 2. Teils ankündigen zu können: Hitler auf Eis (in einer Eisrevue), Wikingerbegräbnis (die Wikinger nehmen die Helme ab, die Hörner jedoch bleiben am Kopf) und Juden im Weltraum (ein Weltraummusical à la STAR WARS mit orthodoxen Juden am Steuer davidsternförmiger Raumschiffe).«*

Der deutsche Start des Films bot meinem Kollegen Jochen Schütze und mir eine willkommene Gelegenheit, Brooks ein wenig auf den Zahn zu fühlen:

Da gab's doch schon mal 1957 einen Film, THE STORY OF MANKIND mit Hedy Lamarr, Vincent Price, Peter Lorre und den Marx Brothers, den der nachmalige Katastrophenfilmer Irwin Allen gemacht hat und der gar nicht erst in deutschen Kinos lief. War das so was wie Ihre HISTORY OF THE WORLD?

Brooks (entsetzt): O nein! Das war der schlimmste Film aller Zeiten! Seien Sie froh, daß er nicht zu Ihnen rüberkam, das hat Ihnen das Leben gerettet. Für fünf Dollar wird Ihnen Irwin Allen eine Kopie des Films schicken.

In Ihrer »Weltgeschichte« gibt es eine Menge Sexszenen …

Brooks: Aber es ist kein Sexfilm, es ist sexy. Ich mag's sexy, nur Porno mag ich nicht. Porno ist nur dreckig.

Sie parodieren in der »Weltgeschichte« Geschichte nicht, wie sie sich ereignet haben könnte, sondern wie Sie sie aus dem Kino kennen.

Brooks: Im Kino sind Geschichtskompilationen selten, in der Literatur kommen sie häufig vor. Aber es ist richtig – ich hab's nicht aus den Büchern. Bücher sind zu trocken. Ich hab die Historie von Cecil B. DeMille gelernt.

Waren Sie oft im Kino?

---

* Brooks hat diesen Gagtitel sogar noch überboten. Ein neueres Projekt betitelte er GESCHICHTE DER WELT, TEIL 3: AUF DER SUCHE NACH TEIL 2.

Brooks: Ich hab im Kino gelebt. Ich war jeden Tag dort. Mit drei Freßpaketen: Frühstück, Mittag- und Abendessen.

Es gibt Regisseure, die behaupten: Ich mache Filme für mich selbst. Andere sagen, sie arbeiten fürs Publikum. Für wen drehen Sie?

Brooks: Das ist eine sehr schwierige Frage. Denn was man sagt, ist nicht unbedingt identisch mit dem, was man tut. Man kann sich selbst belügen. Behauptet jemand, er mache Filme für sich selbst, lügt er vielleicht. Das hört sich dann nur gut an. Wir machen Filme fürs Publikum, auch wenn wir nicht immer wissen, was der Zuschauer gerade will. Denn ohne Publikum ist man nichts, ist man kein Filmemacher. Das wäre reine Wichserei. Freilich muß es einem auch selbst Spaß machen, man selbst ist das Maß aller Dinge. Wenn ich selbst nicht über das lachen kann, was ich schreibe, dann können's die Leute auch nicht. Ich arbeite fürs Publikum – auf meine Weise.

Wie merkten Sie, daß Sie komische Filme machen konnten?

Brooks: Ich hatte eine Filmidee und schrieb sie auf, da merkte ich in letzter Minute, daß ich keinen Regisseur hatte. Aber ich wollte die Idee nicht aufgeben, sie war mein Baby. So machte ich's selbst umsonst – und ich war glücklich. Der Film hieß THE PRODUCERS ...

Eines der wichtigsten Dinge bei einer Komödie ist das Timing.

Brooks: Ganz genau.

Nun gibt es ja schnelle und langsame Komödien – schnelle wie die von Stan Laurel, einige Sachen von Jerry Lewis, Roadrunner und Wile E. Coyote ...

Brooks (lacht): ... und welche, langsam wie die »Vier Jahreszeiten«.

Wie schätzen Sie da Ihren eigenen Film ein?

Brooks: Schnell. Ein schneller Film. Ich bin ja Drummer von Haus aus. Man muß nicht ständig lachen, aber er steckt voller Ideen. Ein Einfall jagt den anderen. [Trotzdem: Verglichen mit Roadrunner ist HISTORY OF THE WORLD m. E. eher lahmarschig. – RG]

147

Toll trieben es die alten Römer: Mel Brooks (rechts) in MEL BROOKS'
VERRÜCKTE GESCHICHTE DER WELT

Wie reagiert das amerikanische Kinopublikum auf Comedies?
Hat sich durch das Fernsehen der Comedy-Geschmack verändert?

Brooks: Ja. Er ist schlecht. Die kriegen zuviel Zucker, zuviel
billige Komödien – ideenarm, ohne Unterbau, keine Philosophie, keine menschliche Wahrheit – nur Witze, Witze, Witze.
Ohne Sinn und Verstand. Ich hasse amerikanisches Fernsehen
[eine bedeutsame Ausssage für einen, den das Fernsehen
»groß« gemacht hat – RG], besonders die Situationskomik, die
sich ziemlich einfältig gebärdet. Aus diesem Grund liebe ich
das Kino, weil man hier die Möglichkeit hat, mit interessanten
Ideen umzugehen.

Was halten Sie von europäischen Komödien?

Brooks: Oh, die Italiener sind berühmt für ihre Komödien. In Frankreich mag ich Louis de Funès, und Pierre Richard ist ein Freund von mir. Deutsche Komödien sind ja rar gesät. Aber was deutschen Film sonst angeht: Ich bin mit Werner Herzog befreundet. Der kommt ins Studio und redet und redet – und ich komme nicht zum Arbeiten. Vielleicht ist er ein Genie. Ein verrückter Mann. Seine frühen Filme waren beredt, und AGUIRRE ist für mich ein Meisterwerk. Ich bin ein Fan von ihm. Auch Fassbinder ist wunderbar. Sie haben wirklich gute Filmemacher hier [??? – RG] – nur keine, die Komödien machen [!!! – RG].

Uns fehlt der Humor.

Brooks: Sie brauchen mich. Ich komm rüber und mach euch alle glücklich.

Mit seinem nächsten Film, TO BE OR NOT TO BE (1983), kehrte Brooks zu den Ursprüngen von THE PRODUCERS zurück und erfüllte sich den Traum, selbst einmal Hitler zu spielen: Als Schauspieler, »weltberühmt in ganz Polen«, schlüpft er anläßlich des Einmarschs deutscher Truppen in Warschau 1939 in die Rolle des Diktators (»Heil myself«) und stiftet Verwirrung unter den Okkupanten. SEIN ODER NICHTSEIN war das Remake der berühmten gleichnamigen Filmkomödie, die der unvergleichliche Ernst Lubitsch 1942 realisiert hatte.

Die Besetzung:

Original	Remake
Jack Benny	Mel Brooks
Carole Lombard	Anne Bancroft
Robert Stack	Tim Matheson
Stanley Ridges	José Ferrer
Sig Rumann	Charles Durning
Henry Victor	Christopher Lloyd

Übrigens verkörperte bei Lubitsch nicht Jack Benny (als Joseph Tura) das Hitler-Duplikat, sondern Nebendarsteller Tom Dugan (Bronski); um jedoch nicht auf die Hauptrolle verzichten zu müssen und dennoch in den Genuß der Führerverarschung zu kommen, gibt es bei Brooks nur noch einen mit Tura identischen

Bronski. Ausnahmsweise – die Dreifachrolle Hamlet – Hitler – Bronski verlangte seine volle Konzentration – vertraute Brooks die Regie diesmal einem Kollegen an: Alan Johnson war bei früheren Filmen sein Choreograph und Mitproduzent gewesen.

Noch vor TO BE OR NOT TO BE wurde die Idee zu einer aufwendigen Science-fiction-Filmparodie geboren. Brooks: »Ich war auf der Suche nach einem anderen BLAZING SADDLES und überlegte, was wohl das sensationellste Genre war, das ich bisher noch nicht angeknabbert hatte – und das war natürlich der Weltraum.« BLAZING SPACE.

»Hey, Mel«, bellte Marvin Davis von der Studioleitung der *Twentieth Century-Fox* im Kasino zu einem Nachbartisch, an welchem Brooks mit seinen Koautoren Ronny Graham und Thomas Meehan speiste – »Hey, Mel. Was wird dein nächster Film?«

»PLANET MORON«, kam wie aus der Pistole geschossen die Antwort – was soviel heißt wie PLANET DES SCHWACHSINNS.

»Ein Jahr war vergangen«, so Brooks weiter, »und wir waren mitten in der Drehbucharbeit – da kam ein Film mit dem Titel MORONS FROM OUTER SPACE heraus. Und ich verlangte einen neuen Titel, durchschlagend, ein Wort. Jemand schlug SCREWBALL vor, weil es ja eine Screwball-Komödie werden sollte. Worauf ich einen Tag später mit SPACEBALLS kam …«

Zu 50 Prozent sei SPACEBALLS (SPACEBALLS – MEL BROOKS' VERRÜCKTE RAUMFAHRT, 1987) eine STAR WARS-Persiflage – »die anderen 50 Prozent verteilen sich auf STAR TREK, ALIEN, PLANET DER AFFEN und so weiter.«

Bill Pullman als Lone Starr.

Daphne Zuniga als Prinzessin Vespa.

John Candy als Barf, halb Hund – halb Mensch (*man & dog,* daher *mawg*).

Rick Moranis als Dark Helmet.

Robotrix Dot Matrix.

Pizza-The-Hut.

Sowie

Mel Brooks als Präsident Scroob und –

Yogurt.

Als der Film fertig war, habe er ihn sofort angetestet – erklärt Brooks den Umstand, daß er Publikumsreaktionen nicht gern dem Zufall überläßt: »Ich ließ die Sekretärinnen ihre Kinder mitbringen und meinen 15jährigen Sohn seine Freunde. 15jährige

Mit Ehefrau Anne Bancroft in SEIN ODER NICHTSEIN

sind für mich heute das Zielpublikum. Sie sind ausgesprochen helle, wissen eine Menge und gehen in einen Film, um Spaß zu haben. Für Leute, die über 40 sind und mehr Verstand haben, gibt es *Brooksfilms.*« Für *Brooksfilms* hat Mel immerhin Filme produziert wie David Lynchs THE ELEPHANT MAN (DER ELEFANTENMENSCH) und David Cronenbergs THE FLY (DIE FLIEGE) – und ist in solchen Fällen glücklich, wenn diese Sachen ihre Herstellungskosten einspielen, angeblich jedenfalls – allein DIE FLIEGE dürfte angesichts einer Fortsetzung relativ profitabel gewesen sein. Riskanter war da schon MY FAVORITE YEAR mit Peter O'Toole. Darüber hinaus sollte man nicht vergessen, daß Brooks seine Mitspieler nicht selten animiert hat, eigene Komödien zu drehen: Der 1982 verstorbene Marty Feldman realisierte 1977 THE LAST REMAKE OF BEAU GESTE (DREI FREMDENLEGIONÄRE),

Ein Tänzchen mit dem Führer: SEIN ODER NICHTSEIN

Dom DeLuise 1979 HOT STUFF (HEISSE WARE), Frau Bancroft-Brooks ein Jahr später (mit DeLuise in der Hauptrolle) FATSO (FETTY – DER DICKE LEGT LOS) und Gene Wilder gleich mehrere Verrücktheiten – THE ADVENTURES OF SHERLOCK HOLMES' SMARTER BROTHER (SHERLOCK HOLMES' CLEVERER BRUDER, 1975), THE WORLD'S GREATEST LOVER (DER GRÖSSTE LIEBHABER DER WELT, 1977), SUNDAY LOVERS (1980), THE WOMAN IN RED (DIE FRAU IN ROT, 1984), HAUNTED HONEYMOON (HOCHZEITSNACHT IM GEISTERSCHLOSS, 1986) ...

1991 stellte Brooks eine Filmkomödie zum Thema Obdachlosigkeit vor: LIFE STINKS (DAS LEBEN STINKT).

Peter W. Jansen rezensierte den Film im *tip-Magazin:*

»Ein Multimillionär, Baulöwe und rücksichtslos und hart, treibt sich einer frivolen Wette wegen 30 Tage als Penner in den Slums von Los Angeles herum. Dabei entdeckt er, auf den Hund gekommen, die verborgenen Reichtümer der Armut: Freundschaft, Liebe, Solidarität. Heimgekehrt ins Reich des Besitztums, wird er es an Hilfe für die Armen nie mehr mangeln lassen. So weit und so edel, so melo und so verlogen.

Es könnte ein Märchen von Chaplin sein. Bloß daß Chaplin nur den Tramp und Penner zwischen den Kisten, Kartons und Blechdosen gemimt hätte, und der Millionär wäre der dicke Henry Bergman gewesen oder der Finsterling Eric Campbell. Bei Mel Brooks aber können Geldsack und Tramp nur ein und derselbe sein: Mel Brooks. In beiden Rollen fühlt er sich gleichermaßen zu Hause, weil er beide Rollen, weil er alle Rollen nur als Rollen spielt. Das allein garantiert, daß alles nicht nur verlogen, sondern auch falsch ist. Mel Brooks allein bietet die Gewähr für den schlechten Geschmack.

Den hat man auf der Zunge, wenn der Film zu Ende ist. Entweder weil man sich pausenlos geärgert oder weil man hier und da mal unkontrolliert gelacht hat.«

Danach wandte sich Brooks, angesichts des wieder erwachten Interesses an Robin Hood, einem Sujet zu, das er bereits unter dem Serientitel WHEN THINGS WERE ROTTEN für das Fernsehen adaptiert hatte: ROBIN HOOD – MEN IN TIGHTS (ROBIN HOOD – MÄNNER IN STRUMPFHOSEN) mit Cary Elwes, Amy Yasbeck und Richard Lewis.

Der Stadtneurotiker: Woody Allen

»An Gott glaube ich erst, wenn ich sein Schweizer Nummernkonto kenne.« (Isaac Davis in MANHATTAN)

Klein.
Kurzsichtig.
Rothaarig.
Tatort: Flatbush, jenes traditionell jüdische Viertel in Brooklyn.
Tatzeit: 1. Dezember 1935.
Allen Stewart Konigsberg über Martin und Nettie, seine Eltern: »Mein Vater sah aus wie Fernandel, meine Mutter wie Groucho Marx.« Groucho Marx selbst auf die Frage, wer der beste Komiker sei: »Woody Allen.« Die Verwandlung des Allen Stewart Konigsberg in Woody Allen war sozusagen programmiert: Sein Va-

ter nannte ihn »Woody« wegen seiner Vorliebe für hölzerne Kricketschläger.

Wenn er nicht gerade die Schule schwänzte oder Basketball und Baseball spielte, verschlang Woody *Superman, Batman* und *Mickey Mouse:* »Disney repräsentiert in seinen Comics und in seinen Filmen besser als irgendein anderer die amerikanische Kunst der vierziger Jahre.«

Mit elf oder zwölf begann er sich für Jazz zu begeistern, Klarinette und Sopransaxophon zu spielen.

Eine der letzten Vaudeville-Bastionen wurde sein zweites Zuhause: »Das *Flatbush Theatre* brachte jede Menge Varieté und Filme, und ich sah jede Komödie, jeden Steptänzer, jeden Zauberer, Sänger der verschiedensten Couleurs.«

Sein großer Favorit unter den Komikern auf der Leinwand war Bob Hope.

Seine Kindheit verlief nicht im mindesten trostlos, im Gegensatz zu der seiner Filmfigur Leonard Zelig: »Mein Bruder schlug mich, meine Schwester schlug meinen Bruder. Mein Vater schlug meine Schwester, meinen Bruder und mich. Meine Mutter schlug meinen Vater, meine Geschwister und mich. Die Nachbarn schlugen uns alle. Die Leute in unserer Straße schlugen unsere Nachbarn und uns.«

Wenn er an seine Kindheit denke, sehe er vor allem Frauen: »Ich war immer von Frauen umgeben. Da waren meine Mutter, meine (jüngere) Schwester, Tanten und Cousinen. Ich fühlte mich wohl in der Gesellschaft von Frauen, und das blieb so bis heute. Immer war irgendeine Frau an meiner Seite.«

Seine Laufbahn als Profi begann mit Jokes und Pointen, die er gebündelt an die *David O. Alber Association* schickte, die ihre Comedy-Klienten nun auch mit seinem Material versorgte. Bald darauf wechselte er als Gagman zum Fernsehen und diente unter Sid Caesar – wie Mel Brooks: »Einmal, erinnere ich mich, ging ich mit Mel Brooks über die Madison Avenue in Manhattan. Wir redeten und redeten. Über Frauen, über das Leben, über den Tod. Das war unheimlich eindrucksvoll. Mel Brooks wollte wie Dostojewski sein und ich wie Henrik Ibsen. Ich war gerade 19 Jahre alt und las alles von Ibsen.« Schreiben habe er schon können, noch ehe er gute Bücher (Hemingway, Faulkner usw.) las: »Als ich noch die ganzen Comics wegputzte, schrieb ich bereits passable Prosa.« Und übrigens seien es die Mädchen gewesen, die ihn auf Nietzsche, Trotzki und Beethoven gebracht hätten. Als zum Beispiel Harlene, seine erste Frau (von der er 1959 geschieden wurde), am College im Hauptfach Philosophie belegte, kompensierte er das, indem er mit einem Nachhilfelehrer von der Columbia University paukte: »Es ging mit den Vorsokratikern los, dann nahm ich mir Plato, Aristoteles und neuere wie Thomas More und den Schriftsteller James Joyce vor.«

Zwischen Kant, Schopenhauer und Sören Kierkegaard schrieb Allen für Garry Moore und einen sprechenden Hund. Immerhin hatten einige seiner Texte damals bereits einen leicht philosophischen Einschlag: »Können wir das Universum wirklich kennen? Mein Gott, es ist doch schon schwierig genug, sich in Chinatown zurechtzufinden.«

Woody Allen 1992

155

Als dann die Popularität der Comedy-Shows im Fernsehen wegen Überangebot abnahm, überredeten ihn seine neuen Manager, Jack Rollins und Charles H. Joffe, in Cabarets und Nachtklubs aufzutreten:

»Eines Tages habe ich einen Elch getötet. Ich jagte im Norden des Staates New York, und dabei habe ich einen Elch erlegt. Also befestigte ich ihn auf dem Kotflügel meines Autos und kehrte nach Hause zurück. Dabei hatte ich jedoch nicht bemerkt, daß die Kugel nicht in ihn eingedrungen war, sondern ihn lediglich am Kopf gestreift hatte. Er war nur betäubt. Nun bin ich in voller Fahrt unter dem Holland-Tunnel, und der Elch wacht wieder auf.

Der Elch gibt zu erkennen, daß er zurück will. Außerdem besteht im Staat New York ein Gesetz, das es untersagt, dienstags, mittwochs und samstags mit einem Elch auf dem Kotflügel zu fahren. Das jagt mir eine Heidenangst ein, und plötzlich fällt mir wieder ein, daß Freunde von mir ein Kostümfest geben. Ich werde also hingehen und den Elch mitnehmen. Ich werde ihn zu dem Abend mitnehmen. Endlich bin ich nicht mehr dafür verantwortlich. Dann gehe ich zu den Leuten, klopfe an die Tür, den Elch an meiner Seite.

Mein Gastgeber öffnet die Tür. Ich sage zu ihm: ›Hallo!‹ Ich stelle den Elch den Salomons vor. Wir treten ein. Der Elch mischt sich unter die Eingeladenen. Er schlägt sich gut durch, und ein Typ versucht, ihm eineinhalb Stunden eine Versicherung anzudrehen. Dann wird es Mitternacht. Man verteilt Preise für die erfolgreichsten Kostüme, und der erste Preis wird dem Ehepaar Berkovitz zugesprochen, ein Paar, das sich als Elch verkleidet hat. Der Elch kriegt nur den zweiten Preis. Darüber ist er außer sich. Er und die Berkovitz' kreuzen die Geweihe in der Mitte des Salons. Sie stürzen zu Boden. Da sage ich mir, das ist meine Chance.

Ich packe den Elch, befestige ihn auf dem Kotflügel meines Wagens und erreiche wieder den Wald. Es stellt sich hier heraus, daß ich die Berkovitz' mitgenommen habe! Und jetzt schlage ich mich mit zwei auf meinem Kotflügel festgeschnallten Juden durch, was formell durch ein Gesetz im Staat New York untersagt ist, und zwar dienstags, donnerstags und besonders samstags. Am nächsten Morgen erwachen die Berkovitz' in ihrem Elchkostüm mitten im Wald. Herr Berkovitz

wird von einem Jäger erschossen, ausgestopft und im New York Athletic Club ausgestellt.«

Es war im New Yorker Club *Blue Angel,* daß der erfolgreiche Stand-Up-Comedian und »witzigste Alleinunterhalter der Stadt« (*New York Post,* 1963) von dem Produzenten Charles K. Feldman »entdeckt« wurde. Feldman hatte schon seit geraumer Zeit versucht, ein Drehbuch für eine seichte Filmkomödie, das er vor ein paar Jahren für Cary Grant angekauft hatte, in einer Weise aufzumotzen, daß seine Freundin Capucine mitspielen konnte. Mehrere Autoren hatten seitdem an Neubearbeitungen gewerkelt, unter ihnen I. A. L. Diamond, Billy Wilders bewährter Mitstreiter, aber mit keiner Version war Feldman zufrieden. Also wollte er Woody eine Chance geben: »Schreib was, was in Paris spielt, wo wir Jagd auf Mädels machen werden.« Seine erste Drehbuchfassung gefiel freilich weder Feldman noch Warren Beatty, der für den gealterten Cary Grant einspringen sollte (»Woody konnte

157

einfach nicht begreifen, was komisch war an einem zwanghaften Don Juan«), dafür traf er beim nächsten Anlauf ins Schwarze – und Warren Beatty drückte dem Unternehmen einen passenden Titel auf: WHAT'S NEW, PUSSYCAT? (WAS GIBT'S NEUES, PUSSY?) war die Standardfloskel, mit der Beatty seine Miezen am Telefon begrüßte. »Mein Originaldrehbuch«, verriet Allen in einem *Playboy*-Artikel *(What's Nude, Pussycat?),* »erzählte die Abenteuer eines psychotischen Gynäkologen und eines litauischen Jockeys, die auf der Suche nach stabilen Werten waren – und das in einer Welt, die von einer Invasion durch Popgruppen bedroht war, mit Romy Schneider, Capucine, Paula Prentiss und Ursula Andress in der Rolle des Quasimodo. Die Künstlervereinigung fand das Thema etwas zu avantgardistisch und nahm deshalb einige subtile Veränderungen vor. Das jetzige Stück handelt von einem Pariser Modeverleger und einem geilen Wiener Psychiater, die auf der Suche nach Romy, Capucine, Paula, Ursula und einigen Entblätterten sind – mit einer speziell für mich geschriebenen Rolle, die dazu dienen sollte, dem Film einen sexuellen Anstrich zu verleihen.« Peter Sellers (Woody hätte lieber Groucho Marx gesehen) gab den Psychiater Wiener Schule, einen gewissen Fritz Fassbender (Nikita Popowitsch in der deutschen Synchronisation), Allen war Victor Shakapopolis, der im *Crazy Horse,* einem Striptease-Lokal am Pigalle, seine Bestimmung findet (»Ich helfe den Mädchen beim An- und Ausziehen.« – »Gar nicht übel.« – »20 Francs die Woche.« – »Das ist nicht viel.« – »Mehr kann ich mir nicht leisten.«); und Peter (LAWRENCE VON ARABIEN) O'Toole schließlich war der Ersatzmann des aus dem Rennen geschiedenen Beatty, als polygam entrückter Modeverleger Michael James, der so gern monogam werden möchte, um es seiner verständlicherweise eifersüchtigen Verlobten Romy Schneider recht zu machen.

Das Ganze sei ein Lehrbeispiel dafür gewesen, wie man Filme *nicht* machen sollte, erinnert sich Woody: »Wir waren sechs Wochen in London. Dann glaubte Feldman, einen Deal in Rom zu haben, also gingen wir sechs Wochen nach Rom. Während ich auf Paris als Drehort bestand, des gallischen Flairs wegen, meinte Feldman unaufhörlich: ›Ach was, mach Rom draus, wir drehen in Rom.‹ Das Drehbuch war ihnen im Grunde egal. Mal ging es nach Paris, dann war wieder Rom dran. Es vergingen Monate, bevor der Film (in Paris) gemacht wurde, und ich war mittendrin und schrieb und schrieb wieder um. Mir war schon lange nicht mehr klar, worum es überhaupt ging, aber Charlie Joffe beruhigte mich: ›Hör mal, du machst da mit. Wann kriegt ein Nachtklub-Komiker schon mal die Chance, allein ein Drehbuch zu schreiben und eine Rolle zu kriegen in der vermutlich größten Komödie des Jahres.‹« (Womit er zweifellos recht hatte.) Und trotz seiner Schwierigkeiten mit »Girls, Girls, Sex, Sex«-Feldman arbeitete Woody noch ein zweites Mal für ihn, als er mit CASINO ROYALE die »größte James-Bond-007-Show der Welt« auf die Leinwand brachte: Allen schrieb und spielte die Rolle von James Bonds aus der Art geschlagenem Neffen Jimmy, der sich zum Ziel gesetzt hat, alle Menschen auszurotten, die größer sind als 1,40 Meter.

Zuvor, 1966, hatte ihm Produzent Henry G. Saperstein einen belanglosen Agentenfilm aus den Tokioter *Toho*-Studios (Regie: Senkichi Taniguchi, Herstellungsleitung: Tomoyuki Tanaka) anvertraut, der 1964 entstanden war und im Original KIZINO KIZO hieß. In einem mit ihm in Amerika gefilmten Prolog erläuterte Allen seine Adaption so: »Wir suchten einen japanischen Film, produziert in Japan, mit japanischen Darstellern, und kauften ihn. Ein wunderbarer Film mit Vergewaltigungen, Raub, Mord und Totschlag in herrlichen Farben. Ich ließ allerdings den Ton raus, den haben wir voll vergessen, jedenfalls die Dialoge. Die hab ich völlig neu geschrieben – natürlich eine Komödie –, und ich hatte Schauspieler, die das dann draufsprachen. Das Ergebnis dieser Bearbeitung war wieder Mord und Totschlag, nur etwas anders. Es ist ganz klar: Es ist der gleiche Film, die Bilder sind dieselben, die Leute rennen durch die Gegend, schießen, vergewaltigen, klauen wie James Bond und Konsorten, aber was jetzt aus ihrem Munde kommt, ist was völlig anderes.« Allens »amerikanisierte« Version, WHAT'S UP, TIGER LILY?, machte aus einem japanischen Staragenten (gespielt von Tatsuya Mihashi) einen jüdischen Japaner respektive japanischen Juden namens Phil Moskowitz, der hinter »Schäfer« Wongs weltherrschaftssicherndem Rezept für Eiersalat her ist: »Laut Gesetz ist ein Staatswesen ohne Eiersalat nicht lebensfähig. Jetzt fragen Sie mich bitte nicht warum.«*

---

* Irgendwie kann ich mich des Eindrucks nicht erwehren, daß einiges in Hansjürgen Pohlands ganz und gar danebengegangenem Versuch einer deutschen Filmkomödie, WARUM DIE UFOS UNSEREN SALAT KLAUEN, von TIGER LILY abgekupfert ist: Ein Hobbybiologe (Tommy Piper, später ALFs deutsche Stimme) kommt dem Energiegeheimnis der Außerirdischen auf die Spur – *Supersalat.*

Ein Feuerwerk gelegentlich abstruser Dialoge wie:

»Kennen Sie den von der schielenden Schlange, die 'n Strick heiraten wollte?«

»Hallo, Taxi. Entführen Sie uns, aber bitte auffällig, damit es auch die Dümmsten im Kino merken.«

»Keine Folter wird mir das Geheimnis entlocken, daß die Pläne in ihrer Haarnadel sind.«

»In diesem Stück Papier lebt er?« fragt Moskowitz ungläubig, als ihm ein Diagramm gezeigt wird mit der Bemerkung, dies sei »Schäfer« Wongs Unterschlupf.

1969 endlich gaben *Palomar Studios* Allen die Chance, einen Film in eigener künstlerischer Verantwortung zu drehen: Regie, Buch, Hauptrolle – und Manager Charles Joffe als Produzent, der ihm den Rücken frei hielt. Aus Charles Starkweather, der Verbrecherfigur, die den Herstellern von TAKE THE MONEY AND RUN (WOODY – DER UNGLÜCKSRABE) als Vorbild vorgeschwebt hatte, wurde bei Allen der ewige *Underdog* Virgil Starkwell, der vom Slumkind zum Verbrecher des Jahres aufsteigt. Im Stil einer TV-Dokumentation erleben wir, wie Virgil nach 52 schweren Raubüberfällen zu 800 Jahren Haft verurteilt wird (bei guter Führung hofft er, nur die Hälfte absitzen zu müssen): »Das Verbrechen zahlt sich aus. Ich finde, es ist ein guter Job. Kurze Geschäftszeit, und ich bin mein eigener Boß. Sie reisen sehr viel und kommen mit sehr vielen interessanten Menschen zusammen. Also, ich kann nur allen zu dieser Arbeit raten.«

Im selben Jahr noch bot David Picker von United Artists – auf der Suche nach neuen Talenten – Joffe und Rollins einen Drei-Filme-Vertrag für Woody an. Gleich der erste unter dieser Abmachung entstandene Film, BANANAS nach Motiven aus Allens satirischem Text VIVA VARGAS! AUS DEM TAGEBUCH EINES REVOLUTIONÄRS, wurde ein phantastischer Erfolg: Fielding Mellish, ein verklemmter New Yorker Produkttester in einem Labor für Büromaschinen, gerät in die Revolutionswirren eines lateinamerikanischen Bananenstaates und übernimmt, mit angeklebtem Rotbart, den Präsidentenposten:

»Die CIA hält es gleichzeitig mit der Regierung und mit den Rebellen, die Guerilleros überlegen, ob sie die Ideale der Revolution nicht aufgeben und eine Rumbatruppe bilden sollen, die Regierung läßt sich ihr Abendessen von Touristen bezahlen, und ein Angriff von desorientierten Staatssöldnern, den

MACH'S NOCH EINMAL, SAM: *Diane Keaton und Woody Allen*

der Bruder des amtierenden Diktators bei einem Schäfer-
stündchen mit dessen liederlicher Gattin irrtümlich auslöst,
stürzt das ganze System. Wo jedoch der Held in Allens litera-
rischer Geschichte, ein Collegestudent von einem Zentner Le-
bendgewicht, begeisterungsfähig den Rebellenschrei ausstößt
und auf seinem Hengst El Diablo davonreitet, nachdem er sich
längere Passagen Marx aufs Hinterteil gedruckt hat, erzählt
der Film Woodys immergleiche Story: der nicht mehr ganz tau-
frische New Yorker im Krisengarten seiner Neurosen. Ein
Gärtner von der traurigen Gestalt, aus dem Großstadtdschun-
gel in den südamerikanischen Urwald verschlagen, wo er seine
Sexprobleme lustvoll masochistisch hegt und pflegt.«

(Berndt Schulz in WAS SIE SCHON IMMER
ÜBER WOODY ALLEN WISSEN WOLLTEN)

Charlie Chaplin?
Buster Keaton?
Jerry Lewis?
Jacques Tati?
zitierte das Filmplakat von MACH'S NOCH EINMAL, SAM die *New York Times* –
Nein, das ist
WOODY ALLEN,
der beste
amerikanische Komiker
von heute
und vielleicht auch
von morgen!

PLAY IT AGAIN, SAM (1971), der außerhalb des *United-Artists*-Vertrags für die Produzenten Arthur P. Jacobs und Frank Capra jr. unter der Regie von Herbert Ross entstand, basierte auf Woodys gleichnamigem zweitem Theaterstück (das erste, DON'T DRINK THE WATER, war 1967 ohne direkte Beteiligung Allens verfilmt worden). Es war gleich nach der Scheidung von seiner zweiten Frau Louise Lasser (der vollbusigen Revolutionärin aus BANANAS) von ihm geschrieben worden – in einer Situation also, in der alle Freunde »meinen, sie tun dir etwas Gutes, wenn sie dich mit einem Mädchen verkuppeln. Wo immer ein frisch geschiedener Mann hinkommt, sagen nette Leute: ›Himmel, wir haben da ein furchtbar liebes Mädchen für dich!‹« Und nicht nur auf der Leinwand verliebte sich Woody, in der Rolle des geschiedenen Filmkritikers Allan Felix (der, daher der Titel, von Humphrey Bogart und CASABLANCA besessen ist), in Diane Keaton: »Woody hat eine große Fähigkeit: sich zu freuen. Er läßt sich von schönen Dingen bewegen und ist sehr sensibel. Er ist sensitiv, und er hat ein Gefühl für Schuld und Zorn und Scham. Aber er kann nicht sagen, woher das kommt und warum.«
In seinem nächsten Film für *United Artists* persiflierte Allen sieben Fragestellungen aus einem Bestseller des Sexologen David Reuben (die Filmrechte hatte er von dem Schauspieler Elliott Gould erworben): EVERYTHING YOU ALWAYS WANTED TO KNOW ABOUT SEX. BUT WERE AFRAID TO ASK (WAS SIE SCHON IMMER ÜBER SEX WISSEN WOLLTEN, ABER BISHER NICHT ZU FRAGEN WAGTEN – 1972).·

162

– Sind Aphrodisiaka wirksam?
Allen als mittelalterlicher Hofnarr, der mittels eines Liebestranks bis zum Keuschheitsgürtel der Königin (Lynn Redgrave) vordringt.

Der Hofnarr muß seinen Kopf hinhalten: WAS SIE SCHON IMMER ÜBER SEX WISSEN WOLLTEN

- Was ist Sodomie?
  Dr. Ross (Gene Wilder) und das armenische Schaf Daisy: »Aus uns könnte was werden, wenn wir nur wollen.«
- Warum haben manche Frauen Schwierigkeiten, einen Orgasmus zu erreichen?
  Gina (Louise Lasser) kann es mit ihrem Fabrizio (Allen) nur in aller Öffentlichkeit treiben: bei einer Abendgesellschaft, in einem Feinschmeckerlokal, einem Antiquitätenladen, einem Beichtstuhl.
- Sind alle Transvestiten homosexuell?
  Lou Jacobi in Frauenkleidern.
- Wer sind die sexuell Perversen?
  Rabbi Chaime Baumel (Baruch Lumet) als (Fernseh-)Perverser der Woche.
- Sind die Entdeckungen der Mediziner und Laboratorien, die sich mit Studien zur Sexualität befassen, verläßlich?
  Victor (Allen), verfolgt von einer Riesentitte aus dem Labor des Sexualforschers Dr. Bernardo (John Carradine).
- Was passiert während der Ejakulation?
  Woody als Spermium.

Eine geplante achte Episode (Was macht einen Mann zum Homosexuellen?), ein 16beiniger Liebesakt zwischen einer ihren Gatten verzehrenden Schwarzen Witwe (Lasser) und einem gewöhnlichen Spinnenmann (Allen), wurde fallengelassen. Hier ein Drehbuchauszug:

Ein spinnenmäßig kostümierter Woody wird der Schwarzen Witwe in ihrem Netz gewahr, die sich gerade das Haar kämmt:

Hey, sieh dir das an … die ist ja Dynamit … Aber hab wohl keine Chancen bei ihr … Jesus, wirst du sie wohl ansehen … Oh, ich würd's schon gern mit ihr machen … Werd noch mal vorbeigehen … Vielleicht bemerkt sie mich … und ganz lässig bleiben.
Sie tut ganz cool … Werd wohl besser meinen Paarungstanz steppen … der bringt's immer … Bin dann so sexy … Ähem! Hallo –
Louise: Hallo.
Woody: Schöner Tag, nicht?
Louise: Ja.
Woody: O. K., sie sieht her, jetzt der Paarungstanz, der wird sie ganz wild machen …
(Vollführt eine alberne Serie von Kreisbewegungen.)

Das ist lächerlich ... Das führt zu nichts ... Warum unterhältst du dich nicht mit ihr?... Mach schon ... Keine falsche Scheu ... Hallo.

Louise: Hallo.

Woody: Schöner Tag, nicht?

Louise: Hm.

Woody: Wie heißen Sie?

Louise: Lisa. Und Sie?

Woody: Sheldon Wexler.

Louise: Was machen Sie so?

Woody: Ich bin eine Spinne. (Zu sich selbst:) Jesus, was für ein Krampf!

Louise: Ich weiß, daß Sie eine Spinne sind. Sie sehen so ... äh ... verloren aus.

Woody: Ich bin O. K. Ich ... äh ... Sie sind 'ne Schwarze Witwe, oder?

Louise: Yeah. Ich wollte Sie schon fragen, ob Sie auf einen Sprung zu mir ins Netz kommen wollen, aber Sie sehen aus, als wären Sie in Eile.

Woody: In Eile? Ich? Ich muß nicht vor halb neun zu Hause sein. Mutter bereitet heute ein kleines Stück Zucker zum Abendbrot vor.

Louise: Na fein, wollen Sie nicht ein wenig zu mir ins Netz kommen?

Woody: Liebend gern.

(Klettert in Slapstick-Manier rauf.)

Sie müssen schon verzeihen, ich bin noch ein wenig außer Atem ... der Paarungstanz.

Louise: Ach, das war es. Ich dachte, Sie hätten Zuckungen.

Woody: Haha!

Nettes Netz, was Sie hier haben. Leben Sie allein?

Louise: Ja.

(Angesichts dieser Nachricht erschauert Woody vor Erregung.)

Wo ist denn Ihr Netz?

Woody: 138. Straße und Lenox Avenue.

Louise: Was machen Sie denn dann im Village?

Woody: Ich ging spazieren und geriet unglücklicherweise in ein Taxi.

Louise: Oh – es ist schon hart, ein Insekt zu sein, wir gehen immer verloren.

Woody: Ich habe einen Freund, Leo Braverman – vielleicht kennen Sie ihn – ein Floh – letzten Winter hat er auf einem Collie verbracht. Nettes Tier. Na, jedenfalls fuhr der Collie genau neben einem Spaniel sein Futter ein, Leo guckte rüber – und was sah er da? Einen sehr attraktiven weiblichen Floh, der ein Sonnenbad auf dem Rücken des Spaniels nahm – wissen Sie, ohne zu merken, daß sie vom Rücken eines größeren Hundes ausspioniert wurde. Also, um es kurz zu machen: Leo verliebte sich in sie und stattete ihr einen kleinen Besuch ab. Aber es klappte nicht. Zu verschieden – die Temperamente. Leo war ziemlich temperamentvoll für einen Floh. Als Leo dann jedoch wieder zurück auf seinen Collie wollte, war der weg, die Eigentümer hatten ihn mit nach Europa genommen … Der Rest ist nicht weiter wichtig … Leo hat schließlich einen haarlosen Mexikaner bestiegen und ist an einem heißen Augusttag an Hitzschlag gestorben …

Louise: Das ist aber eine traurige Geschichte.

Woody: Ich hab das nur aufgebracht, um zu zeigen, wie oft wir Insekten unseres Zuhauses verlustig gehen … Das Schicksal ist sehr grausam …

Louise: Ja.

Woody: Sind Sie verheiratet?

Louise: Ich war es. Mein Mann starb.

Woody: Oh, das tut mir aber leid.

Louise: Schon gut. Man gewöhnt sich dran.

Woody: Man gewöhnt sich an alles. Ich hab da eine Motte gekannt. Harvey Adelman – aus Cleveland … er konnte nur schwere Wollsachen essen, und irgendwie fand er sich in Arizona wieder wegen seiner Lunge. Bis er herausfand, daß er auch sehr gut von leichteren Geweben leben konnte und sogar von Leder … Ich bring das hier nur mal auf …

Louise: Manchmal bin ich richtig einsam.

Woody: Ich verstehe. Eine schöne junge Spinne wie Sie.

Louise: Sie denken, ich bin schön?

Woody: O ja! Und ich sehe eine Menge Zeugs herumkriechen.

Louise: Danke.

Woody: Sie haben hübsche Beine.

Louise: Oh … na ja, mit fünf bin ich zufrieden, aber die anderen drei sind übergewichtig.

Woody: Nein, sie sind stramm … das ist sehr sexy.

Louise: Ooooh.

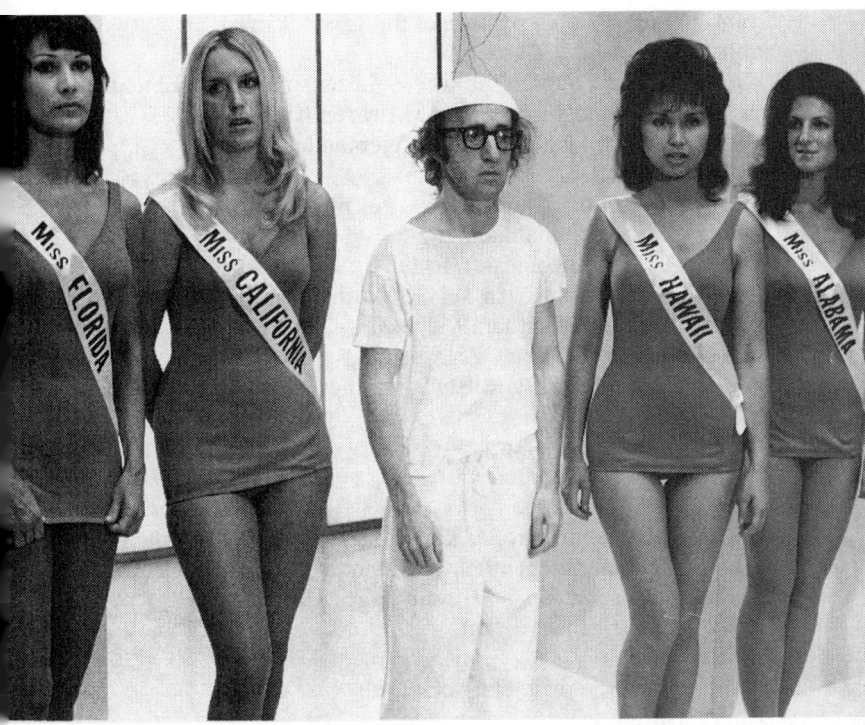

Woody und die Frauen – ein schwieriges Kapitel: Szene aus DER SCHLÄFER

Woody: Was ist los?

Louise: Ich bin ein wenig steif. Meine Schulter.

Woody: Kann ich Ihnen helfen? Den Rücken massieren?

Louise: Den Rücken massieren? Macht das auch keine Umstände?

Woody: Überhaupt nicht.

(Macht sich an die Arbeit.)

Louise: Ah, das tut gut. Sie sind aber stark.

Woody: Tja …

Louise: Ich wette, Sie sind ein ganzer Kerl … Hab ich recht?

Woody: Ich komm ganz gut klar …

Louise: Wahrscheinlich kommen Sie auch gut mit Frauen zurecht …

Woody: Woll'n mal so sagen – ich krieg meinen Teil …

167

Louise: Haben Sie es schon mal mit einer Schwarzen Witwe getrieben?

Woody: Nein ... nur die üblichen Gartenspinnen ... Einmal bin ich auf eine Biene gestiegen ... wir waren Kinder ...

Louise: Es ist so lange her, daß ich jemanden hatte.

Woody: Armes Ding.

Louise: Du hast doch keine Angst vor mir, oder?

Woody: Jetzt mach mal halblang ...

Louise: Oh, halt mich, fester, fester – Oh, Sheldon ...

(Die Kamera verhält sich sehr diskret, während es die beiden Spinnen treiben. Nach dem Liebesakt – beide liegen und stieren nach oben, sie raucht eine Zigarette.)

Woody: Ich fühl mich gut. Etwas erschöpft vielleicht, aber sonst gut.

Louise: Hmm.

Woody: Du warst wunderbar.

Louise: Du auch.

Woody: Echt. Ganz große Klasse ... Also, ich werd dann mal los ... Ich schau gelegentlich mal wieder rein, und wir können dann ja spazierengehen ... Bis die Tage, Kleine.

Louise: Du wirst nicht gehen.

Woody: Was?

Louise: Ich werde dich jetzt verzehren.

Woody: Bitte was?

Louise: Du wirst das Netz nicht verlassen, du bist mein Abendessen.

Woody: Das ist wohl ein schlechter Scherz. Jetzt hör mal zu, wir sehen uns später.

Louise: Sheldon, ich mach keine Scherze. Ich werde dich verspeisen.

Woody: Warum legst du dich nicht ein wenig hin? Ich muß zurück in mein eigenes Netz. Ooops ...

(Bleibt im Netz hängen.)

He, was ist das?

Louise: Du kannst nicht entkommen, Sheldon. Das Netz betreten ist eine Sache, es zu verlassen eine andere.

Woody: Das kann doch wohl nicht wahr sein.

Louise: Du wirst jetzt gefressen, Sheldon.

Woody: Warum? War ich so schlecht?

Louise: Du warst wundervoll.

Woody: Warum bist du dann so feindselig?

Louise: Ich bin nicht feindselig. So ist eben die Natur.

Woody: Verrückte Natur. Junge, mit was für Frauen ich zusammenkomme!

Louise: Du kommst nicht raus, Sheldon, das Männchen schafft es niemals.

Woody: Komm mir bloß nicht zu nahe. Auf diese Weise beginnt man keine Beziehung.

Wenn ich das vorher gewußt hätte, hätte ich dir meinen Körper nicht zur Verfügung gestellt.

Lisa, du leidest unter der schlimmsten postkoitalen Depression, die ich je erlebt hab!

Lisa !!!

(Wird in einen Kokon gesponnen.)

Louise: So ist es eben mit der Schwarzen Witwe. Erst den Sex, dann den Geliebten aufs Menü.

Woody: Wenn das jemand mitkriegt, wirst du eine Menge Schwierigkeiten haben, künftig noch einen einzuwickeln. Lisa! Lisa! Lisa!

(Die Kamera fährt zurück – und wir erkennen am Mikroskop Woody als Professor der Entomologie, der alles mitangesehen hat. Zur Tür herein kommt Louise Lasser, die Schwarze Witwe, jetzt seine Sekretärin.)

Louise: Dr. Hall, ich bin mit der Schreibarbeit fertig. Kann ich schon gehen? Mein Mann holt mich ab, wir haben Theaterkarten.

Woody (spricht wie ein Homosexueller): Oh, ja sicher, Sweetheart, gehen Sie nur. Und viel Vergnügen. Wir sehen uns dann morgen. Gute Nacht.

Als der unscheinbare Miles Monroe, Klarinettist und Inhaber des vegetarischen Restaurants »Glückliche Karotte« in Greenwich Village, das St. Vincent's Hospital aufsucht, um sich ein Furunkel wegschneiden zu lassen, wird er versehentlich eingefroren … So beginnt Woody Allens Beitrag zum utopischen Film, SLEEPER (DER SCHLÄFER – 1973), der von der Thematik her H. G. Wells' WHEN THE SLEEPER WAKES (1899) in Erinnerung ruft – eine Satire mit diversen Verweisen auf Erscheinungen der Nixon-Ära. 200 Jahre später: Miles erwacht in einem faschistischen Zukunftsstaat, der Amerikanischen Föderation, entstanden aus den Ruinen eines Atomkriegs (»Ein Kerl namens Albert Shanker* hat eine Atombombe in die Finger gekriegt«). Über allem thront auf dem Gipfel eines Berges ein »Führer« mit deutschem Schäferhund, der lächelnd in die Fernsehkameras winkt, und über allem wacht eine omnipräsente Sicherheitspolizei, eine Neuauflage der Gestapo. Die Ärzte, die Miles ins Leben zurückbefördern, gehören zu den Gegnern des Regimes; bevor sie verhaftet werden, bitten sie den Mann aus dem 20. Jahrhundert, sich einer revolutionären Gruppe anzuschließen und das streng geheime Aires-Projekt zu sabotieren. Um seinen Verfolgern zu entkommen, verkleidet sich Miles als Roboter und landet als »dienstbarer Geist« bei der hübschen Luna Schlosser (Diane Keaton, ab jetzt Hauptdarstellerin und Lebensgefährtin in einer Person), die sich für eine gottbegnadete Dichterin hält und liebevoll den Schmetterling besingt, der zur Raupe wird. Luna verrät ihn, als er mit ihr fliehen will, doch weil auch sie Gefahr läuft, bestraft zu werden, schließt sie sich besagten Revolutionären an und befreit Miles, der sich einer Gehirnwäsche unterziehen mußte, aus seinem mechanischen Trott. Gemeinsam lüften die beiden das Geheimnis des Aires-Projekts: Aus der Nase des bei einem Attentat ums Leben gekommenen »Führers« soll die ganze »Führer-Persönlichkeit« rekonstruiert bzw. redupliziert werden. Luna und Miles sorgen dafür, daß die Nase von einer Dampfwalze platt gedrückt wird ... Unter den Filmkomikern verehrte Woody, neben Bob Hope, vor allem Groucho Marx, obwohl sich dessen Leinwandcharakter von dem seinen diametral unterschied:

Groucho: ... weißt du, außer dir gibt's überhaupt keine Komiker mehr.
Woody: Aus irgendwelchen Gründen dreht niemand mehr Filmkomödien. Ich weiß nicht warum. Die Leute fragen mich das immer, und ich weiß nicht, warum keine mehr gemacht werden.
Groucho: Sie sind halt schwer zu machen.
Woody: Ja. Körperlich schwer, meinst du. Es gibt einfach keinen, der versucht, komische Filme zu drehen. Eine Zeitlang gab's Jerry Lewis.
Groucho: Als ich letzten Sommer in Frankreich war, haben sie mich gefragt, was ich von Lewis hielte, und ich habe gesagt, er sei sehr gut, wenn er zusammen mit Dino Martin arbeite.

---

* Seinerzeit Vorsitzender der New Yorker Lehrergewerkschaft.

Woody: Ich verstehe das nicht: einmal gibt's sechs, acht, zehn Komiker deines Niveaus – Keaton, Chaplin, dich, Fields –, alle im selben Zeitraum, und ganz plötzlich gibt's überhaupt keine mehr.

Es liegt auf der Hand, daß sich Woody mit Grouchos intellektuellem Witz identifizierte, aber irgendwie kam er sich als intellektueller Spaßmacher doch nur wie ein halber Intellektueller vor. »Es ist klar, daß Komödien schwerer zu machen sind als seriöse Filme. Aber, zum Teufel, ich werde trotzdem nie *den* Status als Regisseur erreichen, den ich mit ENDSTATION SEHNSUCHT oder DER TOD EINES HANDLUNGSREISENDEN (Tennessee Williams), hätte ich sie gemacht, erreichen könnte«, versank er Diane Keaton gegenüber in Selbstmitleid.

Zusehends wurden seine Filme ambitionierter, prätentiöser: LOVE AND DEATH (DIE LETZTE NACHT DES BORIS GRUSCHENKO – 1974)

DER SCHLÄFER: *Woody verkleidet sich als Roboter*

sei, lobte die Kritik, ein »Tolstoi der siebziger Jahre. Woody Allen ist vielleicht nicht der amerikanische Ingmar Bergman, aber witziger ist er allemal.«

Unglücklicherweise wollte Woody eben das sein – der amerikanische Bergman: »Ich gehe ins Kino, schaue mir einen Film von Bergman an, komme heim und frage mich, was tue ich denn eigentlich die ganze Zeit!« Bergman stelle »eine Frau vor die Kamera, die nichts tut, aber ihr Gesicht sagt alles aus. Oder er führt den Zuschauer in einen Raum, in dem gar nichts passiert, man hört nur eine Uhr ticken – und ist sofort in die richtige Stimmung versetzt.« So erzählte er Diane Keaton und drehte mit ihr, nachdem er unter der Regie von Martin Ritt in dem Anti-McCarthy-Stück THE FRONT (DER STROHMANN) als Filmpartner von Zero Mostel brilliert hatte, 1976 den STADTNEUROTIKER. Originaltitel: ANNIE HALL (Hall ist Dianes bürgerlicher Name).

Eigentlich sollte der Film ja ANHEDONIA heißen, so der Fachausdruck für den psychischen Zustand, unter dem Woody trotz jahrzehntelanger psychoanalytischer Behandlung litt: die Unmöglichkeit, Freude zu empfinden. Die Figur, die er hier porträtierte, der Komiker Alvy Singer, hatte denn auch stark autobiographische Züge:

Annie: Ach, Sie gehen zu einem Therapeuten?
Alvy: Ja, aber erst seit 15 Jahren.
Annie: 15 Jahre.
Alvy: Ja, und? Ich gebe ihm noch ein paar Jahre Zeit – und dann pilgere ich nach Lourdes.

Die Analyse, das sei wohl bekannt, schreibt Michel Lebrun in *Jeune Cinéma,* vernichte die Kreativität: »Allen als perfekter Selbstmörder wird bis zu dem Tag fortfahren, sich analysieren zu lassen, an dem niemand mehr über seine Filme lacht. An jenem Tag wird er sich Ingmar Bergman nennen.«

Zäsur.

Hier endet der »gemeine« Woody, Woody der Filmclown.

Hier beginnt, von wenigen Ausnahmen abgesehen, Ingmar Allen oder Woody Bergman – wie immer Sie wollen …

1978: INTERIORS (INNENLEBEN).

Die Form dieses Films sei sozusagen experimentell, lesen wir im *Wall Street Journal:* »Das Verhältnis dreier Schwestern unterein-

Woody mit Olga Georges-Picot in DIE LETZTE NACHT DES BORIS GRUSCHENKO

ander und zu ihren Eltern. Allen ist nicht die Geschichte wichtig, sondern die Emotion, er konzentriert sich nicht auf die äußere Handlung, sondern auf die innere Erfahrung.«

1978/79: MANHATTAN.
Berndt Schulz nennt es eine Rhapsodie in Schwarzweiß: »Denn für ihren Helden Ike existiert die Stadt nur in diesen Farben, in denen auch ihre Bewohner denken. Und auf Breitleinwand. Denn Woody Allen nutzt in seinem Psychogramm der Metropole den Raum, um den Abstand zwischen seinen einsamen Figuren zu zeigen.«

1980: STARDUST MEMORIES.

173

1982: A Midsummer Night's Sex Comedy (Eine Sommer-nachts-Sexkomödie). Mit diesem Werk trat Mia Farrow in Allens Filme – und Leben (als Ehefrau Nummer drei: die beiden haben fünf adoptierte Kinder und eine eigene Tochter).

1983: Zelig.
Woody Allen als menschliches Chamäleon in einer, wie es Dennis Cunnigham *(CBS TV)* nannte, »Doku-mödie«.

1984: Broadway Danny Rose.

1985: The Purple Rose of Cairo.
Für Cecilia (Mia Farrow), Kinofan der Depressionszeit und Serviererin in einem Schnellimbiß, mischen sich Film und Realität, Alltag und Phantasie, als einer der Protagonisten eines Melodrams mitten im Film auf sie aufmerksam wird und von der Leinwand zu ihr in den Zuschauerraum steigt.

1986: Hannah and Her Sisters (Hannah und ihre Schwestern).

1987: King Lear.
Woody als Hofnarr unter der Regie von Jean-Luc Godard in einer Golan-Globus-Produktion, die nach wenigen Aufführungen aufgrund von Rechtsstreitigkeiten zurückgezogen wurde.
Radio Days.
September.

1988: Another Woman (Eine andere Frau).

1989: New York Stories (New Yorker Geschichten).
Episode: Oedipus Wrecks (Ödipus Ratlos).

1990: Crimes and Misdemeanors (Verbrechen und andere Kleinigkeiten).
Alice.
Titelheldin Mia Farrow, die scheinbar alles hat, was das Leben lebenswert macht, vom stinkreichen Mann (William Hurt) und zwei Kindern über ein riesiges Apartment bis hin zu einem persönlichen Physiotherapeuten, »landet bei Dr. Yang (Keye Luke), einem Heiler, Magier und Hypnotiseur, der eine schmuddlige Opiumhöhle in Chinatown betreibt und stets deftige Binsenweisheiten aus der psychologischen Hausapotheke parat hat. Seine Tees und Kräuter, reines Teufelswerk, setzen Handlung und Wandlung

in Gang. Alice im Wunderland: Sie ist plötzlich sexuell aggressiv oder macht umgekehrt alle Männer einer Party verrückt, kommuniziert mit dem Geist eines Jugendfreundes (Alec Baldwin) und fliegt mit ihm wie Superman über die nächtliche Stadt, wird zeitweilig unsichtbar, kabbelt sich mit ihrer veritablen Muse. Nach 16 Jahren Ehe entdeckt Alice nicht nur die routinierten Seitensprünge ihres Mannes, sondern für sich ein neues Leben, Gefühl, Sex, Moral, die vergessenen (katholischen) Ideale und Tugenden ihrer Kindheit.« (Wolf Donner, *tip-Magazin*)

1991: SCENES FROM A MALL (EIN GANZ NORMALER HOCHZEITSTAG). Woody als Partner von Bette Midler in einem Film von Paul Mazursky.
SHADOWS AND FOG (SCHATTEN IM NEBEL).

1991/92: HUSBANDS AND WIVES (EHEMÄNNER UND EHEFRAUEN).

Woody Allen mit Juliette Lewis in EHEMÄNNER UND EHEFRAUEN

Dialogauszug:

Farrow: Hast du je eine andere Frau begehrt?

Allen: Die wollen keinen alten Mann.

Farrow: Hattest du je Geheimnisse vor mir?

Allen, über den Flirt mit einer seiner Studentinnen: Ich schlafwandle in ein Desaster.

Allen soll beabsichtigt haben, diesen letzten Film zurückzuziehen, dann aber wurde er früher als geplant und mit 800 statt acht Kopien gestartet. In den USA lief HUSBANDS AND WIVES, obwohl nicht die erwartete private Schlüssellochgeschichte, sehr erfolgreich – aber wohl eher, weil das Haus Farrow/Allen in die Schlagzeilen der Weltpresse geraten war.

»Zwölf Jahre lang«, so Siegfried Schober im *Stern* (Nr. 36/1992), »ergötzte das Traumpaar Mia Farrow, 47, und Woody Allen, 56, die Öffentlichkeit mit den immer gleichen idyllischen Bildern: wie schön es ist mit unseren vielen Kindern. Sie waren wie eine moderne Trapp-Familie und lebten das Wunder vor, daß man mitten im kaputtgehenden New York die heile Welt hinkriegt, eine Riesenfamilie schmeißt und daneben als Paar jedes Jahr einen schönen Film dreht.« Endgültig zerbröckelt war der Schein der zusammenadoptierten Familie am 13. Januar 1992, als Mia Farrow, die offensichtlich einen Verdacht hegte, zum Apartment ihres Lebensgefährten eilte, um es zu durchstöbern: »In einem Kleenexkarton fand sie Polaroid-Aktfotos ihrer Adoptivtochter Soon-Yi, die 19 sein soll – ›Woody hat sie für seine Zwecke 21 gemacht‹, behauptet Mia Farrows Anwalt Alan Dershowitz, ein mit allen Wassern gewaschener Prominenten-Jurist. Woody Allen knipste diese Fotos, so gestand er jetzt *Time-Magazine*, weil ihn das Mädchen nach dem Beginn der intimen Beziehungen darum gebeten hatte.« Frau Farrow drehte durch: »Als Mutter- und Familientier, das um den Zusammenhalt und die ›Heiligkeit‹ ihres Clans fürchtete, und mit dem Eifer und der Heftigkeit des irischen Bluts, das in ihren Adern fließt, schwor Mia Farrow ihre Kinder auf sich ein. Sie enthüllte ihnen Woody Allens Affäre mit Soon-Yi – und erklärte ihn zum Feind.« Nachdem der Fehdehandschuh einmal geworfen war, »überschlugen sich die öffentlichen Enthüllungen und Anklagen – der Krieg aus verletzter Liebe, das Gemetzel um die Kinder war eröffnet. Schwerwiegendster Vorwurf: Woody Allen habe die siebenjährige Dylan, die gemeinsame Adoptivtochter von ihm und Mia Farrow, sexuell mißbraucht.«

Der massive Einsatz der Kinder habe die amerikanische Öffentlichkeit nicht aufgeregt, denn »das gehört zum üblichen Scheidungszirkus. Es gab jedoch warnende Stimmen zu dem Verdacht, Allen habe die sieben Jahre alte Dylan mißbraucht.

Eine Untersuchung von Juristen in Kalifornien ergab kürzlich, daß solche Anschuldigungen – als Druckmittel in Sorgerechtsfällen – derart überhandgenommen haben, daß wirklichen Fällen nicht mehr die notwendige Beachtung geschenkt wird.«

Die Schlammschlacht ist in vollem Gange – und niemand, nicht einmal ein Filmhistoriker, hat bisher die seltsame Parallelität dieses Falles und jenes des Stummfilmkomikers Roscoe »Fatty« Arbuckle festgestellt, der Anfang der zwanziger Jahre durch eine gerichtlich präparierte Rufmordkampagne ein für allemal aus dem Olymp der ganz Großen verwiesen wurde ...

Die Ritter der Kokosnuß: Monty Python

Mit einer Ausnahme entschlüpfte der Python, der sich Monty nannte und hinter dem sich sechs einfallsreiche Individuen verbargen, einer wahrhaft britischen Tradition verrückter Studentenclubs und -cabarets. Michael Palin (* 5. Mai 1943), Student der Neuen Geschichte, trat zusammen mit Terry Jones (* 1. Februar 1942), dem Sohn eines Waliser Bankangestellten, der eigentlich Englisch studieren wollte, in der vielgelobten Oxford-Revue HANG DOWN YOUR HEAD AND DIE auf, die später sechs Wochen lang in Londons *Comedy Theatre* lief. Das war 1964. In Cambridge, wo 1883 ein komischer Studentenklub unter dem Namen *Footlights* gegründet worden war, waren aktiv: John Marwood Cleese (* 27. Oktober 1939), der dort Jura studierte, Graham Chapman (* 8. Januar 1941), Student der Medizin (der einzige Doktor der Truppe), und Eric Idle (* 29. März 1943), der sich nur zu gern von seinen Englischstudien ablenken ließ. Idle war sogar *Footlights*-Präsident und ließ als erste Amtshandlung Frauen im bis dahin ausschließlich männlichen »Vergnügungs«-Club zu. Ihr CAMBRIDGE CIRCUS war ein ziemlicher Erfolg. Cleese und Chapman wurden 1964 gar am Broadway gesichtet (wo wenigstens Cleese es zu einem 20-Zeilen-Part in dem Stück HALF A SIXPENCE brachte, für immerhin 200 Dollar Wochengage). Bevor sie wieder nach England zurückkehrten, setzte John dem jungen Associate

Editor von *Mad*-Gründer Harvey Kurtzmans Fotocomic HELP! einen europäischen Floh ins Ohr: So gut wie umgehend packte Terry Gilliam (* 22. November 1940) seine Koffer und ging nach Paris, wo er (unter René Goscinny) Spotgags für *Pilote* verfaßte. Dann war er wieder kurze Zeit in Amerika, als Werbegrafiker in L. A., um 1967 endgültig nach England zu übersiedeln. Nachdem das Magazin *The Londoner*, dessen Art-Director er geworden war, seinen Geist aufgegeben hatte, wurde er als Cartoonist ans Kinderfernsehen empfohlen. Es traf sich, daß für die Serie DO NOT ADJUST YOUR SET auch die anderen künftigen Pythons verpflichtet worden waren, die bereits über TV-Erfahrung geboten: FROST REPORT, AT LAST THE 1948 SHOW, später noch MARTY (Feldman) sowie THE COMPLETE AND UTTER HISTORY OF BRITAIN. Von da an sah man die sechs immer häufiger in der Cafeteria der *BBC* hocken, wo sie über neue Formen der Komödie diskutierten, die ihrer Ansicht nach mit den reichhaltigen Hilfsmitteln des Unsinns reformiert werden mußte. Solcherart wurde im Mai 1969 die Idee für *Monty Python* geboren, und die *BBC* gab das Okay für 13 Halbstundenshows von MONTY PYTHON'S FLYING CIRCUS. Eines der Vorbilder war Spike Milligans Show Q5. Terry Jones: »Spike machte exakt, was wir auch tun wollten. Bis dahin hatten wir nur in Klischees gedacht und geschrieben – Sketche mit Anfang, Mitte und Schluß – und plötzlich war da Milligan mit seinen erstaunlichen Sachen.« Die PYTHON-Show wurde erstmals am Sonntag, den 5. Oktober 1969, ausgestrahlt – gut versteckt im Spätprogramm, wo die skurrilen Einfälle weitgehend ignoriert oder mit Befremden zur Kenntnis genommen wurden. Aber dankenswerterweise gibt es ja für alles und jeden Liebhaber – und deren zähes Engagement per Mundpropaganda verhalf der Truppe schließlich zu ihrem famosen Durchbruch.
Absurdität des Humors:

TV-Interviewer: Guten Abend. Heute wollen wir uns hart und schonungslos mit dem Beruf des Kamelspähers befassen. Hallo.
Späher: Hallo, Peter.
Interviewer: Können Sie unseren Zuschauern einmal genau beschreiben, was Sie tun.
Späher: Also, ich halt nach Kamelen Ausschau. Ich gucke, wo Kamele sind, die ich ausspähen kann, und schreib sie in mein Kamelspäherbuch ...

Der flambierte Mann: MONTY PYTHON'S WUNDERBARE WELT DER SCHWERKRAFT

»See, Sand und Sonnenschein machen Paignton zur Königin der englischen Riviera. Doch für die nächsten sechs Monate wird dieses verschlafene Seebad in Devonshire in die schneeverwehten Weiten des Südpols verwandelt werden. Denn heute beginnen die Dreharbeiten zu dem Filmepos SCOTT OF THE ANTARCTIC, produziert von Gerry Schlick«, beginnt Graham Chapman als *BBC*-Reporter Chris Conger einen fiktiven TV-Bericht.
Schlick wird verkörpert von Eric Idle.

Conger: Gerry, Sie haben sich Paignton als Location für SCOTT ausgesucht.

Schlick: Ganz recht, richtig.

Conger: Ist es nicht ein klein wenig hinderlich, daß hier gar kein Schnee liegt?

Schlick: Also, wissen Sie, wir haben 9000 Kubikmeter Wintrex, das ist ein neuartiger weißer Schaumstoff, der auf der Kinoleinwand echter aussieht als der natürliche Schnee.

Im Hintergrund sieht man Leute weißen Schaumstoff nageln und stecken. Andere streichen den Sand mit weißer Farbe.

Heute nachmittag ist, laut Schlick, die Szene dran, in welcher Scott-Darsteller Kirk Vilb ein Eisfeld betritt, um einen Löwen abzuschlachten, »bis das Blut nur so aus den Gedärmen spritzt – pschschschscht – in Zeitlupe, versteht sich …«

Conger: Aber in der Antarktis gibt es doch keine Löwen.

Schlick: Da haben Sie irgendwie recht. In der Antarktis gibt es eigentlich keine Löwen. Das wär ja lächerlich. Wer hat schon von einem Löwen in der Antarktis gehört? Richtig. Also, vergessen wir den Löwen.

In diesem Augenblick meldet sich Vilb (Michael Palin) zu Wort: Was höre ich da: Wir verzichten auf den Löwen?

Schlick: Also, Kirk, paß mal auf – bei dem Kampf mit dem Löwen könnten wir unter Umständen ein klein wenig den kürzeren ziehen, Kirk, mein Engel.

Kirk (laut): Wieso?

Schlick: Kirkie, Goldschatz! In der Antarktis gibt es gar keine Löwen, Baby!!

Kirk (schreit): Aber ich werde trotzdem mit einem Löwen kämpfen, basta!

Schlick: Das ist doch albern.

Kirk: Jetzt hör mal gut zu: Ich kämpf mit dem Löwen, genauso wie es Scott getan hat. Ich weiß das genau. Ich hab den Charakter studiert.

Schlick: Du könntest doch mit einem Pinguin …

Kirk: Mit einem dreckigen Pinguin kämpfen?

Schlick: Es braucht ja kein kleiner Pinguin zu sein. Es könnte der größte Pinguin sein, den du je gesehen hast. Ein elektrischer Pinguin, sechs Meter groß, mit langen grünen Tentakeln, die die Leute stechen, und du gibst ihm eins ins Gefieder, daß das Blut nur so in Zeitlupe spritzt – pschschschscht …

Kirk: Im Vertrag steht aber: LÖWE!

Schlick: Okay, er kämpft mit dem Löwen.

Auf einmal hat Schlick einen grandiosen Einfall: Wo sind Löwen eigentlich zu Hause?

Conger: In Afrika.

Schlick: Das ist es. Scott ist in Afrika. Soviel Löwen, wie wir brauchen. Er sucht nach einem Pol, von dem niemand etwas weiß, weil er unter dem Sand versteckt ist. Richtig. Also, streicht den Sand wieder gelb. Okay, wir machen jetzt SCOTT OF THE SAHARA.

Unvergessen Terry Gilliams animierte Collagen: Da verschlingt zum Beispiel ein Nazi-Fisch (leicht zu erkennen am Hakenkreuz) einen gleichfalls animierten Michael Palin, worauf der Nazi von einem englischen und der wiederum von einem chinesischen Fisch verspeist wird, welcher sodann ein kapitalistisches Schiff versenkt. Harter Schnitt auf die Live-Action an Bord.

Terry Jones: Hier spricht der Kapitän. Es besteht kein Grund zur Panik. Frauen und Kinder zuerst. Ich wiederhole: Frauen und Kinder zuerst.

Man sieht, wie sich auf der Brücke zwei, drei Offiziere in Damenkleider schmeißen oder kurze Hosen anziehen und Schulranzen anlegen. Als Damen- und Kinderbekleidung ausgehen, verkleiden sich zwei weitere Offiziere als Indianer und Raumfahrer. Der Kapitän gibt neue Order:

Frauen, Kinder, Rothäute und Raumfahrer zuerst ...

Über einen Zeitraum von fünf Jahren präsentierte das Team dreieinhalb Serien MONTY PYTHON'S FLYING CIRCUS, insgesamt 45mal 30 Minuten (das letzte halbe Dutzend wurde jedoch nicht mehr als FLIEGENDER ZIRKUS annonciert und mußte überdies ohne John Cleese auskommen, der meinte, daß sie sich im Fernsehen verbraucht hätten). John Howard Davies fungierte als Produzent, Regie führte Ian McNaughton. Sie fanden ihr Publikum nicht nur in England. In Japan liefen die Sendungen unter dem bizarren Titel GAY BOYS DRAGON SHOW, die Amerikaner flippten aus im PYTHOMANIA-Fieber, auch in der Bundesrepublik wurden immerhin sechs Folgen vom *Süddeutschen Rundfunk* gesendet (für den *Westdeutschen Rundfunk* produzierte die *Bavaria* in Geiselgasteig sogar zwei Specials: SCHNAPPS WITH EVERYTHING).
Es gab Bücher, Schallplatten und (1971) einen ersten Kinofilm: AND NOW FOR SOMETHING COMPLETELY DIFFERENT (MONTY PYTHON'S WUNDERBARE WELT DER SCHWERKRAFT), der freilich nur eine in 35 mm nachgedrehte Anthologie der besten Fernsehnummern darstellte, u. a. THE UPPER CLASS TWIT OF THE YEAR CONTEST und HOW TO PROTECT YOURSELF FROM FRESH FRUIT.

Terry Jones: »Wir waren alle überzeugt, daß uns AND NOW FOR SOMETHING COMPLETELY DIFFERENT eine Menge Geld bringen würde, aber dann kamen nur etwa 1000 Pfund raus, das war alles. Doch aufgeben mochten wir nicht, und während wir für das Fernsehen die dritte Serie drehten, fingen wir mit einem neuen Drehbuch an. Uns gefiel eine Idee von Mike (Palin), König Arthur zu verfilmen; unsere erste Drehbuchversion war eine Mixtur aus alt und neu: der Heilige Gral wird im Kaufhaus Harrod's aufgefunden. Es gibt halt nichts, was Harrod's nicht hat. Doch dann ließen wir alles erst mal ein Jahr liegen. In dieser Zeit beschäftigte ich mich mit dem Mittelalter und war schließlich dafür, den Stoff ganz in dieser Epoche anzusiedeln.«

MONTY PYTHON AND THE HOLY GRAIL (1974) wurde das, was man in Amerika »Smash Hit« zu nennen beliebt. Da man sich des bescheidenen Budgets (229.575 Pfund) wegen keine Pferde leisten mochte, mußten Graham Chapman als König Arthur und Terry Gilliam als sein Knappe Patsy auf der Suche nach Mit-Tafelrundlern zu Fuß durchs Unterholz galoppieren. Für das vertraute Pferdegetrappel sorgte Patsy Gilliam, indem er unbeirrt zwei halbe Kokosnußschalen gegeneinanderklopfte – daher der clevere deutsche Verleihtitel DIE RITTER DER KOKOSNUSS. Als Arthur Pensionsberechtigung verheißt, finden sich tatsächlich diverse Edle, die sich zu ihm gesellen. Und damit die Recken auch was zu tun kriegen, erscheint ihnen Gott als Trickfilmfigur und weist ihnen als lohnendes Ziel die Suche nach dem Heiligen Gral. Höhepunkt ist der Kampf mit einem blutrünstigen Zwergkaninchen (»Die Knochen von mindestens 50 Männern liegen noch drinnen rum in seiner Höhle«), das nur mittels einer mitgeführten heiligen Handgranate erlegt werden kann: »… und der Herr sprach und sagte: Zuerst zieh die heilige Zündnadel aus dem Gehäuse, sodann sollst du zählen bis drei, nicht mehr und nicht weniger. Drei allein soll die Nummer sein, die du zählest, und die Nummer, die du zählest, soll Drei und nur Drei sein. Weder sollst du bis vier zählen, noch sollst du nur bis zur Zwei zählen, es sei denn, daß du fortfährst zu zählen bis zur Drei. Die Fünf scheidet völlig aus. Wenn dann die Nummer Drei, welches ist die dritte Nummer von vorn, erreicht ist, dann schleudere mit Kraft deine heilige Handgranate von Antiochia gegen deinen Feind. Wer sich schuldig macht in Meinen Augen, soll sehen, was er davon hat. – Amen.« Das Unternehmen Heiliger Gral endet ziemlich abrupt (Anklänge an die erste Drehbuchversion) im 20. Jahrhundert, in den Armen der Polizei, welche die sagenhaften Helden kurzerhand verhaftet!

Regie führten (laut Vorspann) übrigens:
40 speziell ausgebildete ecuadorianische Gebirgs-Lamas
6 venezuelanische rote Lamas
142 mexikanische singende Lamas

Pferde waren im Budget nicht drin: DIE RITTER DER KOKOSNUSS

14 nordchilenische Guanacos (eng verwandt mit dem Lama)
1 einheimisches Lama aus Klein-Kleckersdorf
76 000 Kampf-Lamas
alle von »Lama Frisch« Farms Ltd. (nahe Paraguay)
und
Terry Gilliam & Terry Jones.

Gilliam: »Terry und ich, wir sind beide Adrenalinfreaks. Wir
rannten rum und schrien uns die Kehlen heiser. Natürlich verwirrt
solches die Crew ein wenig, wenn es zwei Typen gibt, die Befehle
brüllen, besonders wenn diese Befehle einander widersprechen.«
So sei man zu einer wirksamen Form der Arbeitsteilung überge-
gangen: Jones überwachte das Spiel der Darsteller, Gilliam kon-
zentrierte sich auf Kamera und Design sowie auf seine fernseherprobten Cut-Out-Legetricks: »Es ist eine wilde Technik. Ich nehme Papierausschnitte, alte Inschriften, Fußballmannschaften,
amerikanische Bürgerkriegsbilder – was ich in die Finger kriege –,
blase sie auf und lasse sie sich durch Bewegung ausdrücken.«
Gilliam war der erste Python, der eigene Regie-Ambitionen ab-
seits der Gruppe entwickelte. 1976 realisierte er zum Preis von
800.000 Dollar seinen spektakulären JABBERWOCKY. Die Werbung versprach:

Größer als der Schwarze Tod,
schneller als das 14. Jahrhundert,
billiger als die Kreuzzüge.

Es geht um ein Ungetüm namens Jabberwocky (deutsch: Jam-
merwoch), einem Gedicht aus Lewis Carrolls ALICE HINTER DEN
SPIEGELN (1872) entlehnt, welches in der Übersetzung von Dr.
Robert Scott also beginnt:

Es brillig war. Die schlichten Toven
Wirrten und wimmelten im Waben;
Und aller-mümsige Burggoven
Die mohmen Räth' ausgraben.

Bewahre doch vor Jammerwoch!
Die Zähne knirschen, Krallen kratzen!
Bewahr vor Jub-jub-Vogel, vor
Frumiösen Branderschnatzen!

Einblicke ins pralle mittelalterliche Leben: JABBERWOCKY

Dem Gedicht angemessen ist Gilliams Jammerwoch, der seine unglücklichen Opfer fein säuberlich bis aufs Skelett abnagt – ein denkwürdiges Ungeheuer, das sein teuflisches Unwesen treibt im Reich von König Bruno dem Fragwürdigen, die armseligen Bauern auf dem Land verschlingt und die überlebenden zur Flucht in die ummauerten Städte zwingt, wo sie wiederum von Monstren anderer Art (skrupellosen Kaufleuten, Händlern und Kirchenmännern) ausgebeutet werden. Erst als man ihn darauf aufmerksam macht, daß bald kein Bauer mehr auf dem Lande sein wird, um Steuern zu zahlen, bequemt sich Bruno der Fragwürdige, ein

Turnier anzusetzen. Der Sieger soll das Vergnügen haben, dem Jammerwoch das scheußliche Haupt abzuschlagen. Es handelt sich um einen gewissen Schwarzen Ritter (»almost as dreaded as the Jabberwock«), der mit seinem Knappen auszieht, den Jammerwoch zu killen, und bei dieser Gelegenheit selbst das Zeitliche segnet. Nutznießer ist der unscheinbare, unfreiwillige Knappe Dennis, ein Küfersohn. Er, der reine Tor, der dem furchtbaren Recken zitternd und zagend in den Kampf folgte, ist es, der mit dem Kopf des Untiers in die Stadt zurückkehrt und zum Lohn die Hand der Prinzessin und das halbe Königreich dazu erhält. Den Dennis spielte Michael Palin, in einer kleinen Rolle als Wilddieb war Terry Jones zu sehen, und in der Rüstung des Schwarzen Ritters steckte David (Darth Vader) Prowse. Freilich schwebte Gilliam ursprünglich ein ernsterer Film vor, sozusagen eine kritische Bestandsaufnahme mittelalterlicher Unterdrückung mit den Mitteln einer phantastischen Filmerzählung, doch ließ er sich von den Verleihern überreden, diese Bestandsaufnahme in einen fröhlichen Film-Ulk umzufunktionieren.

Inzwischen hatte Regisseur Franco Zeffirelli den x-ten Jesusfilm abgedreht und vor Ort in Tunesien ein paar imposante Kulissen zurückgelassen, die natürlich nicht dem Wüstensand geopfert werden durften. Aus diesem Grunde entschlossen sich die Pythons, selbst auf den Spuren des Neuen Testaments zu wandeln, der Fährte der Heiligen Drei Könige zu folgen und die Krippe des Jesuskindes mit der des schlummernden Babys »Brian called Brian« zu verwechseln! Heraus kam MONTY PYTHON'S THE LIFE OF BRIAN (DAS LEBEN DES BRIAN), 1978. Just im 33. Lebensjahr entwickelt besagter Brian Cohen (Graham Chapman) einen unbändigen Haß auf die römischen Besatzer, obwohl oder gerade weil sein entlaufener Vater selbst ein Römer war, und schließt sich der Volksfront von Judäa an. In einer der witzigsten Szenen des Films beschmiert er nächtens die Wand eines öffentlichen Gebäudes mit der ziemlich eindeutigen Forderung: *Romanes eunt domus,* was seinem unterentwickelten lateinischen Grammatikverständnis nach soviel heißen soll wie: *Romans go home!* In diesem Moment erscheint ein römischer Offizier und erteilt ihm eine dringend notwendige Nachhilfestunde, in deren Verlauf Brian herausfindet, daß es richtig heißt: *Romani ite domum.* Zur Strafe läßt ihn der Offizier die provokante, aber jetzt grammatikalisch nicht mehr zu beanstandende Losung, damit er sich's merkt, gleich hundertmal an die Wand schmieren. – Natürlich wird Revolutionär Brian von Pontius Pilatus (Michael Palin) verfolgt und zusammen mit zahlreichen Leidensgenossen als Nr. 140 dem Kreuz überantwortet. Ein Gnadenakt kommt für ihn zu spät, da sich plötzlich alle Mitgekreuzigten Brian von Nazareth nennen, denn einen so wertvollen Märtyrer verliert niemand gern. Mit einem fröhlichen Lied auf den Lippen hauchen die Gekreuzigten ihr Leben aus:

If life seems jolly rotten
There's something you've forgotten
And that's to laugh and smile and dance and sing,
When you're feeling in the dumps,
Don't be silly chumps
Just purse your lips and whistle – that's the thing.
And ... always look on the bright side of life ...

Auch in unangenehmen Situationen ein fröhliches Lied auf den Lippen:
DAS LEBEN DES BRIAN

Es dauerte einige Jahre, bis sich die Pythons zu einem weiteren Filmprojekt zusammenfanden. 1981 drehten sie MONTY PYTHON'S THE MEANING OF LIFE (MONTY PYTHON'S DER SINN DES LEBENS). Wieder führte Terry Jones Regie*: »Wir beschäftigten uns mit allen nur erdenklichen Erscheinungsformen menschlicher Existenz, trotzdem gilt das primäre Augenmerk den Fischen. Man kann sagen, daß dies den ersten Film darstellt, der auf ein Fischpublikum zugeschnitten ist, das eine der größten unerschlossenen Publikumsschichten überhaupt sein muß. Unsere Ozeane werden von Millionen von Fischen bevölkert. Wenn wir nur in einen Teil dieses Marktes eindringen können, haben wir ausgesorgt.« Kollege John Cleese sieht es prosaischer: »Diese MEANING-OF-LIFE-Geschichte ist ein billiger Versuch, in der letzten Minute einen Haufen unzusammenhängender Sketche irgendwie unter einen Hut zu bringen, wenn Sie die Wahrheit wissen wollen.«

Dem Ganzen vorangestellt ist dem Streifen ein von Idle geschriebener Titelsong:

> *There's everything in this movie*
> *Everything that fits*
> *From the meaning of life in the universe*
> *To girls with great big tits*
> *We've got movie stars and foreign cars*
> *Explosion and the lot*
> *Filmed as only we know how*
> *On the budget that we've got*
> *We've spent a fortune on locations*
> *And quite a bit on drink*
> *And there's even the odd philosophical joke*
> *Just to make you buggers think*
> *Yes, some parts are as serious*
> *And as deep as you could wish*
> *But largely it's all tits and arse*
> *And quite a lot of fish*
> *Other bits are fairly childish*
> *And some are frankly rude*
> *But at least we've got a lot of nice girls*
> *All banging around in the nude*

---

* Eine von Terry Gilliam in Szene gesetzte Sequenz über ein segelndes Piratenhaus wurde abgeklammert und landete im Beiprogramm.

Terry Jones und Eric Idle klären auf über den SINN DES LEBENS

So take your seats, enjoy yourselves
And let's just hope it's funny
Because it's not only done to make you laugh
But to make us lots of money
Yes sit back and have a good time
With your boyfriend or your wife
Relax and just enjoy yourselves
For this is The Meaning of Life ...

Nachdem sie den SINN DES LEBENS erforscht hatten (und auch schon zwischendurch), gingen die Pythons eigene Wege. Terry Gilliam beeindruckte mit visuell bisweilen erstaunlichen Fantasy-Konzepten in TIME BANDITS, BRAZIL, den an der Kinokasse leider total gescheiterten ADVENTURES OF BARON MUNCHAUSEN (DIE ABENTEUER DES BARON MÜNCHHAUSEN) oder THE FISHER KING (KÖNIG DER FISCHER). Terry Jones schrieb das Drehbuch für die Jim-Henson/George-Lucas-Produktion LABYRINTH, drehte mit

PERSONAL SERVICES eine derbe Sexgroteske und ging, wenigstens künstlerisch, mit ERIK THE WIKING (ERIK DER WIKINGER) bis zum letzten Filmmeter in Redundanz baden. Michael Palin war schon mal in einer neunteiligen *BBC*-Reihe mit dem Titel RIPPING YARNS auf dem Bildschirm erschienen (schon 1975 realisiert, aber erst knapp zwei Jahrzehnte später auch bei uns zu sehen) und dachte sich THE MISSIONARY (DER MISSIONAR) aus. Eric Idle schrieb das Szenario für und hatte eine Hauptrolle in Robert Youngs SPLITTING HEIRS (... UND EWIG SCHLEICHEN DIE ERBEN), einem von fünf britischen Beiträgen, die 1993 in Cannes liefen.

Am besten aber hatte es John Cleese getroffen, die markanteste Erscheinung der Truppe. Er bestach in der Sendereihe FAWLTY TOWERS als leicht enervierter Hotelier und zusammen mit Michael Palin, Jamie Lee Curtis und Kevin Kline in dem phänomenalen Filmvergnügen A FISH CALLED WANDA (EIN FISCH NAMENS WANDA): »Otto ist Gangster italo-amerikanischer Abkunft und ein Macho ohnegleichen«, lesen wir in der Synopsis des *filmdienst.* »Wenn Otto eins nicht leiden kann, dann ›dämlich‹ genannt zu werden (obwohl die Bezeichnung zweifellos auf ihn zutrifft). Ken ist ein gehemmter Ganove, er stottert. Er stottert nur dann nicht, wenn eine Frau zärtlich zu ihm ist, also stottert Ken meistens. Aber der tierliebe Ken reagiert spätestens dann empfindlich, wenn man es auf seine Zierfische absieht. Und dann ist da noch Wanda, ebenfalls Amerikanerin, als Gaunerin durchtrieben bis ins Mark, als Frau ein erotisches Energiebündel, das bei jedem fremdsprachigen Laut entflammt. Kein Wunder, daß Wanda bei Ottos italienischen Liebesschwüren alle Hemmungen ablegt.

Eines immerhin eint Otto, Ken und Wanda: Sie haben just Londons größten Juwelierladen ausgeraubt. Leider sitzt ihr Anführer George deswegen schon im Gefängnis, verpfiffen von Otto, dem sein Anteil zu klein erscheint, und leider weiß George als einziger, wo die Beute versteckt ist. Also startet Wanda, während Ken sich abmüht, die einzige Tatzeugin aus dem Weg zu räumen, eine sexuelle Totaloffensive auf Georges Rechtsanwalt Archie Leach, einen steifen englischen Gentleman, in der Hoffnung, so das Versteck in Erfahrung zu bringen.

Der im Eheleben arg frustrierte Archie reagiert sehr lebhaft auf Wandas Avancen, aber mit noch mehr Beunruhigung registriert Otto, daß auch Wanda ihrerseits jedes kühle Kalkül verliert –

schließlich beherrscht Archie neben Italienisch auch noch Russisch. Als schließlich der aller bürgerlichen Fesseln entledigte Rechtsanwalt mit der Gangsterbraut in Richtung Südamerika jettet, muß Otto auch noch Kens Rache des kleinen Mannes buchstäblich über sich ergehen lassen.«

Cleese hat A FISH CALLED WANDA zwar geschrieben und produziert, aber inszeniert hat er ihn nicht. Vielmehr hatte er den

John Cleese (Mitte), Michael Palin (links), Kevin Kline (rechts) und Jamie Lee Curtis, das Ganoven-Quartett in EIN FISCH NAMENS WANDA

(äußerst sympathischen) Einfall, einem Altmeister aus den guten Zeiten der *Ealing* Comedies den Vortritt zu lassen. Charles Crichton, so Cleese, sei »der einzige Regisseur, mit dem ich gearbeitet habe, der immer noch unter dem Aufkommen des Tonfilms leidet. Charlie hatte über 20 Jahre lang keinen Spielfilm gemacht, weil alle nach aufregenden jungen Regisseuren Ausschau hielten. Wohingegen ich nach alten, wenig aufregenden Regisseuren suchte – die aber wissen, was sie tun.« Cleese und Graham (Gott habe ihn selig!) Chapman hatten mit Crichton am Drehbuch für den Film RENTASLEUTH gearbeitet, der erst später, 1972, in bearbeiteter Fassung und unter anderem Titel, RENTADICK, in die Kinos kam (woraufhin Cleese und Chapman ihre Namen zurückgezogen hatten).

Rolf Aurich schrieb in *filmwärts* (1/93) über »The Funniest Man in Britain: John Cleese« (und WANDA):

> »Um den Titel dieses Films, der sein *state of the art* werden sollte, machte Cleese lange Zeit ein Geheimnis. 1986 warf er in Interviews Titel in die Runde wie A GOLDFISH CALLED WANDA, A GUPPIE CALLED JACK oder THE LAST PRAWN. Später dann, im selben Jahr, CORRUPTION oder A GOLDFISH CALLED WANDA (was *The Times* falsch verstand als A GOLDFISH CALLED WONDER); weiterhin: WANDA, WANDA THE PARROT und WANDA THE POLICEMAN. Das war eine *sales technique.*
>
> Das von Cleese und Crichton gemeinsam erarbeitete *script* hatte insgesamt 13 Fassungen. Während der Arbeit redeten die beiden einmal über die Art und Weise, wie sie die Fäden A, B und C des *plots* zusammenschneiden könnten. Crichton sagte: ›Du darfst niemals ABC, ABC, ABC montieren.‹ Cleese: ›In Ordnung, Charlie, Du kennst dich da aus. Aber sag’ mir, warum nicht?‹ – ›Nun, *ich* weiß nicht weshalb, aber mir wurde das gesagt von einem Mann, der gewöhnlich die *Keystone Kops* geschnitten hat.‹* Bis zum letzten Drehtag wurde der Name John Cleese als *co-director* geführt, dann zog er ihn zurück, um Crichton den alleinigen *credit* zu verschaffen. Cleese hatte das so geregelt, um die Produktionsfirma *MGM/UA* zu ermutigen. Dort hatte man befürchtet, daß Crichton wegen seines fortgeschrittenen Alters mitten in der Arbeit wegsterben könnte.«

---

* Gemeint ist William Hornbeck, als dessen Assistent Crichton am Schnitt des THIEF OF BAGHDAD (mit Sabu und Conrad Veidt) gearbeitet hatte.

Gibt sich keine Blößen: John Cleese in A FISH CALLED WANDA

Es gab zahlreiche Auszeichnungen und Nominierungen für die Crichton/Cleese-Zusammenarbeit (z. B. einen Oscar für Kevin Kline als besten Nebendarsteller). 1989 war WANDA, notabene, das am häufigsten ausgeliehene Video in den USA. Und 1990 galt die Komödie als »Best British Video of the Year« und »Best Comedy by the British Videogram Association«.

Blues Brothers und Company

Ein traumhafter Sonnenuntergang über der Strafanstalt von Joliet: Ein schwarzweiß gestreifter Dodge, Modell Monaco 440, Baujahr 1974, nähert sich. Haargenau dasselbe Modell, wie es auch die Polizeistreifen in dieser Gegend fahren. Jake Blues hat bereits drei Jahre seiner fünfjährigen Haftstrafe abgesessen. Jetzt winkt ihm die Begnadigung wegen guter Führung. Der Wachhabende händigt ihm seine Siebensachen aus: »Eine Timex-Digitaluhr – zerbrochen, ein unbenutztes Präservativ, ein benutztes.« Schwarzer Anzug, dazu der obligate schwarze Hut, auch die Sonnenbrille tiefdunkel getönt (die Herren der Familie Blues bevorzugen offensichtlich gedeckte Farben) – so geht es in die Freiheit, wo Jake schon sehnsüchtig von Bruder Elwood erwartet wird.

Und so beginnt die Kultkomödie THE BLUES BROTHERS, die John Landis (NATIONAL LAMPOON'S ANIMAL HOUSE / AN AMERICAN WEREWOLF IN LONDON) 1979 für *Universal* und Producer Bernie Brillstein gedreht hat (dessen Name auch in den Credits von ALF auftaucht): »BLUES BROTHERS ist eine wahre Geschichte, zumindest hätte sie sich so zugetragen haben können. Die Leute, die wir hier zeigen, haben einen Stil zu ihrer Lebensart gemacht, der Freude an Musik, Tanz und Ausgelassenheit entspricht. Dieses Lebensgefühl wurde zunächst am Broadway und in den Hollywood-Studios kultiviert und hat sich wie selbstverständlich auf den showbewußten Teil der amerikanischen Bevölkerung übertragen.« Die Szenen seien ausschließlich im Hinblick auf die rhythmische Umsetzung geschrieben, meint Landis: »Dan Aykroyd, mein Hauptdarsteller und Mitautor, und ich haben das Drehbuch als Huldigung an Freiheit und die Chance der Darstellung geschrieben, unprätentiös, nicht als verquaste Botschaft mit versteckten Appellen. Es ist die Geschichte zweier Burschen, die einen geraden Weg gehen wollen, aber immer wieder an ihrer eigenen Unzulänglichkeit scheitern, sich selbst im Wege stehen und schließlich in immer größere Schwierigkeiten geraten.« Das Publikum müsse diese Charaktere einfach mögen. Als Fan von schnellen Maschinen und schönen Karosserien habe er seiner Figur (Elwood) im Buch gebührende Züge verliehen, ergänzt Aykroyd, Eddie Murphys Partner aus TRADING PLACES (DIE GLÜCKSRITTER), Koautor und einer der Hauptdarsteller (zusammen mit Bill Murray und Harold Ramis) von GHOSTBUSTERS:

»Meine Liebe zur Mechanik des Autos datiert bereits aus der frühen Jugend. Wir wohnten neben einer Autowerkstatt, und ich konnte mich von diesen öligen Vehikeln nicht mehr losreißen.« Aykroyds erster Wagen war ein alter Dodge, Baujahr 1939, den sein Vater für ihn zum Spottpreis von 125 Dollar gekauft hatte. Die Farbe, schwarz mit einem weißen Streifen, war der Lackierung des »Bluesmobils« im Film nicht unähnlich. Höhepunkt von BLUES BROTHERS ist »die längste, materialreichste Autoverfolgungsjagd, die man in letzter Zeit gesehen hat: Du liebe Zeit, da wird die Streifenwagen-Armada einer ganzen Stadt vernichtet. Das ist erstens die Erfüllung eines persönlichen Wunsches von Dan Aykroyd und zweitens die Erfüllung des Gebets jedes amerikanischen Teenagers. Auch uns macht's Spaß, wenn Bullenautos der Reihe nach zusammenkrachen. Wir rächen uns dafür, daß sie uns Angst machen. Unsere Kasperles hauen nicht mehr den Teufel, sondern den Polizisten.« (Georg Seeßlen/ Beate Seeßlen-Hurler in *Medium*) Mack Sennett hätte seine Freude daran gehabt …

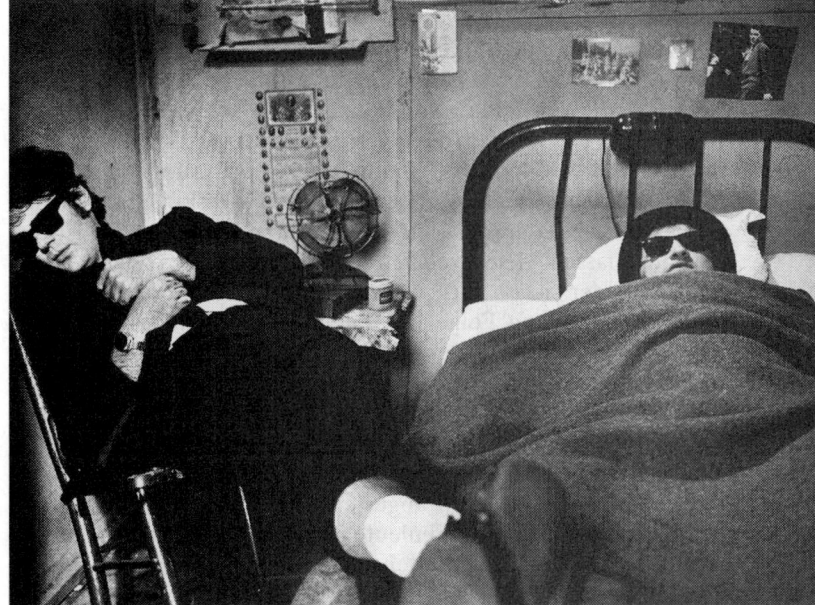

Nie ohne Sonnenbrillen: die BLUES BROTHERS *Dan Aykroyd und John Belushi (im Bett)*

Schlagzeilen:
32 Millionen Dollar gehen zu Schrott.
Ein Film voller Action und Soul.
Mit dem neuen Komiker-Duo aus den USA!
Das wüsteste Team seit Nitro und Glyzerin!

Aykroyds Partner John (der ältere Bruder von James) Belushi (alias Jake Blues), der unvergessene verrückte Pilot Wild Bill Kelso, der feindliche japanische Flugzeuge in Steven Spielbergs trickmäßig aufgeblähtem Totalflop *1941* ausgerechnet über Los Angeles abschießen will – dieser John Belushi wurde im März 1982 in einem zum Hollywood-Hotel Chateau Marmont gehörenden Bungalow nach durchzechter Nacht tot aufgefunden: an seinen Armen Einstiche, in seinem Blut Spuren von Kokain und Heroin.

Music in Action!
Keiner kann so rocken –
Keiner kann sie stoppen!

Was wäre, wenn die Bürgermeisterin einer amerikanischen Großstadt den Beschluß fassen würde, auf sämtliche Tauglichkeitskriterien bei der Einstellung von Polizistenanwärtern zu verzichten? In diese Kerbe haut der (die diversen Fortsetzungen beweisen es) nicht minder erfolgreiche Filmjux POLICE ACADEMY (1984) mit Polizistensohn Steve Guttenberg, Michael Winslow usw.: Ab sofort kann sich jeder, der sich dazu berufen fühlt, zum Polizisten ausbilden lassen, gleich welchen Alters, Geschlechts oder welcher Rasse er oder sie ist und ohne Rücksicht auf Gewicht, Körpergröße, Schulbildung. Folge dieser neuen Verordnung ist eine wahre Flut von Bewerbern, deren Motivation, in den Polizeidienst zu treten, ebenso fragwürdig ist wie ihre Tauglichkeit. Auf die Idee, diese Polizei-»Akademiker« auf die Menschheit loszulassen, kam Produzent Paul Maslansky angeblich bei den Dreharbeiten für THE RIGHT STUFF, als in San Francisco einige Straßen gesperrt werden mußten. Die dafür abgestellten Polizisten führten sich so dämlich auf, daß sowohl Filmleute als auch Passanten sich das Lachen nicht verkneifen konnten. Als Maslansky dann auch noch Zeuge wurde, wie ein Vorgesetzter mit rotem Gesicht die Entschuldigungen stammelnde Truppe zusammenschiß, wurde ihm das humoristische Potential der Situation richtig bewußt ...

Gehobenere Ansprüche werden derweil von Steve Martin befriedigt. »Wenn man ausgerechnet in einem Ort namens Waco* (wacko = verrückt) zur Welt kommt und zwischen dem zehnten und achtzehnten Lebensjahr im Disneyland-Vergnügungspark als Verkäufer von Schrumpfköpfen aus Gummi und inwendig beleuchteten Totenköpfen gearbeitet hat, bleiben eigentlich nur noch zwei Dinge: Entweder man läßt sich einweisen, oder man wird Komiker«, stellt sehr treffend Harald Keller in einem Artikel in der *TAZ* (1. Oktober 1991) fest. Martin, Jahrgang 1945, entschied sich für letzteres, nachdem er ein theaterwissenschaftliches Studium an der UCLA absolviert hatte. Als *stand-up comedian*, mit einem Bündel kleiner Zauberkunststücke in der Tasche, aus denen sich rasch ein ganzes Sketchprogramm entwickelte, zog er durch die Nachtclubs, »eine harte, aber sinnvolle Ochsentour, auf der ein Nachwuchskomiker die nötige Routine erwerben kann und ein Gespür dafür entwickelt, was ankommt beim Publikum« *(TAZ)*.

1969 war er als Sketchpartner in der JOHNNY CASH SHOW und von da an regelmäßig in der Glotze (ANDY WILLIAMS; SONNY & CHER COMEDY HOUR; SATURDAY NIGHT LIVE). Als Koautor der (seinerzeit wegen linker Tendenzen berüchtigten) SMOTHERS BROTHERS COMEDY HOUR (1975) bekam er den ersten von drei Emmies zugesprochen. Je einen Grammy erhielten seine ersten beiden LPs, LET'S GET SMALL und A WILD AND CRAZY GUY – und seine Blödel-Single KING TUT ging gleich anderthalbmillionenmal über den Tresen.

Ein Bestseller wurde 1979 seine Kurzgeschichtensammlung CRUEL SHOES.

Zu der Zeit ging es auch im Kino los: mit einem Auftritt in SERGEANT PEPPERS LONELY HEARTS CLUB BAND. Dann wurde sein erster Kurzfilm, THE ABSENT-MINDED WAITER (1977), auf Anhieb mit einer Oscar-Nominierung bedacht, und sein Spielfilm THE JERK (REICHTUM IST KEINE SCHANDE) brachte es zwei Jahre später in den USA auf eine Rekordkasse von 100 Millionen Dollar. Spätestens 1982 kam auch die künstlerische Anerkennung dank der Mitwirkung in Carl Reiners intelligent gemachter Film-noir-Parodie TOTE TRAGEN KEINE KAROS – DEAD MEN DON'T WEAR PLAID: Ausschauen tue dieser Schwarzweißfilm, schreibt

---

* Waco/Texas

J. M. Thie, »wie einer der klassischen Detektivfilme Marke ›Schwarze Serie‹ aus den 30er und 40er Jahren, einer Zeit, in der er dann auch spielt. Der Anfang erinnert an Hustons MALTESER FALKE, nur daß nicht Bogart hinter dem Schreibtisch sitzt, sondern der TV-Komiker, Autor, Musiker und Schauspieler Steve Martin. Er spielt den Privatdetektiv Rigby Reardon, der über seine schlechte Auftragslage räsoniert, als plötzlich die Tür aufgeht. Natürlich ist der Kenner alles andere als überrascht, wenn mit Juliet Forrest ein Lauren-Bacall-Verschnitt in Reardons Büro hereinschneit und gleich einen Auftrag in petto hat. Reardon soll den Mord an ihrem Vater aufklären, einem bekannten Wissenschaftler und Käseproduzenten, der bei einem Autounfall ums Leben gekommen sein soll. Während Reardon also brav ermittelt, passieren seltsame Dinge: Alan Ladd taucht als Killer auf und versucht, ihn zu töten. Cary Grant verfolgt ihn und muß per Mundharmonika in den Schlaf gewiegt werden, Kirk Douglas läßt ihn von Schlägern malträtieren, Fred MacMurray vergewaltigt ihn fast, und James Cagney sperrt ihn kurzerhand in einen Kofferraum ein. Daneben gibt sich Reardon auch mit einigen bekannten Damen ab: Barbara Stanwyck heult ihm die Ohren voll, Ingrid Bergman mixt ihm einen K.o.-Drink, Bette Davis wird von ihm gewürgt, Veronica Lake erteilt ihm eine Absage, und Joan Crawford sorgt für ein Mißverständnis. Hier sind aber nicht etwa einige Hollywood-Stars aus dem Grabe auferstanden oder über Nacht ganz plötzlich jung geworden, nein, hier wurden alte Filmausschnitte in eine neue Story eingearbeitet. Regisseur Carl Reiner, der mit Steve Martin schon REICHTUM IST KEINE SCHANDE gedreht hatte, griff auf alte Szenen zurück und kombinierte sie derart geschickt mit neuem Material, daß der Eindruck entstanden ist, Martin würde mit den alten Filmgrößen in einem direkten Dialog stehen.«

Mit Reiner drehte Martin auch THE MAN WITH TWO BRAINS (DER MANN MIT ZWEI GEHIRNEN) und ALL OF ME (SOLO FÜR 2), in dem er 1984 mit seiner künftigen Frau, der britischen Schauspielerin Victoria Tennant, vor der Kamera stand. Ein sadistischer Zahnarzt war er 1986 im Remake von LITTLE SHOP OF HORRORS (DER KLEINE HORRORLADEN) und ein moderner Cyrano de Bergerac (»Deine Nase war pünktlich, aber du warst eine Viertelstunde zu spät« – »Es muß wundervoll sein, morgens aufzustehen und den Kaffee zu riechen: in Brasilien«) in ROXANNE (1987), an der Seite von Daryl Hannah und – Shelley Duvall: »Steve Martin

Steve Martin

kombiniert Teenie-Humor mit sehr erwachsenen, intellektuellen Gags. Keiner beherrscht das derzeit nur halb so gut wie er. Er ist ein echtes Komik-Genie.«

In zwei folgenden Filmen, PLANES, TRAINS AND AUTOMOBILES (EIN TICKET FÜR ZWEI) und PARENTHOOD (EINE WAHNSINNS-FAMILIE), sei Martin nicht mehr nur der komische Charakter, der aus Regelverletzungen sein komisches Wirken zieht, stellt Theo Matthies in *filmwärts* (19/1991) fest:

»Seine äußere Hülle ist ungleich seriöser, sie ist die eines *middle-class* Mannes: familiär wirkend, elegant, mit in Ehren ergrautem Haar. Was die Bilder zeigen, ist allerdings nur ein Teil der Wahrheit. In PLANES, TRAINS AND AUTOMOBILES ist Steve Martin der Werber Neal Page, der auf der Heimreise von New York nach Chicago auf einen Mann trifft, der Duschvorhang-ringhalter verkauft. Der eine (Martin) ist in seiner Position gefestigt, hat einen gutbezahlten Job, eine Familie, die auf ihn wartet, und das Ziel, rechtzeitig zu Thanksgiving nach Hause zu kommen. Der Weg dorthin ist für ihn reine Zeitverschwendung. Der andere (John Candy) ist zu dick, erzählt zu viel, und sein Ziel ist das Unterwegssein, weil er nirgends ankommen kann. PARENTHOOD ist ein Familienfilm, der von der Angst des Versagens beim Erziehen der Kinder erzählt. Was auch bedeutet, Angst vor der eigenen Zukunft zu haben. Steve Martin ist Phil Bruckman. Er sucht den Rückhalt in der Familie, die aber ihre Probleme mit sich selbst hat.

PARENTHOOD zeigt den Weg der Problemlösungen. Am Ende vereint er die Familie zu einem Bild der Hoffnung: im Krankenhaus, bei der Geburt eines neuen Familienmitglieds. Das ist fast so gut wie in TERMS OF ENDEARMENT, wo die krebskranke Debra Winger auf dem Sterbebett liegt und sich von der Familie verabschiedet. Ihr letzter Satz: ›Und jetzt schickt die Kinder herein.‹

PLANES ... und PARENTHOOD erzählen von Konventionen, wie versucht wird, etwas zu erhalten, was gut und richtig erscheint, aber untergründig Abgründe aufleuchten läßt. Es sind kleine Anfragen nach dem Sinn des Lebens, inszeniert als Infragestellung und Huldigung gleichermaßen. Neal Page in PLANES, TRAINS AND AUTOMOBILES ist einer, der ganz in der mobilen Welt lebt und sich auch auf sie verläßt. Pannen werden nicht einkalkuliert. Passieren sie trotzdem, ist nicht der moderne Mensch gefragt. Dann sind die Eigenschaften eines zur Improvisation fähigen Pioniergeistes wichtig, wie ihn John Candy verkörpert. Obwohl er der penetrante, unausstehliche Typ ist, gelingt es ihm doch, weiterzukommen. Auf der anderen Seite ist Steve Martin ein ebensolcher penetranter, weil ignoranter und desillusionierter Typ. Er hat sich zivilisiert, was nichts anderes bedeutet als den – in diesem Fall – seelischen Müll in den tiefsten Tiefen seiner Erscheinung zu vergraben, wo der Müll nicht mehr zu erkennen ist. Die Abgründe werden in den Momenten erkennbar, wo Martin mit hochnäsiger Arroganz auf eigene innere Mängel reagiert, die er allerdings auf John Candy projiziert. Das sind Geschichten von Personen, die versuchen auf den Verlust ihrer Würde zu reagieren. Steve Martins Komik offenbart sich hier in der Parodie der Darstellung von ›echten‹ Charakteren. Sein Einordnen in das Ensemble der

Schauspieler in PARENTHOOD, wo er neben Dianne Wiest, Tom Hulce, Rick Moranis u. a. spielt, erlaubt ihm dabei aber eine um so nachhaltigere Wirkung. Wenn er auf dem Geburtstag seines Sohnes einen Westernhelden spielt und diese Rolle hemmungslos übertreibt, wirkt das wie eine Befreiung von den Konventionen. Wie ein kurzer Moment des Auf- und Auslebens, wohl wissend, daß es in diesem Leben immer weniger solcher Momente geben wird.«

Zu Martins jüngsten Erfolgen gehört HOUSESITTER (HOUSESITTER – LÜGEN HABEN SCHÖNE BEINE), seine dritte Zusammenarbeit mit Regisseur Frank Oz: Goldie Hawn als kesse Kellnerin möbelt hier einen desillusionierten Martin in der Rolle eines erfolglosen Architekten auf, dem seine Jugendfreundin einen Korb gegeben hat. Heimlich zieht Goldie in sein Haus auf dem Land und erzählt allen, daß sie seine Frau sei. Erst ist Steve außer sich, dann erkennt

Kleiner Disput mit einem Taxifahrer: Steve Martin (liegend) und John Candy in EIN TICKET FÜR ZWEI

er die Vorteile eines Lügengebäudes, das immer wieder zusammenzubrechen droht.

Multitalent Martin hat selbst Drehbücher geschrieben (ROXANNE; L. A. STORY) und schließlich auch eine Art Wechsel in seiner Karriere angestrebt. Zitat aus einem Interview in *tip* (Nr. 8/93):

»Ich habe in letzter Zeit ganz bewußt Rollen wie die in GRAND CANYON oder VATER DER BRAUT ausgewählt, die ernster waren. Als junger Komiker traut man sich noch eine Menge Dinge zu, die man als Vierzigjähriger nicht mehr wagen würde. Man ist vorsichtiger, behutsamer, man versteht eher die Probleme, die die Menschen durchmachen, und wird sich stärker der Tatsache bewußt, daß man mit seinem Spott Leute verletzen kann.« In diesem Sinne sei auch sein Film LEAP OF FAITH (DER $CHEIN-HEILIGE) »ein Versuch, dieses Image, das die Zuschauer und die Hollywoodstudios sich von mir geschaffen haben, umzukehren, zu meinem Nutzen zu wenden. Andererseits ist es aber auch so, daß man mit zwanzig die Leute überraschen, verblüffen und schockieren will. Und das kann einem zwanzig Jahre später auch noch gelingen, wenn man mit der Erwartungshaltung des Publikums spielt. Die Rolle in DER $CHEIN-HEILIGE ist sehr knallig, sehr farbenfroh. Ich predige, tanze, singe, spiele einen Schurken, einen Schwindler, der trinkt und ein Schürzenjäger ist.« Als Reverend Jonas Nightengale bescheißt Martin seine Opfer nach Strich und Faden – bis zum Schluß sein Weltbild aus den Fugen gerät, als er so etwas wie ein wirkliches Wunder wirkt. An dieser Stelle hinterläßt der Film einen schalen Geschmack – besonders nach den tragischen Ereignissen in Martins Geburtsort Waco, wo ein falscher Heiliger namens David Koresh seine Davidianer in den Massentod führte.

Nichtsdestotrotz – als Komiker, resümiert Matthies in seinem *filmwärts*-Beitrag, habe es Martin geschafft, die rutschigen Wege zwischen Spaßmachen und Ernstmachen auszubalancieren. In der konsequenten Fortführung dieser Form befinde er sich längst auf einer der oberen Stufen zum Olymp der amerikanischen Filmkomiker.

Ganz sicher nicht auf diesem Olymp finden wir Leslie Nielsen, dafür ist dieser Gentleman in zu vielen »seriösen« Filmen aufgetreten – und dennoch sollte ein jeder, wenn sein Name fällt, an eine der gagreichsten amerikanischen Grotesken denken, THE

Alles unter Kontrolle: Leslie Nielsen in DIE NACKTE KANONE 2 ½

NAKED GUN: FROM THE FILES OF POLICE SQUAD (DIE NACKTE KANONE), die so erfolgreich war, daß zwei Jahre später, 1990, mit NAKED GUN 2 ½ (DIE NACKTE KANONE 2 ½) die unvermeidliche Fortsetzung folgte:

»Ganze Generationen von Hollywood-Komödien lebten davon, daß ein halbwegs komisches Drehbuch von einer Spezialistenschar ›aufgegagt‹ wurde. Beim neuesten Film der Zucker-Brüder hat man den umgekehrten Eindruck: der Film sieht so aus, als habe man jahrelang eine Anthologie von Slapstick-Gags zusammengestellt und sich anschließend gefragt, welche Story sich denn nun als Vehikel für die vielen Späße hinzuerfinden ließe. Ähnlich sah vor ein paar Jahren schon eine Fernsehserie aus, mit der die Zuckers nach sechs Folgen Schiffbruch erlitten, weil sie für das hausbackene amerikanische Fernsehpublikum zu absurd und überdreht war. Sie hieß

POLICE SQUAD, und aus ihr wurden Konzept und Hauptpersonen des Kinofilms entliehen. Schon damals vermochte Leslie Nielsen als reichlich unorganisierter Polizeileutnant sein Auto in keine Lücke einzuparken, ohne Bauarbeiter vom Gerüst oder friedliche Angler ins Hafenwasser zu stoßen. Das Format der kurzatmigen TV-Serie bot leider nie ausreichend Zeit, die komischen Dimensionen und karikaturistischen Möglichkeiten der Figur voll auszunutzen. Der Film tut es mit Bedacht und Verve. Wer seinen Mickey Spillane und die auf ihm fußende Serien-Tradition kennt, wer amerikanische Soap-Operas beweint oder belächelt hat, wer noch einmal in 80 Minuten einen repräsentativen Gag-Querschnitt der Slapstick-Geschichte von Harold Lloyd bis zu den Three Stooges serviert bekommen möchte, der sitzt bei DIE NACKTE KANONE im richtigen Kino«, stellt beifällig nickend der *film-dienst*-Rezensent fest. Die Zucker-Brüder (David & Jerry) und Partner Jim Abrahams wüßten, »wie man ein Feuerwerk an Slapstick mit einer Prise absurder Marx-Brothers-Komik verbinden muß, um den Fallstricken des dümmlichen Kino-Alltags zu entgehen«.

Die Macher, kurz ZAZ (ZuckerAbrahamsZucker), hatten sich an der Film-Fakultät der Universität von Wisconsin gefunden und sodann das *Kentucky Fried Theatre* ins Leben gerufen, eine abstruse Multimedia-Show, in der live gespielte Sketche mit Filmsequenzen und improvisiertem Nonsens wechselten. 1972 zog es die drei nach Los Angeles, wo sie sich in einem leerstehenden Warenhaus ein beachtlich treues Stammpublikum erspielten. Als nächstes folgten einige wenig erquickliche Auftritte in der US-Glotze, etwa in THE TONIGHT SHOW. »Kurz danach haben wir in gegenseitigem Einvernehmen mit den Sendern beschlossen, nie wieder im Fernsehen aufzutreten«, grinst David. Statt dessen filmten sie, mit zusammengekratzten 28.000 Dollar einige der besten Sketche ihres Repertoires und vermochten zwei Kinoschaffende für das Unternehmen zu interessieren, Produzent Robert K. Weiss und Regisseur John Landis: Das daraus resultierende KENTUCKY FRIED MOVIE (1977) öffnete ZAZ in Hollywood wenn nicht gleich alle, so doch viele Türen. Ihr nächstes Projekt, die AIRPORT-Parodie AIRPLANE (DIE UNGLAUBLICHE REISE IN EINEM VERRÜCKTEN FLUGZEUG), entstand 1980 bereits in eigener Regie, mit Leslie Nielsen in einer Nebenrolle als Arzt an Bord eines Katastrophenflugs, worauf die sechs Episoden POLICE SQUAD folgten, mit Nielsen als debilem Lt. Frank Drebin. Ebenfalls zum ZAZ-Œuvre gehören TOP SECRET! (1984) mit Val Kilmer in einem DDR-Stasi-Nazi-Spionage-Komplott und natürlich RUTHLESS PEOPLE (DIE UNGLAUBLICHE ENTFÜHRUNG DER VERRÜCKTEN MRS. STONE) mit Bette Midler und Danny DeVito (1986).

Doch ZuckerAbrahamsZucker gehen auch getrennte Wege. David: »Es ist ein weitverbreitetes Gerücht, daß wir drei untrennbar sind. Das stimmt einfach nicht. Außer, wenn wir ab und zu eine Dusche nehmen.« Eine von Abrahams' Einzelleistungen hat Willi Winkler kongenial in der *Zeit* (Nr. 2, 3. Januar 1992) besprochen:

»Die guten Menschen haben keine Probleme, sie gehen nicht ins Kino, sondern sehen sich Filme an, Filme wie BIS ANS ENDE DER WELT oder MY PRIVATE IDAHO oder NIGHT ON EARTH. Sie sehen Filme mit Schnurrbartträgern, die ihr ausländisches

Immer ein sauberes Ohr: Lloyd Bridges in HOT SHOTS

Outfit mit ohrenklappenverstärkten Pelzmützen komplettieren und dann und wann eine rote Plastiknase aufsetzen, obwohl es noch weit hin ist bis Fasching. Manchmal treten auch rauschgiftsüchtige Stricher auf, die zwar keine Zeit finden, um sich zu waschen, dafür aber so kinderbibelschön leiden, daß selbst Christus am Kreuz heiße Zähren vergießen würde, wenn ihm einer MY PRIVATE IDAHO vorführte. (Auf den Nummernschildern des amerikanischen Bundesstaates Idaho steht übrigens ›Famous Potatoes‹ – weil das Land berühmt ist für seine Kartoffeln. Ende des ethnologischen Exkurses.) Und dann gibt es da noch die Filme, die ganz ohne Regisseur auskommen, weil der mal dringend auf einen Meditationsurlaub ins Burgenland fahren und die Aufsicht über sein Werk – BIS ANS ENDE DER WELT – einer Darstellerin mit blonden Haaren und rotrotem Mund überlassen mußte.

Natürlich muß es auch solche Filme geben, denn sonst spränge für unsereins überhaupt kein Distinktionsgewinn mehr heraus. Überlassen wir also Wim Wenders, Gus Van Sant und Jim Jarmusch den Leuten, die sich gern Filme ansehen, und gehen wir lieber ins Kino. Dort läuft nämlich vor vollen Häusern (schlecht! ganz schlecht!) HOT SHOTS von Jim Abrahams. Vergnügungssüchtig, wie wir nun einmal sind, half uns diese Komödie über die Weihnachtsdepression hinweg. Das mag daran liegen, daß sich Abrahams und seine Gagschreiber nie so richtig über die bewährten Standards des elaborierten College-Humors hinausentwickelt haben – vielleicht aber auch daran, daß HOT SHOTS noch einmal den Golfkrieg anzettelt. Saddam Hussein tritt persönlich auf, auch Johannes Paul II. läßt es sich nicht nehmen, dem Unternehmen ›Müdes Wiesel‹ seinen Segen zu erteilen. Das Jagdfliegerlandeunternehmen, dirigiert von Charlie Sheen, wird natürlich wie im wirklichen Leben ein großer Erfolg. Nur die Besetzung läßt ein wenig zu wünschen übrig: Statt Jeff Bridges als kommandierender General hätte man sich gut Hans Magnus Enzensberger vorstellen können, als die sirenenhafte Truppenbetreuerin Cora Stephan und als Leithammel des Geschwaders Henryk M. Broder. Aber dann hätte womöglich die Geschichte des Golfkriegs neu geschrieben werden müssen.«

Mit einem Einspiel von nahezu 120 Millionen Dollar war WAYNE'S WORLD der Überraschungshit von 1992, und Penelope Sheeris,

WAYNE'S WORLD: *Mike Myers (links) und Dana Carvey mit Idol*

die Regisseurin, konnte sich rühmen, den bis dato erfolgreichsten Film realisiert zu haben, den eine Frau gemacht hat:

»Wayne (Mike Myers), schon ein fortgeschrittener Twen, gesteht gleich zu Beginn ein, daß er noch bei seinen Eltern wohnt, doch während des gesamten Films tauchen sie kein einziges Mal auf. Mit seinem Freund Garth (Dana Carvey) hat er nicht nur die Leidenschaft für Heavy-Metal-Musik gemein, zusammen zeichnen sie auch für die Show WAYNE'S WORLD verantwortlich, die regelmäßig auf dem Bürgerkanal ausgestrahlt wird. Sie laden verrückte Erfinder ein, geben brandheiße Partytips, huldigen ›Babes‹ wie Claudia Schiffer, und es gibt niemanden, der von ihnen guten Geschmack einfordern könnte. Der windige Fernsehproduzent Benjamin Oliver (Rob Lowe in einer bewundernswert selbstparodistischen Demontage seines Leinwand-Images) wittert das kommerzielle Potential des

Duos und bietet ihnen einen Vertrag an. Beginnt damit eine große Karriere, oder ist das der Anfang vom Ende des unbekümmerten Humors der beiden? Zu Beginn weckt der Film höchst unangenehme Erinnerungen an einen anderen Überraschungshit, den vor vier Jahren entstandenen BILL AND TED'S EXCELLENT ADVENTURE. Dort reisen zwei halbwüchsige Autisten, die ebenfalls nur Heavy-Metal-Musik im Kopf haben und ein Vokabular benutzen, das dem von Wayne und Garth recht verwandt ist, in einer Telefonzelle durch die Zeit. Die Dialoge der beiden sind jedoch primitiver als die der Steinzeitmenschen, so daß sich der Zuschauer schon nach wenigen Minuten sehnlichst wünscht, ihnen möge zwischen dem oberen und mittleren Pleistozän das Kleingeld ausgehen. Demgegenüber hat WAYNE'S WORLD den Vorzug, die Intelligenz seines Publikums nicht fortwährend zu beleidigen. Während Bill und Teds Respektlosigkeit auf Dummheit zurückgeht, verfügen Wayne und Garth über einen anarchischen Humor, der vor dem Sponsoring von Fernsehshows ebensowenig haltmacht wie vor der Idolatrie der Musikbranche.

Dana Carvey, der 1986 zum Ensemble von SATURDAY NIGHT LIVE* stieß, und Mike Myers, der drei Jahre später dazukam, hatten diese beiden Figuren bereits auf dem Bildschirm entwickelt, und da sie sich rasch als äußerst populär erwiesen, lag es für Lorne Michaels – Mitbegründer und federführender Produzent der Show – nahe, mit den Planungen eines Kinofilms zu beginnen. (…)

Die Geschichte ist nur ein Vorwand für eine Aneinanderreihung von Sketchen, und auch stilistisch ist WAYNE'S WORLD weit davon entfernt, eine Einheit zu bilden. Der Film verleugnet seine Herkunft vom Fernsehen nicht, sondern kokettiert geradezu mit ihr, auch wenn Penelope Sheeris beteuert: ›Während die TV-Show im Studio entstand und deshalb nur ansatzweise eine Topographie von der Umgebung der beiden Figuren entwickeln konnte, hält im Film die Wirklichkeit Einzug. Wir zeigen, wie Wayne und Garth wohnen, welche Lokale sie bevorzugen und welche Heavy-Metal-Clubs sie besuchen. Ich bin ja vor allem deshalb verpflichtet worden, weil ich diese Welt gut kenne.‹«   (Lars-Olav Baier in *tip-Magazin* 14/92)

---

* TV-Talentschmiede führender amerikanischer Komiker – s. Steve Martin

Ein anderer Überraschungshit hieß 1992 GROUNDHOG DAY: »Was wäre, wenn es kein Morgen gäbe? Wenn heute immer heute bliebe und das Leben wie das Rad eines Hamsters, in dem man sich verzweifelt abstrampelt, ohne vom Fleck zu kommen? Der Regisseur Harold Ramis, seit GHOSTBUSTERS als Komödienspezialist gehandelt, und sein Drehbuchautor Danny Rubin haben aus dieser wahrhaft existentialistischen Frage einen leichtgewichtigen Film gemacht, der in den Vereinigten Staaten binnen kürzester Zeit zum Kassenrenner geworden ist. Mit Recht. Denn GROUNDHOG DAY – in Deutschland unter dem Titel UND TÄGLICH GRÜSST DAS MURMELTIER in den Kinos – ist ein witziger Kinospaß, der zum Besten

UND TÄGLICH GRÜSST DAS MURMELTIER: *Bill Murray mit demselbigen*

gehört, was in den letzten Jahren an Komödien zu sehen war. Dies liegt vor allem am Drehbuch, das mit schier grenzenloser Erfindungslust sein Thema variiert, in immer neuen, irrsinnigen Konstellationen und – das ist so erstaunlich wie professionell – ohne den Zuschauer mit diesen beabsichtigten Repetitionen zu langweilen.« (Claudia Wefel in *FAZ*, 5. Mai 1993)

Ramis' GHOSTBUSTERS-Partner Bill Murray spielt hier einen gewissen Phil Connors, Zyniker, Misanthrop und Fernseh-Meteorologe, der wie jedes Jahr am 2. Februar aus Punxsutawney, Pennsylvania, vom »Groundhog Day« berichten muß, einem provinziellen Volksfest, an welchem die Einwohner des Städtchens ein Zehn-Kilo-Murmeltier feiern, das für Connors nichts weiter als eine »rheumatische Ratte« ist, die angeblich den Beginn des Frühjahrs voraussagen kann. Ein plötzlicher Schneesturm zwingt ihn dann, einen Tag länger in Punxsutawney zu verweilen – und als er am 3. Februar aufwacht, muß er feststellen, daß es nicht der 3. Februar ist, sondern wieder der 2. Februar, besagter »Murmeltiertag«, der sich von da an jeden Morgen Punkt sechs Uhr, wenn sich mit Sonny & Chers I GOT YOU BABE der Radiowecker einschaltet, wiederholt ... Claudia Wefel resümiert:
»Eine Märchenstruktur, die zugleich an den Aufbau mittelalterlicher Epen mit dem Motiv des mehrfachen Auszugs des Helden erinnert. Denn wie ehedem Erec oder Parzival, so erlebt auch Phil seine Metamorphose zum moralisch Geläuterten über mehrere Stufen der Vervollkommnung. Weder List noch intensiver Arbeitseinsatz genügen zur Erreichung dieses Ziels. Erst die richtige ›maze‹, sprich Phils selbstloser Superman-Einsatz für seine Mitmenschen, seine Hilfsbereitschaft, sein Altruismus, sein Mitleid machen ihn zu einem vollwertigen Mitglied der amerikanischen Gesellschaft. Erst als der Menschenverächter Phil seinem Namen alle Ehre macht und zum wahren Philanthropen konvertiert ist, darf er als ›geheilt‹ aus der Zeitschleife entlassen werden.«
Aber was bei Bill Murray dank seines Déjà-vu-Erlebnisses am Ende noch so prächtig klappte, wird anderen (Leinwand-/Fernseh-)Kollegen versagt bleiben: Wir können davon ausgehen, daß der Zynismus eines Al Bundy und seiner (TV-)Familie, im Angesicht einer womöglich wenig einladenden, schlichtweg beschissenen Zukunft, von längerem Bestand sein wird ...

Epilog

Ein Versuch über das Lachen im deutschsprachigen Film

Karl Valentins Filmpech; Melodie: Lili Marleen

Vor Geiselgasteig – steht der Valentin,
er steht vor den Toren – selten war er drin.
Er hätte so gute Filmideen – doch wolln die Herrn ihn nicht verstehn,
trotzdem er arisch ist – trotzdem er arisch ist.

Er hat schon gefilmt – in seiner Heimatstadt,
und diese Filme – man bewundert hat,
weil so was Eignes noch nicht da – rief man ihn nach Amerika (1926),
doch blieb er Deutschland treu – doch blieb er Deutschland treu.

Treue bis heute – hielt der Valentin,
doch mit den Filmen – steht es noch sehr schlimm,
er wollt' nicht nach Amerika – er wollte zur Bavaria,
der Weg wär nicht so weit – der Weg wär nicht so weit.

Weiter ist der Weg – zu der Bavaria,
als der Weg zu Wasser – nach Amerika.
O Valentin, wärst damals du – gefahren nach dem Holewu,
wärst heut du Millionär – wärst heut du Millionär.

Doch der Valentin – der läßt sich nicht beirren,
einer, meint er, könnt's – in Deutschland doch probier'n,
er brauchte gar nichts um sich her – Verständnis nur vom Geldgeber,
und a halbe Million – und a halbe Million.

Was Valentin nicht filmen will, sind:
Bayrische Filme – Schuhplattlergestampf,
Rauferei auf Kirchweih – Schmalznudelgedampf,
Zum Kammerfensterln schleicht der Bu-a.
Beim Bayernfilm ist alles da:
Ha, ha, ha, ha, ha, ha – ha, ha, ha, ha, ha, ha.

(Karl Valentin in: Bertl Valentin: Du bleibst da, und zwar sofort! Mein Vater Karl Valentin)

Nahezu 40 Jahre lang habe Valentin, schreibt sein Biograph Michael Schulte, versucht, »Produzenten und Regisseure auf sich aufmerksam zu machen, wiederholt haben Kritiker die Ansicht geäußert, Valentin könne ein ›deutscher Chaplin‹ werden, wollten die Mächtigen der Filmbranche sich seiner nur annehmen. Zeit genug hatten sie, da Valentin nicht zu jenen Komikern zählte, die im Alter an Wirkungskraft einbüßten oder gar peinlich wirkten. Der naive, unschuldige Komikertyp – wie Stan Laurel etwa oder Harry Langdon – hat in der Regel unter den Spuren des Alterns zu leiden. Valentin aber ist den boshaften, destruktiven Komikern zuzuordnen. Als 1932 der Einakter IM PHOTOATELIER verfilmt wurde, war Valentin immerhin fünfzig Jahre alt, und er spielte den Gehilfen Heinrich so überzeugend, daß nicht die Spur von Peinlichkeit aufkam.«

Was dagegen viele Filmleute abschreckte, waren Valentins Marotten. So beklagte sich der Regisseur Rolf Raffé, der mehrfach mit Valentin gefilmt hatte, dieser hätte ihm sämtliche Nerven geraubt: »Unter anderem hätte Valentin Manuskriptbesprechungen prinzipiell nur bei Regen, spazierengehenderweise auf der Theresienwiese gemacht. Er hätte dann angerufen: ›Jetzt regnet's, jetzt können wir auf der Theresienwiese Manuskriptbesprechung machen‹, und unter dem Regenschirm seien dann die Manuskripte durchgegangen worden.« Und Erich Engel, der mit Valentin und seiner (seit 1911) ständigen Partnerin Liesl Karlstadt (Elisabeth Wellano, 1892–1960) 1935 den Spielfilm KIRSCHEN IN NACHBARS GARTEN gedreht hatte, berichtet in seinem Erinnerungsbuch PHILOSOPHIE AM MISTBEET: »Meine Frau stellte trocken fest, daß ich nach weiterer Arbeit mit Valentin bald auch vollreif sei für psychiatrische Behandlung.« (1922 oder 1923 hatte Engel in Zusammenarbeit mit Bert Brecht die heute vielgerühmten MYSTERIEN EINES FRISIERSALONS geschaffen. Der Film sei auf dem Speicher eines Privathauses in der Münchner Tengstraße entstanden, entsinnt sich Kurt Horwitz, einer der Darsteller: »Idee und Teile eines Manuskripts waren von Brecht und Valentin, Regie führte Erich Engel, und es spielten Karl Valentin, Liesl Karlstadt, Blandine Ebinger und ich.« Horwitz stellte einen Herrn mit schwarzem Vollbart dar, »dem im Frisierladen der Kopf abgeschnitten wurde«!)

»Angfangen hab i als ein Einmannorchester«, erzählte der am 4. Juni 1882 in der Münchener Vorstadt Au geborene Valentin

Deutsche Komik: Otto

Ludwig Fey (seine Eltern waren übrigens keine Bajuwaren: der Vater stammte aus Hessen, die Mutter aus Sachsen) während der Dreharbeiten zur VERKAUFTEN BRAUT (1932) seinem Regisseur Max Ophüls. »A Mundharmonika und a Trompeten und a Trommel und a Violine und a Schellenband ... Dös hab i alles gspielt, ganz allein. Und auf dem Bauch hab i a Plakat ghabt: ›100 Mark demjenigen, der alle diese Instrumente gleichzeitig spielen kann!‹ – und dann, wann's einer versucht hat und er hat's beinah können, dann hab i in der Nacht gsessen, und weil i an Angst ghabt hab, hundert Mark zu verlieren, hab i noch ein anderes Instrument dazu erfunden, und so ist sie immer größer geworden, die Maschin, immer größer ... Und an einem Tag, in einem Wirtshaus, da hab i mi selber nimmer auskennt und hab einen Hammer genommen und hab alles kaputtgschlagn. Und sehn S', so wird's auch amal gschehn mit der Welt, eines Tags ...«

Offenbar gibt's nichts zu lachen: Loriot als Lothar Frohwein in PAPPA ANTE PORTAS

Zum Film kam Valentin schon 1912. Er richtete sich sogar ein eigenes kleines Filmatelier ein, bezeichnete sich als den »ersten Filmunternehmer Bayerns«: »Ich ließ mir aus Frankfurt die soeben neu erfundenen Jupiter-Filmscheinwerfer kommen, fünf Stück an der Zahl. Sie kosteten ein paar tausend Mark ... In einem Käselager des Kaufmanns Bernbichler in der Pfisterstraße im Rückgebäude direkt am Platzl neben dem Hofbräuhaus entstand also Münchens erstes Filmatelier. All mein sauer erspartes Geld steckte ich hinein, um ein Filmgroßindustrieller zu werden. Aber nach sechs Monaten war ich schon rettungslos verkracht. Das erste, was gekracht hat, und zwar gleich am ersten Tag, waren die fünf nagelneuen Jupiterlampen. Ich packte sie eigenhändig aus und stellte sie tadellos ausgerichtet in Reih und Glied nebeneinander. Wie ich mich ihres Anblicks freute, erblickte ich am Boden meines Ateliers ein langes, altes Brett, das meinen Schönheitssinn störte. Ich packte es an einem Ende und hob es auf. Aber schon war das Unglück geschehen. Der erste Scheinwerfer schwankte und fiel auf den zweiten, der zweite auf den dritten, der dritte auf den vierten und der vierte auf den fünften – bis sie sämtlich zerschmettert auf dem Steinfußboden lagen. Denn ich hatte die Lampen zufällig auf das gleiche Brett gestellt.« Bald darauf, 1913 oder 1914, drehte Valentin mit Peter Ostermeier den fünf Minuten kurzen NEUEN SCHREIBTISCH: »Darin bekam ich in der Maske eines Büroschreibers ein Stehpult geliefert. Aber es war mir zu hoch. Ich nahm eine Säge und machte die Füße kürzer. Leider hatte ich sie nicht alle in gleicher Höhe abgeschnitten, und das Pult wackelte. Ich muß also den zu langen Fuß wieder kürzer machen. Aber in der Eile erwische ich den falschen und schneide den ohnehin kürzeren noch kürzer. So schneide und schneide ich, bis aus dem Stehpult nur noch ein Sitzpult geworden ist. Als dieses aber nun wiederum wackelt, schneide ich die Beine noch kürzer, bis ich nicht mehr mit dem Stuhl darunter Platz habe, sondern mich auf den Boden setze und in den Boden ein Loch machen muß, um meine langen Beine hindurchzustecken. Und nun kann ich endlich anfangen zu schreiben.« Könnte er anfangen zu schreiben, denn just in dem Moment bricht er durch den Boden …

1929 gewann Walter Jerven ein Münchner Bankhaus (Löwenthal & Walther) für die Finanzierung einer *Karl Valentin Filmproduktion,* die im Dezember einen 60minütigen Stummfilm, DER SONDERLING, herausbrachte: Valentin als Schneidergeselle in der Bredouille, der sich zum Schluß das Leben nehmen will, doch nicht einmal dies will ihm gelingen – das Gas wird abgedreht, sein Kopf ist härter als die Wand, der Strick zu kurz, der Kanal, in dem er sich ertränken will, ausgetrocknet. 38.000 Reichsmark kostete der Streifen, und es war vereinbart, daß Valentin und Liesl Karlstadt 10.000 RM Honorar erhalten sollten, wenn der Film seine Herstellungskosten eingespielt hatte. »Da wir schon glücklich waren, endlich einmal filmen zu können, waren wir beide mit dem Vorschlag einverstanden, ebenso (der Produktionsleiter) Herr Franz Osten (Peter Ostermeiers Bruder)«, notierte Valentin ein paar Jahre später (1933) in einem Brief.

»Der Film startete am 25.12.29 und läuft heute noch, nach vier Jahren in kleinen Kinos. Herr Osten und wir haben bis heute die ausgemachte Gage von diesem Film nicht bekommen, weil die Firma uns versichert, daß erst 26.000 RM eingegangen wären. Das kann auch sein, das kann auch nicht sein, denn wir haben ja nie Einsicht in die Geschäftsbücher bekommen, obwohl in dem Vertrag bemerkt ist, Herr Valentin und Fräulein Karlstadt werden von der Firma Löwenthal und Walther alle Monate benachrichtigt. Hätten wir nicht von einem Breslauer Kinobesitzer, welcher von der Firma Löwenthal & Walther den Film finanzieren wollte, 2.500 RM erhalten, so wären wir mit dem Film ganz leer ausgegangen ... Ob Herr Walter Jerven, der Vermittler des Films, von Löwenthal & Walther Geld erhalten hat, entzieht sich unserer Kenntnis.«

Dominierte in den Stummfilmen naturgemäß die komische Körpersprache seiner spindeldürren Gestalt, so konnte Valentin in seinen Tonfilmen alle Register ziehen und in jenen für ihn so typischen Wortspielen schwelgen.

Ein Zitat aus der VERKAUFTEN BRAUT, frei nach Smetana, mit Valentin und Karlstadt als Zirkusdirektor und Frau:

Valentin: Wenn einer a Geld hat und is kein Artist, des is gerade so als wie, als wie irgendwas anders. Wenn ein Artist Geld hat oder er hat keines oder sagen wir, er is ein Artist, nein, er hat kein Geld und is doch ein Artist – du verstehst mich schon. – Wenn er ein Artist wäre oder er will ein Geld – naa, Geld will ja ein jeder. – Ich mein, wenn er ...
Karlstadt: 's Gscheiteste wär des, wenn einer ein Artist wär und recht viel Geld hätte.
Valentin: Ja, des mein ich, ja, des mein ich.

Unter den Kurzfilmen, die Valentin und Karlstadt in den dreißiger Jahren in Geiselgasteig bei der *Bavaria* oder bei *Arnold & Richter* drehten, bleiben Titel wie ORCHESTERPROBE (1932), IM SCHALLPLATTENLADEN, DER FIRMLING, DER ZITHERVIRTUOSE (alle 1934) und DER ANTENNENDRAHT (1937) in guter Erinnerung; an Spielfilmauftritten zu nennen sind noch Chargen in STRASSENMUSIK (1936), in welchem Valentin laut *Film-Kurier* »Gelegenheit zu einer zwar nicht sehr ergiebigen, aber doch wirksamen Valentinade als Kürassier« findet, sowie im gleichen Jahr DONNER, BLITZ UND SONNENSCHEIN nach dem Schwank DER HUNDERTER IM WESTENTASCHL von Max Neal und Max Ferner:

Karlstadt: Ja geh, Vata, schau, heit war so a Glückstag für uns.
Valentin: Ja, bsonders für mich.

Karlstadt: Heit könnst ma scho wirklich moi a Bußl gem.
Valentin: Muß des sein?
Karlstadt: Freile.
(Valentin deutet Kuß an.)
Karlstadt: Mecht scho a richtigs ham.
(Valentin erfüllt mürrisch den Wunsch.)
Karlstadt: So Vata, gut Nacht.
Valentin: Immer die Erotik von den Weibern.

Einer ihrer besten Tonfilme wurde von der Nazizensur wegen »Elendstendenzen« verboten: Unter der Regie von Jacob Geis waren Valentin und Karlstadt in der Kurzburleske DIE ERB-SCHAFT von 1936 als bitterarmes Lumpensammlerpaar aufgetreten, dem vom Nachlaßgericht mitgeteilt wird, daß es eine Schlaf-zimmereinrichtung geerbt hat. Nachdem die beiden ihr altes Mo-

Karl Valentin und Liesl Karlstadt in DER SONDERLING

biliar zu Brennholz zerhackt haben, stellen sie fest, daß die geerbten Möbel für Liliputaner gedacht sind:

Karlstadt: Unsere Verwandten waren Liliputaner.
Valentin: Das sieht man! Das sieht man!
Karlstadt: Ja, nett sind die Möbel schon –
Valentin: Ja, nett.
Karlstadt: Aber, aber unpraktisch.
Valentin: Ja, für uns, für die warn s' vielleicht ganz praktisch. Also naus mit dem kindischen Zeig, naus, unsre alten Möbel wieder her.
Karlstadt: Ja, aber, aber Karl, die sind ja schon Brennholz.
Valentin: Ja sooo – ich bin zerknittert.
Karlstadt: Ich auch.
Valentin: Leng ma uns ins Bett.
(Valentin geht zu dem kleinen Bett, dreht sich um und zeigt mit den Händen die Größe. Er legt sich hinein, die Füße hängen weit

Noch ein deutscher Komiker: Dieter »Didi« Hallervorden

aus dem Bett hinaus. Er versucht, sich mit der kopfkissengroßen Decke zuzudecken.)
Unmöglich, unmöglich. Geht net.

Abschließend stellt sich dann heraus, daß eine Verwechslung vorliegt, der rechtmäßige Erbe ein namensgleicher Liliputaner ist: »Entschuldigen Sie, Herr Meier, es, es ist ein Irrtum unterlaufen. Sie sind ja gar nicht der Erbe. Die Möbel gehören zwei Stock tiefer, zu Maier mit ›ai‹!«
Obwohl Hitler selbst Valentin ganz drollig fand (»Er ist nicht nur ein Komiker aus Leidenschaft – er ist dazu geboren!«), sei es kein Zufall gewesen, schreibt Michael Schulte, daß die Nazis im allgemeinen Komikern gegenüber mißtrauisch waren, während sie Humoristen förderten: »Goebbels hatte schon ziemlich früh die Filmindustrie angewiesen, keine Propagandaschinken mehr zu drehen, sondern Lustspiele. Mehr und mehr kam es darauf an, eine heile Welt vorzutäuschen und von der Wirklichkeit abzulenken. So sehr waren die Nazis auf die Humoristen angewiesen, daß der mit einer Jüdin verheiratete Nazigegner und Brechtfreund Theo Lingen unbehelligt blieb unter der Bedingung, daß er in den Filmlustspielen mitwirkte. Valentins Film DIE ERBSCHAFT wurde von der Nazizensur verboten, weil er nicht von der Wirklichkeit ablenkte, sondern auf die Wirklichkeit aufmerksam machte.« Dem Lumpensammlerpaar bleibt zum Schluß nichts außer dem nackten Fußboden. Valentin starb am Rosenmontag des Jahres 1948. Seinen Traum, seinen Zweiakter DIE RAUBRITTER VOR MÜNCHEN, der am 1. April 1924 uraufgeführt worden war, zu verfilmen, hat er sich leider nicht erfüllen können.

Was wäre geschehen, wenn man den Valentin gelassen – und andere Talente, Autoren und Regisseure mit Feeling für Filmkomödie, nicht aus Deutschland vertrieben hätte? Mit Vergnügen erinnert sich Heinz Rühmann in seinen Memoiren (DAS WAR'S) an einen seiner frühen Filme (1930), der völlig aus der Schablone fiel:
»Es war die erste deutsche Filmgroteske, die dritte Filmregie von Robert Siodmak, dessen Bruder Kurt zusammen mit Billie (damals noch mit ›ie‹) Wilder das Drehbuch nach einem Stück von Ernst Neubach* geschrieben hatte. Friedrich Hollaender komponierte die Musik und spielte auch mit. (…)

---

* JIM, DER MANN MIT DER NARBE

Der Film hieß DER MANN, DER SEINEN MÖRDER SUCHT und erzählt die Geschichte eines blasierten Jünglings (ich), der meint,
lange genug gelebt zu haben, und der beschließt, sein Leben zu
beenden. Er hat aber nicht den Mut, es selbst zu tun, sondern
schließt einen Vertrag mit einem ›schweren Jungen‹, Hermann
Speelmanns, der ihn umbringen soll. Einige Stunden später
lernt er in einer Bar ein reizendes Mädel kennen, Lien Deyers,
und er will unbedingt den Vertrag mit seinem Mörder rück-
gängig machen; der aber besteht auf ›Erfüllung‹ seiner Aufgabe, und eine Hetzjagd beginnt. Er verfolgt mich und ich ihn.
Wir amüsierten uns derart über unsere eigenen Gags, daß wir
vor Lachen oft die Aufnahme abbrechen mußten. Als der Film
in die Kinos kam, lachte kein Mensch mehr. Diese Komik à la
LADYKILLERS war dem Publikum noch fremd, wir waren
dreißig Jahre zu früh.«
Wilder (»Das haben wir aus einer Geschichte vom Jules Verne
übernommen. Na ja. Hat Ihnen der Film gefallen?«) hat im Exil
zusammen mit Charles Brackett zwei von Lubitschs besten Filmen geschrieben (BLUEBEARD'S EIGHTH WIFE und NINOTCHKA)
und später selbst, inzwischen voll etabliert, Sachen wie THE SEVEN
YEAR ITCH, SOME LIKE IT HOT, THE APARTMENT und IRMA LA
DOUCE gedreht: »Emigriert, das hört sich immer so harmlos an, so
vornehm! Ich bin geflohen. Ich hatte zwar noch meinen österreichischen Paß, aber in den Monaten von Januar bis April 1933,
da wurde es immer unangenehmer, unbehaglicher, unheimlicher.
Plötzlich lief sogar der Mann in der Garage, wo ich meinen Wagen unterstellte, in einer SS-Uniform herum mit dem Ding da am
Arm. Und ich wußte genau, ich hätte in Deutschland nicht mehr
arbeiten können, deshalb habe ich langsam angefangen, meine Sachen zu verkaufen, das Auto, das Apartment in der Sächsischen
Straße, und am Tage nach dem Reichstagsbrand bin ich abgezo-
gen nach Paris. Viele meiner Freunde sind geblieben, andere gingen nach Wien, viele gingen nach Prag, und manche gingen nach
Frankreich. Aber alle mußten dann später noch einmal fliehen,
oder sie endeten im Konzentrationslager, in Auschwitz. Das war
doch alles nicht weit genug weg … Paris war für mich von Anfang
an nur ein Zwischenstop. Die Wahrheit ist, ich wäre auch ohne
Hitler eines Tages nach Hollywood gekommen, das war zumindest die Ambition.« Robert Siodmak, der noch vor DER MANN,
DER SEINEN MÖRDER SUCHT mit Felix Bressart, 1933 wie er selbst

Heinz Rühmann

emigriert, einen heiteren Kurzfilm (DER KAMPF MIT DEM DRA-CHEN ODER: DIE TRAGÖDIE DES UNTERMIETERS) realisiert hatte, hätte meines Erachtens mehr Comedies drehen müssen. Wenig-stens hinterließ er uns die schönste Piratenfilmparodie: THE CRIMSON PIRATE (1952) mit Burt Lancaster und Nick Cravat. Nach Deutschland zurückgekehrt, arbeitete er 1960 noch ein wei-teres Mal mit Rühmann und inszenierte nach einem Bühnenstück von Johannes Mario Simmel den Film Mein Schulfreund: Geldbriefträger Ludwig Fuchs betreibt Vergangenheitsbewältigung in eigener Sache, um nach 1945 einen lästigen »Jagdschein« loszuwerden, den ihm vor 1945 sein einstiger Schulfreund Göring verpaßt hat, um ihn vor dem Volksgerichtshof zu schützen. »Damals«, schreibt Hans Hellmut Kirst in einem biographischen Rühmann-Report, »zeigten sich nicht wenige Rühmannfreunde im Filmpublikum maßlos erstaunt – und das nicht ganz unberechtigt. Denn sie mußten sich fragen: Wie kam denn ausgerechnet der dazu, sich mit Vorgängen zu beschäftigen, die fast schon kompakte Vergangenheitsbewältigung waren? Doch so konnten sie nur fragen, weil sie diesen Rühmann gar nicht richtig kannten.

Gewiß, es stimmt: Er gehört keiner Partei an, vermag sich zu keiner noch so festumrissenen Weltanschauung vorbehaltlos zu bekennen, hat sich niemals intensiv für Politik interessiert, aus welcher ja dereinst zwangsläufig Geschichte wird. Aber dennoch: Er besitzt und besaß seine ureigene, gar nicht ungewichtige Humanität – diverse Ereignisse seines Lebens haben das so gut wie unvermeidlich gemacht.

Doch seinem breitesten deutschen Publikum wäre er anders, also eindeutiger, lieber. Und das weiß er auch. Er weiß, wie man ihn gern sehen möchte – als einen netten, lieben, kleinen, harmlosen Mann. Als einen, der da freundlich optimistisch singt:

›Ich bin froh – mir geht's gut ...‹«

Heinrich Wilhelm Rühmann, am 7. März 1902 als Sohn des Gastwirts und Hoteliers Hermann Rühmann und seiner Frau Margarethe (geb. Stemme) in Essen geboren, hat die Erwartungen seiner deutschen Fangemeinde selten enttäuscht, seit er 1930 vom damaligen UFA-Produktionschef Erich Pommer (Emigrant auch er) für den Tonfilm (er war bereits in zwei Stummfilmen gewesen, 1926 und 1927) entdeckt wurde: Die Drei von der Tankstelle. 1936 geriet er als kleiner Kanzleivorsteher Christian Kempenich in dem Heinrich-Spoerl-Film Wenn wir alle Engel wären in die Mühlen der Justiz. 1937 ging er als Der Mann, von dem man spricht in den Löwenkäfig (wo er auch noch 1953, in Keine Angst vor grossen Tieren, stand). Er war Hans Albers' Partner in Der Mann, der Sherlock Holmes war (1937) und Auf der Reeperbahn nachts um halb eins (1954). Als flötenspielender Krimiautor Niels Korff (Nanu, Sie kennen Korff noch nicht?)

ließ er sich 1938 von Ganoven jagen. 1941 war er Spoerls GAS-
MANN: »Ich hatte in einer Szene einer Hausfrau zu erklären, daß
ihr das Gas abgedreht würde, wenn sie die Rechnung nicht bezahlte. Darauf die Frau: ›Das sag ich meinem großen Bruder, der
ist in der Partei! Der kann Ihnen noch sehr schaden!‹ Darauf klappe ich mein Notizbuch zu und sage im Weggehen: ›Na denn Heil

DIE FEUERZANGENBOWLE

Hitler!‹ Das hatte einen derartigen Heiterkeitserfolg bei der Premiere, daß die Szene auf Befehl von Rudolf Heß aus dem Film rausgeschnitten werden mußte.«

Verstimmung gab es anfangs angeblich auch, was Heinrich Spoerls allseits beliebte FEUERZANGENBOWLE, 1943 in Rühmanns Produktionsgruppe bei der *Terra-Filmkunst* entstanden, anging: »Der für den Unterricht zuständige Minister Rust hatte den Film verboten. Begründung: Es fehle ohnehin der Nachwuchs für den Lehrerberuf, und man könne es sich nicht leisten, solche Typen als Lehrer zu zeigen. Daß der Film Jahrzehnte zurück spielte, wie aus den Bauten und der Kleidung ersichtlich, war anscheinend dem Herrn Minister nicht aufgefallen.

Mein geliebter ›Pfeiffer mit drei F‹ verboten! Was war zu tun?«

Mit fünf Filmkartons der FEUERZANGENBOWLE unter dem Arm fuhr Rühmann mit der Bahn Richtung Ostpreußen ins Führerhauptquartier, wo sich Göring das Werk vorführen ließ:

»Am nächsten Morgen erfuhr ich, daß die Vorführung ein großer Erfolg gewesen sei. Mittags kam die Meldung, Göring hätte beim Frührapport berichtet und auch erzählt, daß der Film verboten sei. Warum, wüßte er nicht, gestern hätten jedenfalls alle schallend gelacht.

Darauf Hitler: ›Ist er wirklich so komisch?‹

Göring: ›Wir haben uns auf die Schenkel geschlagen!‹

Hitler: ›Dann soll er sofort anlaufen!‹

Das ging schneller, als ich dachte.

Der Adjutant zeigte mir, bevor ich zurückfuhr, durch eine Lücke in den Sträuchern Hitlers Domizil. Von Stacheldraht umgeben, hauste er im allerinnersten Kreis des inneren Kreises. ›Leider können Sie ihn nicht begrüßen‹, meinte ein Offizier, ›wir haben schlechte Nachrichten von der Ostfront, und die Stimmung ist nicht gut, aber vielleicht sehen Sie ihn noch, er macht ab und zu einen Rundgang.‹ Wie auf ein Stichwort öffnete sich in diesem Moment eine Tür, und barhäuptig, mit rundem Rücken, geht eine müde Gestalt, an der Seite ein Schäferhund, der sich seinem Schritt anpaßt, im Innern des Drahtkäfigs spazieren.

Diesmal schlief ich beruhigt auf der Rückfahrt. Ich hatte erreicht, was ich wollte. Als ich wieder in den Alltag zu den Dreharbeiten zurückkehrte, wurde das Erlebnis dieser zwei Tage immer unwirklicher. War ich wirklich im Führerhauptquartier gewesen, oder hatte ich alles nur geträumt?« (Übrigens ist nicht allgemein

Heinz Rühmann 1941

bekannt, daß Rühmann schon vorher einmal den als Oberprimaner getarnten Schriftsteller Pfeiffer gegeben hatte – 1934 unter der Regie von Robert A. Stemmle in SO EIN FLEGEL.)

»Mein lieber Herr Rühmann«, hatte ihm Göring ein paar Jahre zuvor mit dem Zaunpfahl gewunken, »Sie sind einer unserer beliebtesten Schauspieler. Sie sind für uns unentbehrlich! Machen Sie Ihrer Frau klar, daß Sie Ihnen nicht im Weg stehen darf. Vielleicht kann sie pro forma einen neutralen Ausländer heiraten?« Rühmann nahm den Rat ernst, trennte sich (einvernehmlich) von seiner ersten Frau, der Jüdin Maria Bernheim, die nach der Heirat mit einem Herrn von N., der die schwedische Staatsangehörigkeit hatte, nicht mehr unter das Verdikt der schändlichen Nürnberger Gesetze fiel, und heiratete in zweiter Ehe die Schauspielerin Hertha Feiler, die unter seiner Regie 1938 in dem Film LAUTER LÜGEN vor der Kamera gestanden hatte. Sohn Peter kam 1942 zur Welt.

Im Frühjahr 1941 unterzog sich der passionierte Hobbypilot Rühmann in Rechlin einer vierwöchigen Grundausbildung zum Abwehrflieger und wurde in einer Deutschen Wochenschau als prominenter Kurierflieger präsentiert. Aber Rühmann tat noch mehr für die Fliegerei (und indirekt damit auch für den »Fliegerkameraden« Göring): In dem Film QUAX, DER BRUCHPILOT (Regie: Kurt Hoffmann) spielte er den gewitzten Flugschüler Otto Groschenbügel. Das war 1941. Vier Jahre später, so Hans Hellmut Kirst, sei diese Komödie als hinterhältig ausgeklügeltes »Machwerk der Wehrertüchtigungspropaganda« bezeichnet worden: »Dieser QUAX entstand nicht, wie ansonsten bei Filmen üblich, aus einem dicken Roman oder einem gerade gängigen Theaterstück – vielmehr hatte ein Hauptmann der Luftwaffe, namens Grote, etliche lustige Verse verfaßt und diese mit handfesten Zeichnungen versehen: Was so alles geschehen kann, bevor man Flieger wird.« (Enthusiasmiert drehte Rühmann sogar eine Fortsetzung, die im Februar 1945 von der Filmprüfstelle unter dem Titel QUAX IN FAHRT freigegeben, aber gleich nach dem Krieg von den Alliierten Militärbehörden verboten wurde. Erst am 22. Mai 1953 konnte sie in mehreren Städten der Bundesrepublik uraufgeführt werden.)

Ein zufälliger Nachtrag zum Thema Rühmann und die Nazis: Anfang der zwanziger Jahre hatte der Schauspiellehrer Friedrich Basil neben Rühmann, wie Mitarbeiter Bert Brechts herausfanden, noch einen ganz anderen Schüler – Adolf Hitler! Der wiederum holte sich später gern in den Kammerspielen bei Rühmann »neue erlösende Kraft«.

»Damals vor drei Jahren«, schrieb die *Lichtbild-Bühne* 1936, »dachten viele in Deutschland, ›daß es nun mit dem Lachen vorbei sei‹. Ja, mit diesem Lachen war es auch vorbei! Mit dem schmierigen und widerlichen Gegrinse, das aus Nacktrevuen geiferte, das aus den Zoten sprang, die man in Buntbühnen hören konnte. Der Witz jener Tage war gekrampft, der Humor war glitschig, die lustige Laune war Zweideutigkeit. Im neuen Deutschland kann man wieder lachen!« Dieses Lachen repräsentierte (oder befriedigte) Rühmann wie kein anderer. Doch ausgerechnet dieser humoristisch saubere Rühmann sanierte sich – nach der verheerenden Pleite seiner *Comedia-Filmgesellschaft* Berlin – München – mit einer neuen Filmversion des Schwanks CHARLEY'S TANTE (1955). Von diesem Machwerk müsse man mit Schärfe abrücken, beschwerte sich Rezensent G. H. vom *Film-Dienst:* »In den vielen witzlosen Sexualwitzchen, die der Autor Kampendonk ungeniert in die Handlung zwängte, äußert sich eine geradezu niederträchtige Gesinnung. Man fragt sich vergebens, was einen so sympathischen Schauspieler wie Hans Quest, der für die Regie verantwortlich zeichnet, zu einer derartigen Selbstentwürdigung veranlaßt haben mag. Die Narrenfreiheit des Schwanks ist hier zweifellos mißbraucht worden, und das auf so widerliche Weise, daß sich nicht etwa nur der gute Geschmack beleidigt abwendet. Über die Maßen peinlich, platt und in jeder Beziehung traurig,

QUAX, DER BRUCHPILOT

spielt sich das Ganze auch darstellerisch und technisch auf einem
Niveau ab, das gerade noch ausreicht, um einem ganz und gar anspruchslosen Publikum ein paar Quietscher zu gestalten.« Das

ganz und gar anspruchslose Publikum kam denn auch in Scharen.
Rühmann: »Ich wollte die Rolle eigentlich viel weniger deftig anlegen, aber bei den Aufnahmen wurde mir bewußt, welche Sper-

229

ren sich öffnen, wenn ein Schauspieler in Frauenkleider und Stöckelschuhe gesteckt wird.«

Seine künstlerische Rehabilitation verdankte Rühmann vor allem zwei Filmrollen: 1956 spielte er unter der Regie von Helmut Käutner (mit dem er und Hertha Feiler 1940 KLEIDER MACHEN LEUTE gedreht hatten) den tragikomischen Schuster Wilhelm Voigt in Carl Zuckmayers HAUPTMANN VON KÖPENICK – und 1960 war er DER BRAVE SOLDAT SCHWEJK. Rühmann:

>DER BRAVE SOLDAT SCHWEJK ist mir in der Erinnerung der liebste Film. Nicht der HAUPTMANN VON KÖPENICK, wie viele vermuten werden.

Wahrscheinlich liegt es daran, daß ich mit dieser Figur größere Schwierigkeiten hatte als mit dem Schuster Voigt. Den Hundefänger Schwejk, Joseph konnte ich lange nicht in den Griff bekommen, trotz freundschaftlicher Hilfe durch Axel von Ambesser, den Regisseur.

Wir drehten aus verschiedenen Gründen in Wien, und es irritierte mich schon, daß dort die Schwejks nur so auf der Straße herumliefen. Sie konnten alle perfekt bömakeln, während ich es mir erarbeiten mußte. Außerdem klappte es nicht so recht mit der Maske, das heißt, die künstlerische Knubbelnase war zwar wunderschön, machte mich aber fremd. Sie war kein Teil meiner selbst und wurde es auch durch das Spiel nicht. Zuerst glaubte ich, es auffangen zu können, aber als auch nach dem dritten Drehtag die Muster mich nicht befriedigten, sprang ich über meinen Schatten und rief Dr. Barthel an, den ich von der *Berolina-Film** her kannte und der inzwischen Produktionschef der *Gloria-Film* geworden war. Ich bat um Wiederholung der ersten drei Drehtage. So etwas war mir noch nie passiert, und ich genierte mich sehr. Doch sowohl der *Gloria*-Verleih wie Artur Brauner, der Produzent – nach Rückkehr von einer Auslandsreise – waren damit einverstanden. Dafür bin ich heute noch dankbar.

Doch Sprachfärbung und Maske waren nur die äußerlichen Charakteristika dieser einmaligen Figur. Die Kardinalfrage, die sich jeder Schauspieler stellen und beantworten muß, der

---

* Die *Berolina* (bzw. ihre Nachfolgerin *Kurt Ulrich Film*) war Herstellerin eines Dutzends Rühmann-Filme – neben CHARLEY'S TANTE auch DER EISERNE GUSTAV (1958) und EIN MANN GEHT DURCH DIE WAND (1959).

diese Figur verkörpert, lautet: Ist Schwejk dumm, oder tut er nur so? Steckt in diesem borstigen Schädel nicht ungeheuer viel Schläue? Ich habe versucht, beides anzudeuten, ein bißchen in der Schwebe zu lassen. Dabei ist mir erstmals richtig klargeworden, wie schwer es ist, einen Dummen zu spielen, der vielleicht gescheiter ist als wir.«

Ich weiß sehr wohl, wie gern der Produzent, Herr Brauner, einen seiner Filme mit einem Oscar bedacht gesehen hätte. Dazu ist es nie gekommen. Es war zuviel Schrott dabei. Der SCHWEJK ist eine der wenigen Ausnahmen. 13 ausländische Preise hat er erhalten – und 1961 sogar den Golden Globe. Aber das ist bestimmt nicht Brauners Verdienst ...

»In Deutschland gab es einen Schauspieler, den ich sehr schätze«, bemerkte Mel Brooks einmal, »und den ich in SHIP OF FOOLS* und DER HAUPTMANN VON KÖPENICK gesehen habe: Heinz Rühmann. Er ist sensationell.« Dieser Rühmann hat nicht nur den Nazifilm, sondern auch die Zuckungen des bundesdeutschen Films heil überstanden – und das will etwas heißen!

Weniger gnädig ist der deutsche Nachkriegsfilm mit dem 1964 im Alter von 83 Jahren verstorbenen nuschelnden Wiener Original Johann Julier umgegangen: »Ich will Hans Moser heißen, damit sich der Herr Papa nicht schämen muß, wenn er meinen Namen auf den Theaterzetteln immer ganz unten sieht. Denn für ihn ist ein Julier immer ganz oben.« Außerhalb der einheimischen (Wiener) Filmproduktion war Julier/Moser, der sich anders als Rühmann von seiner jüdischen Frau nicht hatte scheiden lassen, in den fünfziger und frühen sechziger Jahren auch bei diversen Münchner und Berliner Filmfirmen unter Vertrag, mit peinlichen Resultaten wie:

– SOLANGE NOCH DIE ROSEN BLÜH'N (1956)
– DIE ZWILLINGE VOM ZILLERTAL (1957)
– HEUTE BLAU UND MORGEN BLAU (1957)
– DER SÜNDENBOCK VON SPATZENHAUSEN (1958)

Hans Moser sei vielfach angekreidet worden, schreibt Karin Wichmann, »er habe sich aus Geldgier in Filmrollen, die weit unter seinem Niveau lagen, verheizen lassen. Natürlich ist daran einiges wahr. Moser hat sich, und das ist aus seinen langen Elends-

---

* Rühmanns einziger Hollywoodfilm (1964, Regie: Stanley Kramer).

jahren heraus verständlich, oft an Regisseure verkauft, zu Dreh-
büchern überreden lassen, die jeden anderen Schauspieler auf die
Dauer aus dem Geschäft gebracht hätten. Um so erstaunlicher:
Moser war, trotz dieser Billigklamotten, bis zu seinem Tod ein ge-
fragter Mann.«

Etwas mehr anzufangen gewußt als mit Moser – wenn auch lange
nicht genug – hat der deutsche Nachkriegsfilm mit Heinz Erhardt.
Erhardt kam am 20. Februar 1909 in Riga zur Welt. Der Journali-
stin Gudrun Gloth erzählte er später:»In Riga gab es zwei große
Kaffeehäuser, das Café Schwarz und das Café Reiner. Damals
ging der Spruch um: ›Bei Reiner ist der Kaffee schwarz, doch bei
Schwarz ist er reiner.‹ Diese beiden Cafés waren die bevorzugten
Treffpunkte der Deutsch-Balten. Ich erinnere mich noch sehr lebhaft an meine Auftritte im Café Schwarz. Dort mußte man nämlich eine Treppe hinaufgehen, und oben saßen dann alle. So
schüchtern und linkisch, wie ich damals noch war, empfand ich das
als eine Art Spießrutenlauf und wurde jedesmal so rot wie eine
Tomate. Bis ich eines Tages auf folgende Idee verfiel: Ich bildete
mir ein, ich sei ein Schauspieler und das Café Schwarz die Bühne.
So beschritt ich die Treppe, als gehöre das zu einer imaginären
Rolle. Auf diese Weise gewöhnte ich mir ganz allmählich das lä-
stige Rotwerden ab. Dabei dachte ich damals noch nicht einmal
im Traum daran, eines Tages Schauspieler zu werden. Ei, bewahre – nicht die Tüte! Als Sohn eines Kapellmeisters hatte ich zwar
Musik studiert und wollte eigentlich Pianist werden, aber dann
fehlte mir wohl doch der nötige Fleiß …« 1934 machte er seine ersten Gehversuche als Vortragskünstler:»Ich hatte mir ein kleines
Programm erarbeitet, mit dem ich tingelte, das heißt, ich trat bei
den verschiedenen Festveranstaltungen der Deutsch-Balten auf.
Da ich aber immer dasselbe Publikum hatte, mußte ich mein Repertoire ständig erweitern.« Mit eigenen Liedern, bei denen er
sich auch selbst am Klavier begleitete, war er in Übertragungen
der Rundfunksender Königsberg und Danzig zu hören:»Kennen
Sie denn schon das Fräulein Mabel? / Würden Sie sie sehn, würd's
Ihnen abel! / Beine hat sie dünn so wie ein Säbel – / meine süße
kleine Freundin, Fräulein Mabel. / Kennen Sie denn schon das
Fräulein Mabel? / Ausgeschnitten geht sie bis zum Nabel, / deshalb hab ich auch für sie ein Faible – / für die süße kleine Freundin, Fräulein Mabel.«

Heinz Erhardt

In Breslau sprang er für Peter Igelhoff ein, im Nibelungensaal in Mannheim war er mit der La-Jana-Schau engagiert: »Ich kam an, müde, unrasiert und zu spät. Erkältet war ich auch noch. In Mannheim – rein in den Frack und rauf auf die Bühne. Und wie ich in den Zuschauerraum schaue, sitzen da doch glatt 4000 Menschen. Vor soviel Leuten hatte ich noch nie getingelt. Ich war damals wirklich schüchtern, blöde, wütend und vertrottelt. Aber ›die Masche‹ stand. Wie ich aber am nächsten Tage – rasiert und ausgeruht – wiederholen wollte, ging es nicht mehr. Ich brauchte lange Zeit, um diese Rolle einzustudieren.« In Berlin, in Willi Schaeffers' Kabarett der Komiker und in der Scala, wurde er bald einem breiteren Publikum bekannt: »Es war in der Scala in Berlin. Ich sprach ein Gedicht und blieb plötzlich stecken. Um zum nächsten überzuleiten, sagte ich ganz trocken: ›Noch 'n Gedicht‹. Das war ohne jeden Sinn und ohne Pointe. Aber die Leute lachten. Donnerwetter, dachte ich. Beim nächsten Mal hab' ich es dann bewußt gemacht.«

Nach dem Krieg, nach kurzer britischer Internierung bei Kiel, brachte ihn ein Freund beim *NWDR* unter. Sein Filmdebüt gab er 1949 in GESUCHT WIRD MAJORA*, in dem er zusammen mit Camilla Horn so ganz nebenbei ein »schmissiges Foxtrottlied des allbekannten Werner Bochmann« zum besten gab: STÜNDLICH, ABER UNVERBINDLICH … Eine, wenn auch immer noch vergleichsweise kleine, Rolle (Fabrikant Meyer) durfte er im Jahr darauf in LIEBE AUF EIS spielen. Doch persönlich zählte der Kintopp für ihn erst ab 1955, als er in DREI TAGE MITTELARREST an der Seite von Grethe Weiser und Ernst Waldow auftrat. »Ich drehe jetzt andauernd Filme«, scherzte er 1956 in einer Drehpause des Geza-von-Cziffra-Films DIE GESTOHLENE HOSE. »Das ist schon mein erster, ach nein, mein zweiter.« Von Cziffra war auch der Regisseur des MÜDEN THEODOR (1957), über welchen man im *Evangelischen Filmbeobachter* nur Lobendes lesen kann: »Dieser neue deutsche Lustspielfilm zeichnet sich vor anderen dadurch aus, daß die Hauptrolle mit einem Schauspieler besetzt wurde, der unter Humor nicht nur Klamauk versteht, sondern einen ganzen Film über sympathische Menschlichkeit auszustrahlen vermag. Heinz Erhardt beweist damit, daß er nicht nur Gelegenheitskomiker ist, sondern Talente besitzt, die ihn über den Durchschnitt der deutschen Film-Spaßmacher hinausheben.« Und die *Deutsche Film Hansa,* die diesen und auch eine Handvoll anderer Erhardt-Filme herstellte und vertrieb, bemerkte im Werberatschlag des noch im gleichen Jahr entstandenen nächsten, WITWER MIT FÜNF TÖCHTERN (Regie: Erich Engels), Heinz Erhardt sei dem Filmpublikum bisher nur in Schwänken vorgestellt worden – als Meister witziger Worte und komischer Situationen: Im vorliegenden Fall aber sei die Aufgabe der Werbung die, »dem Publikum das Gefühl dafür beizubringen, daß die hier gebotene Heiterkeit tiefere Wurzeln hat«. Nicht nur quantitativ Höhepunkt des Erhardtschen Filmschaffens war seine Dreifachrolle (Heinz, Otto und Eduard Bollmann) in DRILLINGE AN BORD (1959) unter der Regie von Hans Müller. Was danach kam, war dagegen nur Routine: Nebenrollen in KAUF DIR EINEN BUNTEN LUFTBALLON (Regie: von Cziffra),

---

* Gleichzeitig das Spielfilmdebüt von Willy Millowitsch

MEIN MANN, DAS WIRTSCHAFTSWUNDER (mit Marika Rökk), FREDDY UND DER MILLIONÄR, O. W. Fischers AXEL MUNTHE, DER ARZT VON SAN MICHELE, APARTMENT-ZAUBER (mit Rex Gildo), WENN MAN BADEN GEHT AUF TENERIFFA ... (mit Peter Kraus), DIE GROSSE KÜR (mit Kilius – Bäumler), in den Karl-May-Filmen DER ÖLPRINZ (Stewart Granger und Pierre Brice) und DAS VERMÄCHTNIS DES INKA, OTTO IST AUF FRAUEN SCHARF (mit dem unsäglichen Dr. Günther Placheta alias Gunther Philipp), CHARLEY'S ONKEL oder KLEIN ERNA AUF DEM JUNGFERNSTIEG (mit Heidi Kabel), dazwischen gelegentlich Hauptrollen in OHNE KRIMI GEHT DIE MIMI NIE INS BETT (mit Karin Dor und – ausgerechnet – Harald Juhnke), WAS IST DENN BLOSS MIT WILLI LOS?, DAS KANN DOCH UNSREN WILLI NICHT ERSCHÜTTERN, UNSER WILLI IST DER BESTE. Sein letzter Film hieß WILLI WIRD DAS KIND SCHON SCHAUKELN. Er schaukelte es nicht. Am 12. Dezember

Erhardt mal drei: DRILLINGE AN BORD

1971 erlitt er einen Schlaganfall, der zu rechtsseitiger Lähmung und Sprachverlust führte. Er starb am 5. Juni 1979.

Die größten Talente der deutschen Film-»Komik« der ausgehenden fünfziger Jahre aber waren die beiden Wolfgangs: »Müller & Neuss – die Wunderkinder des deutschen Films«, so tönten die Überschriften der Gazetten (und spielten auf ihre Rollen in Kurt Hoffmanns WIR WUNDERKINDER an). Abgeschossen – konnte man lesen – hätten Wolfgang Müller und Wolfgang Neuss in dem amüsanten WIRTSHAUS IM SPESSART (1957) die bewährte deutsche Komikergarde: »Nichts gegen die Moser, Sima, Lingen, Philipp und Thomalla, aber es wurde höchste Zeit, daß endlich mal neue komische Gesichter im deutschen Film zu sehen sind. Und beide, Neuss wie Müller, haben mehr als nur Lachvisagen. Die beiden haben eine herzerfrischende Komik und einen wirklich schlagfertigen Humor.« Der *FAZ* galten sie gar als »Dick und Doof auf intellektueller Ebene«! Doch dann kam Müller 1960 beim Flugscheinmachen ums Leben – derweil Neuss seine Politsatire WIR KELLERKINDER vorbereitete (und dann auch noch einen GENOSSEN MÜNCHHAUSEN in eigener Regie drehte). Der hinterbliebene Wolfgang, der Mann mit der Pauke, der den »Halstuchmörder« (Dieter Borsche in Durbridges TV-»Straßenfeger«) verriet, wurde zusehends politischer, engagierte sich für die Außerparlamentarische Opposition und sammelte für den Vietcong. Zuletzt stilisierte ihn die Boulevardpresse zum Drogenopfer: »Eine leere Wohnung, ein Sessel aus dem Müll, etwas Hasch zum Frühstück.« Auf die Frage seines Kollegen Volker Kühn, wie es weitergehen solle, meinte er: »Ich warte auf meine Partner. So wie ich als Kind immer Clown werden wollte, so will ich jetzt Marx-Brother werden. Als einer unter vielen. Das ist der Witz. Wolfgang Müller muß ja irgendwann mal wiederkommen. Es gibt doch keinen Tod, es gibt nur ständige Wiederkehr. Infolgedessen muß der Typ irgendwann wiedergeboren werden. Ich glaube, ich hab schon einen gesehen.« Den Glauben nahm Neuss mit ins Grab: Nachdem er noch einmal im Fernsehen (in der Talkshow LEUTE an einem Tisch mit Wolfgang Menge und Richard von Weizsäcker) von sich reden gemacht hatte und in einer winzigen Gastrolle – in Frauenkleidern, als Annemarie Renger (»Neuss ist mein Wahlkreis«) – in IS ' WAS, KANZLER?!? vor der Kamera gestanden hatte, verabschiedete er sich von dieser Welt am 5. Mai 1989. Immerhin hinterließ er den Lebenden NEUSS TESTAMENT.

WIR WUNDERKINDER: *Wolfgang Müller und Wolfgang Neuss*

Heute heißt der Deutschen liebster Lachschlager Otto. Der ist zwar auch verrückt – aber nicht politisch, sondern einfach nur kommerziell.

»Zur Person Otto Waalkes:

22.7.1948	Geboren in Emden, Ostfriesland.
1960	Bekommt seine erste Gitarre.
1964	Erste öffentliche Auftritte als Gitarrist mit der Band ›The Rustlers‹ im Raum Emden.
1968	Abitur.
1969	Umzug nach Hamburg – Studium.
1971	Erste Soloauftritte in Hamburger Kneipen als ›Otto‹.
1972	Lernt seinen Freund und späteren Manager Hans Otto Mertens kennen.

Im September erstes großes Konzert im Hamburger Audimax, Live-Mitschnitt auf eigene Kosten, aus dem unter dem Label Rüssl Räckords (Otto und Hans Otto) im Dezember die erste LP wurde.

1973 Otto Show im Fernsehen. Erste große Deutschland-tournee (Oktober bis Dezember).

1974 Veröffentlichung der zweiten LP.
Goldene Schallplatte für die erste.
Zweite Otto Show im *WDR*.

1975 Dritte LP und dritte TV-Show.
Verleihung der zweiten und dritten Goldenen Schallplatte.

1976 Vierte LP (Otto – das vierte Programm), vierte Fernsehshow.
Ehrenlöwen-Verleihung durch *RTL*.

1977 *Goldene Kamera.*
Das Wort zum Montag (LP # 5), *WDR*-Show-5.

1978 Ottocolor (LP # 6), *WDR*-6.
Auftritte in der Hamburger Staatsoper als ›Frosch‹ in der Fledermaus.
Verleihung des *Goldenen Elefanten* für über 125 000 verkaufte LPs in Österreich, als Ersatz für fünf Goldene Schallplatten (eine Goldene in Österreich = 25 000 verkaufte LPs).

1979 Verleihung einer ›Platin-Schallplatte‹ für die dritte LP (Oh, Otto) sowie drei Goldene für die vierte bis sechste.
Erster DDR-Auftritt in Eisenach.
Siebte LP: Otto, der ostfriesische Götterbote, siebte TV-Show.

1980 Erste Buchveröffentlichung: Das Buch Otto (Erst-auflage 100 000, Verkauf bis Jahresende 200 000 Exemplare).

1981 So ein Otto (8. TV-Show),
Otto versaut Hamburg (8. LP),
Ein neues Programm von und mit Otto Waalkes (9. TV-Show).

1982 Verleihung des ersten *Video-Bambi.*
Regisseur der Sendung Ronny's Pop Show *(ZDF).*
Ottos Sammelsurium (LP # 9)

1983	Zehnte LP: HILFE OTTO KOMMT.
1984	Adolf-Grimme-Preis in Silber für Drehbuch, Regie und als Hauptdarsteller der TV-Show HILFE, OTTO KOMMT. Erste öffentliche Ausstellung eines Gemäldes von Otto (MÄDCHEN MIT WOLLMÜTZE, 1973) im Kunsthaus in Hamburg (HANS THIEMANN UND SEINE SCHÜLER). Erste Schallplattenveröffentlichung in der DDR (limitierte Auflage einer EP als Zusammenschnitt aus verschiedenen LPs). Zweite Buchveröffentlichung (DAS ZWEITE BUCH OTTO).
1985	Am 10. April Beginn der Dreharbeiten OTTO – DER FILM (Start am 19. Juli).

Was ist OTTO – DER FILM für ein Film?

EIN PROBLEMFILM? Sicherlich. Denn Otto hat jede Menge Probleme. Er ist arm. Sein Allround-Unternehmen OSSI (Ottos Super Service International) will nicht so recht laufen. Und der sehr finstere Kredithai Shark will sein Geld zurück.

EIN LIEBESFILM? Aber immer. Denn der arme Otto liebt die reiche Silvia von Kohlen und Reibach. Doch die ist leider schon mit dem ziemlich zwielichtigen Ernesto verlobt. Und ihre Mutter, die Frau Konsulin, würde Otto liebend gern die Tür ihrer Villa weisen. Aber leider hat der ihrer Tochter das Leben gerettet.

EIN ACTIONFILM? O ja. Denn Otto kommt keinen Moment zur Ruhe. Er wird nacheinander in eine Prominentenjagd, einen Banküberfall und eine Flugzeugentführung verwickelt, bis er schließlich den Jet nach Rio samt Silvia, Ernesto, der Konsulin und den Entführern eigenhändig und mitten in der Südsee zu Bruch landet.*

EIN KUNSTFILM? Sowieso. Denn niemand beherrscht die Kunst, sich ständig danebenzubenehmen, besser als Otto. Er scheitert nicht nur in allen Berufen – als Tellerwäscher, als Fensterputzer, als Unterhaltungskünstler, er macht sich auch sonst überall zwischen Emden und Rio de Janeiro unmöglich.

---

* Für diese Szene hat der Verleih für sündteures Geld eine eindrucksvolle Modellaufnahme aus einem französischen Spielfilm erworben.

EIN TIERFILM? Natürlich. Denn 1. spielt ein Hase, Rudolf der Rammler, die zweite sehr männliche Hauptrolle, und 2. sorgt Otto dafür, daß durchgehend tierisch die Post abgeht ...«

Soweit das Presseheft des Verleihs über einen Film, der als einer der wenigen in der Bundesrepublik die Goldene Leinwand mit Brillanten empfangen hat (sechs Millionen Besucher!): Das Publikum liebe Otto wie einen der Ihren. »In unserer schönheits- und körperfixierten Zeit endlich mal einer, der kein Adonis ist, der dünne Haare, eine spitze Nase und kaum was auf den Rippen hat. Und just so einer macht die Klappe auf – und jeder hört hin.« Der Intellektuelle schäme sich genausowenig seiner Ottomanie wie der Brummi-Fahrer oder die Sekretärin des Abteilungsleiters für Kompaktküchen.

Wieder einmal hatte Horst Wendlandt, Chef der *Rialto*-Filmproduktion und des *Tobis*-Verleihs, den richtigen Riecher bewiesen (nachdem die Herren einer anderen deutschen Filmfirma, die so etwas wie INVASION DER SPAGHETTIMONSTER im Sinn hatten, Otto hatten fallenlassen) und setzte – sein altes Erfolgsrezept (Edgar Wallace, Karl May) – auf Serie. Doch trotz der Mitwirkung des bewährt ottonischen Autorentrios Robert Gernhardt – Bernd Eilert – Peter Knorr, Mitgründer des Satiremagazins *Titanic,* kam dabei nur kalter Kaffee heraus. OTTO – DER NEUE FILM (1987) bestach allenfalls durch sein aufdringliches Product Placement (Bier, Zigaretten, Jeans, Küchengeräte); und wie hieß es im *filmdienst* so treffend, als 1989 OTTO – DER AUSSERFRIESISCHE in die Kinos gelangte: »Die fadenscheinige Geschichte dient zu einer schamlosen Selbstdarstellung des friesischen Blödelstars Otto Waalkes, dem ein übereifriges Autorenteam vermeintliche Gags auf den Leib geschrieben hat. Daß die Witze dabei mindestens genauso alt sind wie das oft zitierte ›Buch der Friesen‹ scheint niemanden zu berühren, ebensowenig wie die äußerst beschränkten filmischen Ausdrucksmöglichkeiten. Patchwork mag ja durchaus seine Reize haben, aber nur, wenn man die Fäden, die die Flicken zusammenhalten, nicht sieht. Wenn jedoch ausschließlich die Fäden ins Zentrum des Interesses rücken, entlarvt sich die Einstellung der Macher: Otto wird's schon richten, wer braucht da schon eine Geschichte oder zündende Einfälle?« Doch Wendlandts untrüglichen Geschäftssinn bestätigten die selbst beim vierten Streich (OTTO   DER LIEBESFILM, 1992) immer noch vergleichsweise fabelhaften Einspielergebnisse allemal. Und wem der Sinn nach weniger Blödelei und dafür etwas mehr »Bildungsbürgertum« steht, für den gibt's ja noch Loriot.

»Zur Person Vicco von Bülow:

12.11.1923	Geboren in Brandenburg an der Havel.
1934–41	Humanistisches Gymnasium Berlin und Stuttgart.
1942–45	Teilnahme am Rußlandfeldzug.
1947–49	Kunstakademie Hamburg.
seit 1949	Werbegraphik.
seit 1950	Cartoons für den *Stern*.
1953 bis heute	Bücher, u. a.:
	AUF DEN HUND GEKOMMEN. 44 LIEBLOSE ZEICHNUNGEN – REINHOLD DAS NASHORN – UNENT-

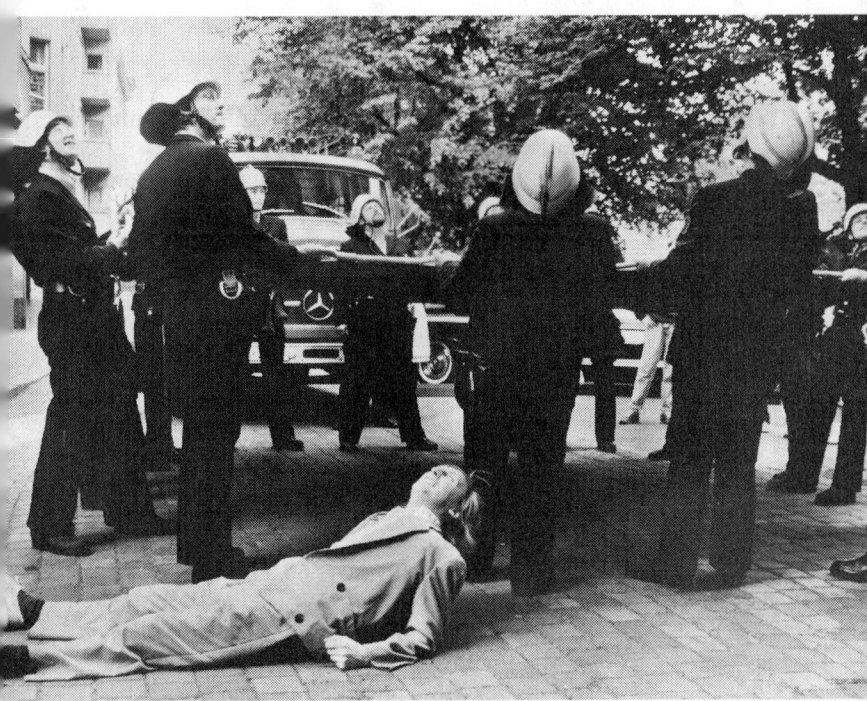

Mal wieder voll daneben: Otto (liegend) in OTTO – DER FILM

BEHRLICHER RATGEBER FÜR DAS BENEHMEN IN
FEINER GESELLSCHAFT – WAHRE GESCHICHTEN.
ERLOGEN VON LORIOT – GROSSER RATGEBER –
LORIOTS HEILE WELT – LORIOTS DRAMATISCHE
WERKE – LORIOTS GROSSES TAGEBUCH – MÖPSE
& MENSCHEN. EINE ART BIOGRAPHIE.

seit 1955	Cartoons für *Quick*. Humoristische Werbegraphik (Scharlachberg etc.).
1967–72	TV-Serie CARTOON (Autor und Hauptdarsteller). Aufnahme eigener Zeichenfilmproduktion.
seit 1967	Satirische Prosa.
1971	Entwurf des TV-Hundes WUM für die AKTION SORGENKIND (*ZDF*-Sendung DER GROSSE PREIS).
seit 1973	Entwurf von Brettspielen, Puzzles, Postern, Spielkarten, plastischen Figuren. Schallplatten.
1974	TV-Sendung TELECABINET (Autor, Hauptdarsteller, Regisseur).
1975	Text zu KARNEVAL DER TIERE von Camille Saint-Saens.
1976	Rede vor dem Bundestagspräsidenten.
seit 1976	TV-Serie LORIOT I–VI (Autor, Hauptdarsteller, Regisseur).
1979	Dirigat der Berliner Philharmoniker anläßlich des Bundeskanzlerfestes.
1980	Politische Satire für REPORT (TV).
1982	Festrede zum 100. Geburtstag der Berliner Philharmoniker (einschließlich Dirigat und Sketchen). Festrede zur Wiedereröffnung des Deutschen Theaters in München.
1983	Fernsehsendung LORIOTS 60. GEBURTSTAG. Text zu PETER UND DER WOLF von Prokofjew. Rede zur Verleihung des *Goldenen Möbelwagens*.
1984	Dirigat der Münchner Philharmoniker.
1985	Inszenierung der DRAMATISCHEN WERKE im

Evelyn Hamann und Loriot in ÖDIPUSSI

Stadttheater Aachen und der Oper MARTHA an der Staatsoper Stuttgart.

1988   Inszenierung der Oper FREISCHÜTZ anläßlich der Ludwigsburger Schloßfestspiele.

Fernsehsendung aus Anlaß des 65. Geburtstags.«

Es dauerte seine Zeit, bis es Horst Wendlandt eingedenk seines OTTO-Erfolgs gelang, auch den zweiten, etwas seriöser auftretenden, fernseherprobten und -bewährten Großmeister der aktuellen deutschen Humorszene – so man sie als solche bezeichnen kann – fürs Kino zu verpflichten.

Wendlandt lakonisch auf die Frage, wie er das geschafft habe: »Mit der Gage natürlich.«

ÖDIPUSSI, Loriots erster Spielfilm, entstand 1987 in Coproduktion mit der *Bavaria* und wurde am 10. März des folgenden Jahres mit großem Erfolg gestartet: Paul Winkelmann (56) lebt in offensichtlich glücklicher Abhängigkeit von seiner Mutter Louise (78). Nach dem Tod ihres Mannes vor acht Jahren hat sie die Leitung des familiären Möbel- und Dekorationsgeschäftes übernommen, um sie dann an ihren Sohn zu übertragen. Obwohl sich Paul inzwischen eine eigene Wohnung genommen hat, hält sie sein früheres Kinderzimmer nach wie vor für ihn bereit, wäscht seine Hemden und mischt sich in sein Leben ein.

Dieses erfährt die entscheidende Wende, als er Margarethe Tietze kennenlernt, eine ebenfalls nicht mehr ganz junge, alleinstehende Diplom-Psychologin, die allem Anschein nach auch noch nicht ganz flügge geworden ist. Margarethes Mutter Gerda (70) ist eine herrische Person, die für den Beruf ihrer Tochter wenig übrig hat; Ehemann Kurt (80), früher Leiter der städtischen Müllabfuhr, steht deutlich im Hintergrund. Zum erstenmal in seinem Leben keimt in Paul, abgesehen von der Bindung zu seiner Mutter, so etwas wie Neigung zum anderen Geschlecht auf. Er überredet Margarethe zu einem gemeinsamen Wochenende in Italien. Als er dieses Vorhaben seiner Mutter mitteilt, kommt es zwischen den beiden zur ersten bedeutenden Spannung seit 56 Jahren. Es wird deutlich, daß Louise Winkelmann nicht gewillt ist, ihren Sohn einer anderen Frau zu überlassen. Trotz Pauls nur gespielter Sicherheit in der ungewohnten Atmosphäre eines Luxushotels und Margarethes berufsbedingter Gewohnheit, Einfaches auf psychologischem Wege zu komplizieren, kommt es in Italien immerhin zu einer scheuen, liebesähnlichen Annäherung zwischen den beiden. Nach der Rückkehr wird Paul Margarethes Eltern vorgestellt.

Der Abend leidet unter Mutter Tietzes irrtümlicher Annahme, es handle sich um einen von Margarethes »Bekloppten«. Die bald darauf stattfindende Zusammenführung der Familien Tietze und Winkelmann im Hause von Pauls Mutter gestaltet sich trotz des Vortrages eines Brahmsliedes durch Frau Winkelmann zu einer gesellschaftlichen Katastrophe. Gerade noch rechtzeitig vor Schluß des Films vermag Paul das Steuer seines Lebens herumzuwerfen.

Verglichen mit Loriots pointenreichen Fernsehauftritten, war der Lachwert dieser Filmkomödie eher bescheiden, doch tat das seiner Popularität beim großen Publikum, ihm treu ergeben, keinen Abbruch. Besonders gewürdigt von der Presse wurde das hohe Alter vieler Mitwirkender (Loriot und seine seit gemeinsamen

Bildschirmauftritte ständige Partnerin Evelyn Hamann waren »Teenager« dagegen): Katharina Brauren (Jahrgang 1910) als Mutter Winkelmann, Edda Seipel (Jahrgang 1919) und Richard Lauffen (Jahrgang 1907) als Gerda und Kurt Tietze, Rose Renee Roth (Jahrgang 1907) als Tante Mechthild. Ein Indiz dafür, daß wir es bei ÖDIPUSSI nicht unbedingt mit einem jungen Film zu tun haben.

Mit der geschickt über dem Titel plazierten Ankündigung *Loriots erster Spielfilm* hatte Produzent Wendlandt den Humoristen natürlich unter Zugzwang gesetzt, nur möglichst bald, wenn er »Lust« verspüre, einen zweiten Kinofilm zu realisieren. Dabei war ÖDIPUSSI genaugenommen nicht Loriots erste Begegnung mit der Leinwand: Zusammen mit Evelyn Hamann hatte er einen Gastauftritt absolviert in der belanglosen Klamotte WER SPINNT DENN DA, HERR DOKTOR? (1982), mit dem sich sein zeitweiliger TV-Regieassistent Stefan (Sohn von Wolfgang) Lukschy gemeinsam mit Christian Rateuke als Deutschlands neuer Comedy-Schmied zu profilieren hoffte. (Anerkennenswert immerhin war die erste Viertelstunde von DER MANN IM PYJAMA, den besagter Rateuke 1981 mit seinem anderen Kompagnon Hartmann Schmige für Wendlandts *Rialto* gedreht hatte und in dem Otto Sander zum Zigarettenholen in Schlafanzug und Bademantel auf die nächtliche Straße geschickt ward, was zu allerlei Verwicklungen führte, die leider durchweg naiv und wenig memorabel verliefen.) Loriots allererste Kontakte mit dem Spielfilm liegen aber noch länger zurück: Als Klein- und Laiendarsteller war von Bülow Ende der fünfziger, Anfang der sechziger Jahre bei Bernhard Wicki in die Lehre gegangen (DIE BRÜCKE, DAS WUNDER DES MALACHIAS, THE LONGEST DAY), von dem er abgeguckt hatte, wie man Filmregie sozusagen zelebrieren kann (und dem Hörensagen nach soll er 1940 sogar in FRIEDRICH SCHILLER, mit Horst Caspar und Heinrich George, dabeigewesen sein). Bei Loriot ist jede Geste, jeder Auftritt, jeder Gag penibel einstudiert und bis zum Erbrechen, Klappe für Klappe, wiederholt. Es wundere ihn ein bißchen, wehrt sich der Pedant auf dem Regiestuhl, »daß mir immer Penibilität vorgeworfen wird. Wo doch jeder weiß, daß es beim Film ohne äußerste Präzision gar nicht geht. Bei mir als Filmmacher, der Komödien macht, sagen die Leute: Mein Gott, es soll doch nur eine Komödie sein, warum gibt er sich denn mit solchen Kleinigkeiten ab. Eine Komödie aber funktioniert überhaupt nur, wenn die Kleinigkeiten funktionieren. In der Tragödie ist es viel einfacher. Jemand, der ertrinkt oder erschossen wird oder von seinem Hund aus einem gefrorenen Teich errettet wird – da kommt es nicht drauf an, ob dahinter drei Filmsekunden mehr oder weniger hängen. Eine Pointe aber hängt entscheidend vom Timing ab.«

Am 20. Februar 1991 feierte in Potsdam und Berlin Loriots zweiter Film für Wendlandt Premiere: PAPPA ANTE PORTAS (der Titel, eine Abwandlung des HANNIBAL ANTE PORTAS, verrät seines Machers reiche humanistische Bildung) entstand in der zweiten Jahreshälfte 1990 in den vormals »volkseigenen« *DEFA*-Ateliers in Potsdam-Babelsberg. Warum er ausgerechnet in Babelsberg drehte? »Na, das ist 'ne Frage! Es hat sich ja seit dem 9. November 1989 einiges geändert, und diese Studios sind ja wohl die traditionsreichsten Studios, die wir in Deutschland haben. Das Schlimmste ist doch, daß wir nicht immer hier haben drehen können.« (Schade, daß die *DEFA* selbst so wenig von dem Besucher gelernt hat und zur selben Zeit in eigener Regie eher weinerliche, von Selbstmitleid geprägte Stoffe wie DER TANGOSPIELER herstellte.)

»Pappa« Heinrich (60) ist Abteilungsleiter in einem Industrieunternehmen. Mit seiner Frau Renate (45) und dem gemeinsamen Sohn Dieter (16) führt er ein geregeltes Leben. Niemand im Hause Lohse merkt, daß die Harmonie nur auf dem reibungslosen Funktionieren einer Ordnung beruht, die jedem Familienmitglied eine eingefahrene Rolle zuweist. Erst durch ein unvorhergesehenes Ereignis bricht die oberflächliche Idylle jäh zusammen: Pappa läßt sich vorzeitig in den Ruhestand versetzen. Daheim stilisiert er die deprimierende Nachricht zur freudigen Überraschung und droht an, seine Erfahrungen künftig ganz dem Haushalt zur Verfügung zu stellen. Mit der Entschlossenheit des erfolgsgewohnten Managers macht sich Pappa ans Werk – und das Unheil nimmt seinen Lauf. Das Problem des Vaters, der eines Tages zu Hause bleibt, weiß Loriot, »kommt unweigerlich auf jede Familie zu. Ich habe mit gewissem Erstaunen festgestellt, daß kaum eine Frau ihren Mann ganztägig zu Hause erträgt, auch wenn sie sich seit Jahren über Pappas mangelnde Zeit für die Familie beklagt. Männer und Frauen haben es nun mal nicht gelernt, zusammenzuleben.«

An der Seite von Evelyn Hamann (Renate) und Gerrit Schmidt-Fuß (Dieter) gestaltete Loriot in PAPPA ANTE PORTAS gleich vier

Rollen: »Eine große (Heinrich Lohse), eine kleinere (Lyriker), den Opa Hoppenstedt in ein paar kurzen Szenen. Und einen Stadtstreicher, der erstaunlicherweise perfekt Violine spielt, dabei aber sehr verkommen aussieht. Es werden mich dort allerdings nur sehr wenige erkennen, weil die Maske so perfekt ist. Ich war damals schon im Hotel geschminkt worden – und als ich anschließend zum Portier ging, um nach einer Nachricht für mich

PAPPA ANTE PORTAS: *Loriot als Straßenmusikant*

zu fragen, hieß es etwas spitz, für mich sei noch nie eine Nachricht abgegeben worden.«

Dem deutschen Film auch im Ausland zum »Durchbruch« zu verhelfen, sind weder Otto- noch Loriot-Streifen gemacht. Als Horst Wendlandt gefragt wurde, ob er beispielsweise für ÖDIPUSSI internationale Chancen sehe, meinte er: »Ja, wir werden in der Schweiz und Österreich ganz groß auftrumpfen!« Sie amortisieren sich voll und ganz an der deutschen Kinokasse. Daher bleiben sie auch national.

Horst Wendlandts jüngste (wenn auch nicht erfolgreichste Bildschirm-)Erwerbung heißt Hans-Peter Kerkeling, der im Frühjahr 1993 in ausgewählten Lichtspieltheatern KEIN PARDON gab:

»Ein Film, der mit der Erkennungsmelodie von FLIPPER anfängt, kann nicht ganz schlecht sein. Man sieht erst einen kleinen Jungen, der dem schnatternden Delphin (Flipper) an den Lippen hängt, dann einen etwas älteren Jungen (Hape Kerkeling), der bei Heinz Schenk (Heinz Schenk) mitsingt. Dies hätte also ein Film über die unbewältigte Vergangenheit der Babyboomer werden können, die mit FLIPPER und DAKTARI groß wurden und die auf Besuch bei der Oma auch um den BLAUEN BOCK nicht herumkamen, ein Film über die Lehr- und Wanderjahre in der Fernsehlandschaft. Ist es nicht geworden. Macht nichts. KEIN PARDON ist trotzdem ganz lustig.

Das liegt weniger am Film, der beinahe alle Chancen zur Komödie ungenutzt läßt, als an seinem Helden Hape Kerkeling, dessen Erscheinung einfach einen bestimmten Lachnerv trifft. Als Fan, der beim Blick hinter die Kulissen seiner Lieblingsshow WITZISCHKEIT KENNT KEINE GRENZEN alle Illusionen verliert, kann er jene totale Normalität ausspielen, die ihm schon im Fernsehen Erfolg bescherte. Hape ist ein Mann ohne Eigenschaften, ein Vidiot, der im Stumpfsinn der Unterhaltung seine Identität findet.«

(Michael Althen in *Süddeutsche Zeitung,* 3. März 1993)

Ein anderer, Dieter »Didi« Hallervorden, Gründer und Leiter des Berliner Kabaretts *Die Wühlmäuse,* ist im Fernsehen zuerst populär geworden als deutsche Stimme von Marty Feldman* so-

---

* Synchronregie. Werner Schwier.

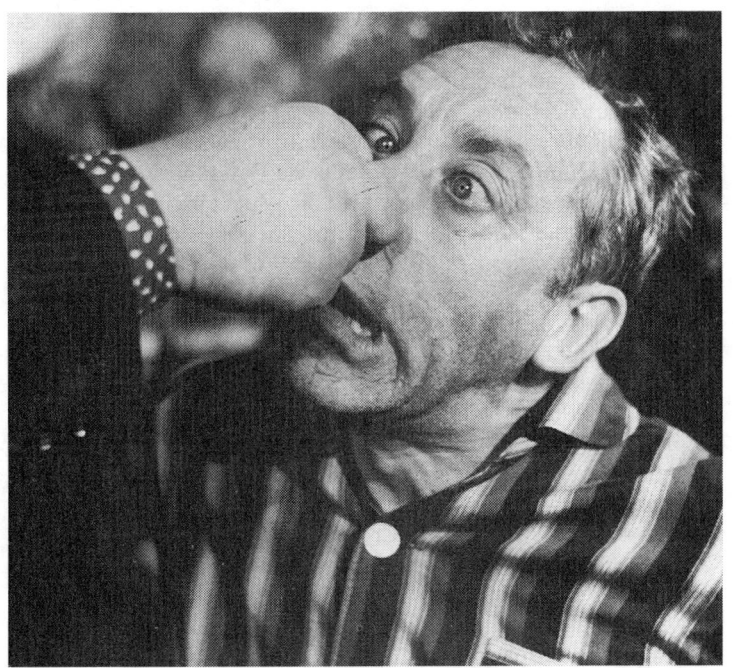

Es tut wirklich weh: Dieter Hallervorden

wie als Blödling vom Dienst in der Serie NONSTOP NONSENS (1975–80). *tip*-Kritiker Lars-Olav Beier, der Hallervordens Filmposse BEI MIR LIEGEN SIE RICHTIG (1990 von der *Tobis* herausgebracht) rezensierte, würde sich vermutlich nicht anschließen:

»Dieter Hallervorden alias Willy Kritz ist ein pathologischer Fall. Er arbeitet als Nachtwächter in einem Ostberliner Krankenhaus und schmuggelt eingelegte Leichenteile berühmter Männer durch das Brandenburger Tor: das linke Auge von Marx oder die Leber von Stalin. Um den Ausstattern dieses Films die Arbeit zu erleichtern, hat sie Drehbuchautor Wolfgang Limmer mit einer großzügigen Organspende bedacht: Er stellte ihnen zeitweise sein Gehirn zur Verfügung.

Auch Willy Kritz fühlt sich etwas benommen, als er nach einem Verkehrsunfall wieder zu sich kommt. Lilo Berger (Rosel Zech), die Fahrerin des Wagens, der Willy von seinem Rad auf die Straße fegte, ist Leiterin der Kreditabteilung einer ›Ärzte-

Bank‹. Fortan gibt sie Willy als ›Dr. Tetzlaff‹ aus, den sie erfunden hat, um fingierte Kredite auf ihr eigenes Konto umzudirigieren und damit ihre Spielschulden zu begleichen.

Zwischen Ost und West spielt der neue Hallervorden-Film, zwischen Organbank und Ärzte-Bank. Scharf wie ein Skalpell soll der Humor sein, um neudeutsche Befindlichkeiten ebenso millimetergenau zu sezieren wie die Machenschaften der Mediziner. Doch die Satire kommt so gut wie nie über die Schwundstufe der Klamotte hinaus. Wer darüber lachen kann, wie ein falscher Arzt seine echten Kollegen mit Kenntnissen düpiert, die er sich beim Studium der ›Schwarzwaldklinik‹ angeeignet hat, muß wohl schon eine Nulldiät in Sachen Humor hinter sich haben.

Einige Perlen: Tetzlaff wird gefragt, als was er in Australien praktiziert habe, und erwidert: ›Als Beutelschneider!‹ Im gleichen Sinne wird ein ›Herr Dr. Sahner‹ in ›Dr. Absahner‹ umbenannt. Das haben selbst die Mediziner nicht verdient, daß man so schlechte Witze über sie macht!

Während die Inszenierung so uninspiriert wirkt, als seien einige der Verantwortlichen zumindest örtlich betäubt gewesen, wird vor der Kamera chargiert, als würde ein Werbespot für Aufputschmittel gedreht. Arm dran sind nur die Zuschauer, die nichts eingenommen haben: Wenn Sie sich bei diesem Film mehr als unwohl fühlen und auch nach Verlassen des Kinos nicht beschwerdefrei sind, dann sind das keine Phantomschmerzen! Dieser Film tut *wirklich* weh.«

Was sonst noch:

Karl Dall (Ex-INSTERBURG & CO)? Ein amüsanter Talkmaster (DALL-AS, *RTL plus*), der sich vom Kinofilm in Idioten-Nebenrollen hat verschleißen lassen.

Blödelbarde Mike Krüger, der im Team mit Thomas Gottschalk (DIE SUPERNASEN) das, was sich deutsche Filmkomödie der Achtziger nannte, dominierte? Thommy (NA SOWAS / WETTEN, DASS ... / »Personality«-Show GOTTSCHALK) versucht sich mittlerweile im Kino solo. Gottschalk, vor Drehbeginn seines vom Verleih als *das* Presseereignis des Jahres (1991) annoncierten Streifens TRABBI GOES TO HOLLYWOOD (TRABBI TROUBLE), in seiner Kolumne in der *Bild*-Zeitung:

»Sie werden gemerkt haben, daß ich diese Zeilen bisweilen dazu nutze, Ihnen Dinge von mir zu erzählen, bevor Ihnen ein anderer dummes Zeug vormacht. Nun könnte es demnächst heißen: ›Gottschalk erobert Hollywood‹ oder ›Geht Thommy ganz zum Film?‹ Um dieses zu verhindern, erfahren Sie, was wirklich läuft: In der Tat habe ich einer amerikanischen Filmfirma mein Jawort gegeben. In der Tat mache ich einen Film in Hollywood. Aber erst mal ganz klein und bescheiden: Der ganze Film kostet ungefähr soviel wie bei BATMAN das Auto, und meine Gage ist so hoch wie Schwarzeneggers Spesen.

Aber trotzdem: Sie hätten ja auch Sascha Hehn nehmen können – oder vielleicht doch nicht? Die brauchten nämlich einen etwas blassen DDR-Tüftler, der mit seinem Plaste-Trabi in L. A. einfällt. Mal sehen, ob ich die schauspielerische Leistung schaffe, in einen Hamburger zu beißen und so zu tun, als wär's mein erster.«

Der ulkige Trabant aus der gewesenen Deutschendemokratischenrepublik gleich gar als Herbie-Ersatz? Ein *Bavaria-Film*-Versuch (Gesamtleitung: Dr. Günter Rohrbach) mit GO, TRABI, GO (1990) – Motto: Die Sachsen kommen – war nicht zuletzt an ostdeutschen Kinokassen ganz einträglich. Denn angesichts der immer noch existenten, teilweise unsichtbaren Barrieren zwischen Deutschland Ost und Deutschland West ist der Sympathiewert, den die Familie Struutz aus Bitterfeld bei Leipzig auf ihrer Trabifahrt nach Italien erfährt, beim sächsischen Kinopublikum ungleich höher als etwa beim bayrischen. Als er die ersten Trabis sah, die über die Grenze kamen, so Produzent Reinhard Klooss, »da habe ich weniger an den Fall der Mauer gedacht als daran, was wohl die Menschen, die hinter den Scheiben dieser liebenswerten, unbekannten Autos sitzen, denken. Einmal hinter die Scheiben eines Trabant klettern und unsere Welt aus dieser Perspektive sehen – das war die Grundidee für GO, TRABI, GO. Und wenn man so will, ist das auch eine klassische Komödiensituation: Das scheinbar Altbekannte, nur allzu Vertraute nimmt monströse Formen an, rückt in eine Ferne, in der es wahrnehmbar und kritisierbar wird. Und das vermeintlich Fremde, Exotische umgibt uns plötzlich angenehm wie eine neue, frische Haut. Komödie – das heißt ja nicht unbedingt: über andere lachen. Schöner wäre: mit anderen lachen über uns selbst. Und ich hoffe, daß uns dies auch über weite Strecken des Films gelungen ist. Denn selbst dort, wo wir über unsere Trabi-Familie schmunzeln, schmunzeln wir doch über das typisch Deutsche an ihr, das in uns allen steckt. Nicht Denunziation, sondern Selbstironie ist der komödiantische Motor unserer Geschichte. Einer Geschichte, die im übrigen eher die Geschichte einer Nord-Süd-Sehnsucht ist als ein Ost-West-Szenario.« Seite an Seite mit den Westdeutschen Billie Zöckler, Barbara Valentin, Dieter Hildebrandt, Diether Krebs (der Schwiegersohn von Wolfgang Menges EKEL ALFRED und Verwandlungskünstler aus SKETCHUP) sowie dem im Bayerischen Wald geborenen und auf einer Klosterschule erzogenen Ottfried Fischer (Karl Dall: »Ottfried ist dein richtiger Name – denn so was legt man sich ja nicht zu ...«), dessen Telefonat als angeblicher Franz-Josef Strauß mit dem österreichischen Bundespräsidenten Kurt Waldheim 1987 über die Landesgrenzen hinaus Aufsehen erregte, agieren drei Original-Ostdeutsche: Marie Gruber (in Wuppertal geboren zwar, doch seit früher Kindheit beim Vater in Halle), Claudia Schmutzler (»... ich bin auch mit dem Trabi nach Thüringen und an die Ostsee gefahren«) und Wolfgang Stumph (»Jeder in der Ex-DDR weiß, wer STUMPI ist. Er ist der listige Kleinbürger, eine Art sächsischer Gerhard Polt, der durch seine Auftritte in der SHOWKOLADE zu einer beliebten Identifikationsfigur des DDR-Bürgers von Sachsen bis Mecklenburg wurde«).

Die Deutschen lachen gern. Soweit es erlaubt ist.

Wenn es nicht verboten gewesen wäre, hätten sie sogar über die Nazis gelacht. (Unter solchen Umständen wäre die Hitler-Bande bestimmt nicht das geworden, was sie wurde. Diese Typen haben natürlich gewußt, daß Lachen mitunter befreiend wirken kann. Radikales Lachen kann die Kraft der Trompeten von Jericho haben!) So aber sind viele Deutsche leider feige. Sie waren es unter Hitler, sie waren es unter dem SED-Regime. (Was das Lachen angeht und eine Zensur desselben, Maulkorberlaß geheißen, ist Totalitarismus unteilbar, gleich, ob faschistischer oder stalinistischer Prägung.) Glücklicherweise leben wir heute in einer Demokratie: Wir lachen wenigstens über Helmut Kohl. Doch dazu gehört nicht viel Mut.

Achtung habe ich dagegen vor Menschen, die in Zeiten, da Zivilcourage nicht hoch im Kurs steht, wenn auch aus verständlichen Gründen oft nur hinter vorgehaltener Hand, Tyrannen und Diktatoren verlacht und verspottet haben. (Auf jeden Fall eine ehr

lichere Form des Widerstands als die vielbeschworene sogenann-
te »innere Emigration«!) Vor einem Kabarettisten wie Werner
Finck, der unter dem Nationalsozialismus in seiner »Katakombe«
die Technik des Stotterns bis zur Unverständlichkeit und des Jon-
glierens mit der Doppeldeutigkeit perfektionierte, wenn er etwa
seine rechte Hand zum Hitlergruß erhob mit der Feststellung:
»Aufgehobene Rechte!«
Großen Respekt habe ich auch vor unseren zeitgenössischen Ka-
barettisten, die es nicht so weit gebracht haben wie Otto, d. h. zum
Teil noch nicht auf der Leinwand präsent sind.
Richling ist ein unbestreitbares Talent.
Matthias Beltz, ein halbwegs genialer Monologist.
Tom Gerhardt.
Gerhard Polt, der bereits drei Kinofilme gemacht hat, von denen
wenigstens zwei tief in die deutsche Seele schneiden – hinter der

Schräglage nach der Wiedervereinigung: Go, Trabi, Go

253

Ein Prosit auf die Politik: Gerhard Polt in MAN SPRICHT DEUTSH

Fassade bayrischen Lokalkolorits verbirgt sich ein ganz böser Be-
obachter (KEHRAUS; MAN SPRICHT DEUTSH; HERR OBER!), mit
dem ich einen kurzen Filmbeitrag für eine Fantasyfilm-Ausstel-
lung des BavariaFilmParks drehen durfte (UNHEIMLICHE BEGEG-
NUNGEN).

Der nach eigenem Bekunden »schlechteste Entertainer« (des
Ruhrgebiets) hat unter der Regie von Werner Nekes 1987 bereits
einen (enttäuschenden) JOHNNY FLASH geliefert und mit Ralf
Huettner einen »Western« gedreht. Sein Name: Helge Schneider.
Unter den neuen Regisseuren wird man nicht umhinkönnen, Det-

lev Buck zu nennen, der sich beim Hamburger Filmbüro damals mit dem Satz vorgestellt haben soll: »Ich laß euch ein Foto von mir da; falls ihr mal 'ne Rolle für'n Bauern habt ...« Nach KARNIG-GELS und dem »Ostern« WIR KÖNNEN AUCH ANDERS ... mit den ungleichen Brüdern Kipp (Joachim Król) und Most (Horst Krause) werden einige Hoffnungen in den schleswig-holsteinischen Bauernsohn gesetzt.

Üben wir uns also in Geduld.

Und wer sich nicht darin üben mag, der genieße den täglichen Wahnsinn in Deutschland, bis hinunter in die große (sic!) Politik. Etwas Durchgedrehteres gibt es auch auf der Kinoleinwand nicht ...

Bibliographie

Komödianten-Kinder

Bleichgesicht Junior: Bob Hope

William Robert Faith: Bob Hope. A Life in Comedy. New York 1982.
Bob Hope: I Owe Russia $ 1200. New York 1963.
Joe Morella/Edward Z. Epstein/Eleanor Clark: The Amazing Careers of
    Bob Hope. From Gags to Riches. New Rochelle, N. Y. 1973.
Charles Thompson: Bob Hope. The Road from Eltham. London 1981.

Der Hofnarr: Danny Kaye

Carol Easton: The Search for Sam Goldwyn. New York 1976.
Michael Freedland: The Secret Life of Danny Kaye. London 1985.
Bernard Grun: Aller Spaß dieser Welt. München; Wien 1966.
Arthur Marx: Goldwyn. A Biography of the Man Behind the Myth. New
    York 1976.
Dick Richards: The Life Story of Danny Kaye. Einführung: Sid Field.
    London 1949.

Der Grimassenproduzent: Jerry Lewis

Michael Freedland: Dino. The Dean Martin Story. London 1984.
Rolf Giesen: Kino – wie es keiner mag. Die schlechtesten Filme der Welt.
    Frankfurt/M.; Berlin; Wien 1984.
Claire Johnston und Paul Willemen (Hg.): Frank Tashlin. Colchester
    1973.
Jerry Lewis: Wie ich Filme mache. Deutsche Ausgabe von The Total
    Film-Maker. Aus dem Amerikanischen übersetzt und mit einer Bio-
    Filmographie versehen von Rainer Gansera. München 1974.
Jerry Lewis mit Herb Gluck: Jerry Lewis in Person. New York 1982.

Inspektor Clouseau: Peter Sellers

Peter Evans: The Mask Behind the Mask: A Life of Peter Sellers. London
    1969.
Michael Sellers mit Sarah und Victoria Sellers: P. S. I Love You. Peter
    Sellers 1925–1980. London 1981.
Alexander Walker: Peter Sellers. The Authorized Biography. Vorwort
    von Lynne Frederick. London 1981.

Monsieur Hulot: Jacques Tati

Penelope Gilliatt: Jacques Tati. London 1976.
James Harding: Jacques Tati. Frame by Frame. London 1984.
Brent Maddock: Die Filme von Jacques Tati. Nachwort von Gertrud
    Koch. München 1984.

Brust oder Keule: Louis de Funès

Robert Chazal: Louis de Funès. Seine Filme – sein Leben. München 1980.
Louis de Funès – König der Spaßmacher. Das Schicksal eines großen
   Schauspielers. Redaktion: Jo Burger. Grünwald b. München o. J.

Die neuen Wilden

Spaceball: Mel Brooks

Bill Adler/Jeffrey Feinman: Mel Brooks – The Irreverent Funnyman.
   New York 1976.
Sid Caesar mit Bill Davidson: Where Have I Been? An Autobiography.
   New York 1982.
Neil Sinyard: The Films of Mel Brooks. London 1987.
Maurice Yacowar: Method in Madness. The Comic Art of Mel Brooks.
   New York 1981.

Der Stadtneurotiker: Woody Allen

Bill Adler/Jeffrey Feinman: Woody Allen – Clown Prince of American
   Humor. New York 1975.
Charlotte Chandler: Groucho. Der Chef der Marx-Brothers. München
   1987.
Wolfgang J. Fuchs: Die vielen Gesichter des Woody Allen. Köln 1986.
Peter Lanz: Woody Allen. Bergisch Gladbach 1980.
Eric Lax: On Being Funny: Woody Allen and Comedy. New York 1975.
Reinhold Rauh: Woody Allen. Seine Filme – sein Leben. München 1991.
Berndt Schulz: Was Sie schon immer über Woody Allen wissen wollten.
   Hamburg 1987.
Maurice Yacowar: Loser Take All. The Comic Art of Woody Allen. New
   York 1979.

Die Ritter der Kokosnuß: Monty Python

Rolf Giesen: Lexikon des phantastischen Films Band 2. Frankfurt/M.;
   Berlin; Wien 1984.
Monty Python and The Holy Grail (Book). London 1975.
Monty Python's The Life of Brian (of Nazareth). London 1979.
George Perry: Life of Python. London 1983.

Blues Brothers and Company

Ronald M. Hahn/Volker Jansen: Kultfilme. Von »Metropolis« bis »Rocky
   Horror Picture Show«. München 1985.

Epilog

Ein Versuch über das Lachen im deutschsprachigen Film

Gregor Ball: Heinz Rühmann. Seine Filme – sein Leben. München 1981.
Hans-Michael Bock (Hg.): CineGraph. Lexikon zum deutschsprachigen
   Film. München 1984 ff.

Hans Hellmut Kirst: Heinz Rühmann. Ein biographischer Report. München 1969.

Volker Kühn: Das Wolfgang Neuss Buch. Köln 1981.

Heinz Rühmann: Das war's. Erinnerungen. Berlin; Frankfurt/M.; Wien 1982.

Michael Schulte: Karl Valentin: Eine Biographie. Hamburg 1982.

Michael Schulte/Peter Syr (Hg.): Karl Valentins Filme. Alle 29 Filme, 12 Fragmente. 342 Bilder, Texte, Filmographie. Mit einem Beitrag von Herbert Achternbusch. München 1982.

Rolf Thissen: Heinz Erhardt und seine Filme. München 1986.

Bertl Valentin: »Du bleibst da, und zwar sofort!« Mein Vater Karl Valentin. München 1971.

Karin Wichmann: Hans Moser. Seine Filme – sein Leben. München 1980.

Pressehefte; Artikel; Rezensionen.

Register

261

E

Eastwood, Clint 121
Ebinger, Blandine 212
L'Ecole des Facteurs 89f
Edwards, Blake 82ff
Ehemänner und Ehefrauen (Husbands and Wives) 175f
Eilert, Bernd 240
Ein Fisch namens Wanda (A Fish Called Wanda) 190–193
Ein ganz normaler Hochzeitstag (Scenes From a Mall) 175
Ein Käfig voller Narren 115
Ein Mann geht durch die Wand 230
Ein Schuß und 50 Tote 28f
Ein Ticket für zwei (Planes, Trains and Automobiles) 199ff
Eine andere Frau (Another Woman) 174
Eine Sommernachts-Sexkomödie (A Midsummer Night's Sex Comedy) 174
Eine Wahnsinnsfamilie (Parenthood) 199f
Einer flog über das Kuckucksnest 134
Eisen, Louis 35
Eisenhower, Dwight D. 33
Der Eiserne Gustav 230
Der eiserne Unterrock (The Iron Petticoat) 30ff
Ekel Alfred (TV) 252
Eklund, Britt 77
Eleanor Roosevelt Story 133
Der Elefantenmensch (The Elephant Man) 151
Elwes, Cary 153
Emery, Ted 12
Endstation Sehnsucht 171
Engel, Erich 212, 234
Enzensberger, Hans Magnus 206
Die Erbschaft 217, 219
Erbschaft um Mitternacht (The Cat and the Canary) 18, 20
Erhardt, Heinz **232–236**
Erik the Wiking (Erik der Wikinger) 190
Der Eroberer (The Conqueror) 33
Etaix, Pierre 96, 116
Evans, Ray 26
Everything You Always Wanted to Know About Sex. But Were Afraid to Ask (Was Sie schon immer über Sex wissen wollten, aber bisher nicht zu fragen wagten) 162f

F

Das Familienjuwel (Family Jewels) 56, 67
Fantômas contre Scotland Yard (Fantomas bedroht die Welt) 114
Fantômas se décheine (Fantomas gegen Interpol) 114
Fantômas-Filme 114f
Farrow, Mia 174, 176
Fassbinder, Rainer Werner 149
Fatso (Fetty – Der Dicke legt los) 152
Faulkner, William 134

Fawcett-Majors, Farrah 9
Fawlty Towers (TV) 190
Faynzilberg, Ilya 135
Fechner, Christian 117
Feiffer, Judy 137
Feiffer, Jules 137
Feiler, Hertha 225, 230
Feldman, Charles K. 157ff
Feldman, Marty 60, 140f, 151, 178, 248
Feldon, Barbara 130
Die Ferien des Monsieur Hulot (Les Vacances de Monsieur Hulot) 87, 89, 94ff
Fernandel (Fernand Joseph Désiré Contandin) 110, 116
Ferner, Max 216
Ferrer, José 126, 149
Fetty – Der Dicke legt los (Fatso) 152
Die Feuerzangenbowle 223f
Feuillade, Louis 114
Feydeau 112
Fiddler on the Roof 125
Fields, Gracie 42, 76, 171
Fields, W. C. 15, 87
The Fiendish Plot of Dr. Fu Manchu (Das boshafte Spiel des Dr. Fu Man Chu) 85
Finck, Werner 253
Find Colonel Fawcett 22
Findley, Paul 9
Fine, Sylvia 36
Finney, Albert 137
Der Firmling 216
Fischer, O. W. 235
Fischer, Ottfried 252
The Fisher King (König der Fischer) 189
The Five Pennies (Fünf Pennies) 53
Fleischmann Hour (TV) 16
Die Fliege (The Fly) 151
Flynn, Errol 46, 72f, 76
Forbes, Bryan 54
Ford, Betty 9
Ford, Gerald 9
Foreman, George 136
Forrest, Juliet 198
Fouché, André 103
Foy, Eddie 29
Frank, Melvin 22, 24, 44, 52, 54
Frankenstein Junior (Young Frankenstein) 138ff, 141
Die Frau in Rot (The Woman in Red) 152
Freddy und der Millionär 235
Frederick, Lynne 68, 77
Freed, Arthur 43
French, Lloyd 15
Freud, Sigmund 142
Friedrich Schiller 245
The Front (Der Strohmann) 172
Frost Report (TV) 178
Frühling für Hitler (The Producers) 131ff, 136, 138, 147, 149
Fuchs, Wolfgang J. 145
Fulton, John O. 39